W0049499

rororo aktuell Essay
Herausgegeben von Ingke Brodersen
Begründet von Freimut Duve

Claus Leggewie

ALHAMBRA –
DER ISLAM IM WESTEN

Rowohlt

Originalausgabe
Redaktion Rüdiger Dammann

Veröffentlicht im Rowohlt Taschenbuch Verlag GmbH,
Reinbek bei Hamburg, März 1993
Copyright © 1993 by Rowohlt Taschenbuch Verlag GmbH,
Reinbek bei Hamburg
Alle Rechte vorbehalten
Umschlaggestaltung Büro Hamburg – Jürgen Kaffer / Peter Wippermann
(Foto: Mara Eggert)
Satz Baskerville (Linotronic 500)
Gesamtherstellung Clausen & Bosse, Leck
Printed in Germany
1400-ISBN 3 499 13274 5

Inhalt

DER ISLAM IM WESTEN

Zwischen Säkularismus und Integrismus   169

Einleitung: Das Alhambra-Modell

Der Islam ist im Westen präsent: anwesend in der Gegenwart. Eingedenk der jahrhundertealten Opposition zwischen Orient und Okzident sagen wir heute meistens: «Der Islam *und* der Westen.» Dieses Und verbindet nicht. Es markiert eine Feindschaft, die erneut zwischen «dem Westen» und «dem Islam» aufreißen und dramatische Qualität annehmen kann – als Platzhalter des auslaufenden Ost-West-Konflikts, doch ohne die eiserne Abschreckungsdisziplin zwischen den Machtblöcken.

In einem fast beliebig ausgesuchten Bericht von der religiösen Front heißt es:

«Karen, ein Armenier in den Fünfzigern, befühlt die kleine, ovale Christus-Ikone, die auf dem Armaturenbrett seines Armeefahrzeugs klebt. Dann schlägt er sich mit der Faust auf die Brust: ‹Das bin ich, ich bin das, ich bin ein Christ›, brüllt er, um sich bei dem Motorenlärm verständlich zu machen. Der Wagen holpert über die mit Bombenkratern übersäte Straße außerhalb Stepanakerts. Plötzlich runzelt Karen die Stirn und zeigt mit der geballten Faust in Richtung der aserbeidschanischen Linien südlich der Stadt: ‹Sie sind Muslime, sie beten Allah an. Das ist unser Problem.›»

So berichtete ein Reporter der *Agence France Presse* im März 1992. Der genaue Ort des Geschehens spielt fast keine Rolle. Der Ring um die sowjetische Festung des Unglaubens und viele Provinzen im untergegangenen «Reich des Bösen» stehen in Flammen. Und meistens schießen Christen und Muslime aufeinander.

Auch im Westen wird der Islam – als anderes Glaubensbekenntnis, als politischer Unruhefaktor, in Gestalt fremder Nachbarn – zur Hauptquelle bedrohter Identität und Integrität erklärt. Terroristische Anschläge der *Partei Allahs*, die «Rushdie-Affäre» und viele unversöhnliche Gesten und unüberlegte Worte stärken das uralte antiislamische Vorurteil der Europäer. Harmlose Niltouristen werden aus heiterem Urlaubshimmel in Bussen und Schiffen angegriffen. Dadurch vergessen wir leicht: Der Islam ist fester Bestandteil Europas, nicht sein geborener Antipode oder ewiger Antagonist. Die Muslime sind mitten unter uns, schon seit Jahrhunderten. Und sie sollen bleiben.

Von dieser ungewohnten und unbequemen Selbstverständlichkeit handelt dieses Buch: vom Islam *im* Westen. Gemeint ist damit zunächst die religiöse Praxis, die muslimische Einwanderer mitbringen und die hiesige Novizen im *Dar-al-Harb*, in der christlich-säkularen Diaspora, unter schwierigen Bedingungen pflegen. Die Formel umschreibt darüber hinaus eine Konstellation, welche die islamischen Zivilisationen besonders seit dem 19. Jahrhundert mit einer ökonomisch, technologisch und politisch-militärisch überlegenen Kultur konfrontiert und zu ständiger Anpassung und Wandlung zwingt. So wie die Präsenz von Muslimen für den Westen in der Regel ein schwerwiegendes Problem signalisiert, erscheint auch der Okzident dem Islam als Herausforderung und Bedrohung.

Der *erste* Teil dieses Essays dient der Vergegenwärtigung des Evidenten, das kaum noch zu übersehen, aber leicht zum *horror islamicus* aufzubauschen ist. Rund 25 Millionen Muslime (etwa sieben Prozent der europäischen Bevölkerung und etwa drei Prozent der islamischen Weltgemeinschaft) leben in Europa, darunter die bosnischen Muslime, Muslimanen genannt, die fast unbeachtet blieben, bis die serbischen Aggressoren mit kroatischer Unterstützung ihr Land in ein Schlachthaus verwandelten und auf dem Balkan eine gewaltige Konfrontation zwischen West und Ost, zwischen Islam und Christentum heraufbeschworen.

Der Islam im Westen erscheint den meisten monoton. Doch er vereinigt universelle, kommunale und sektenhafte Züge zu einer großen Vielfalt, in ihm finden sich Spuren aller islamischen Zivilisationen und Zeitläufe. Die Kolonien und Organisationen muslimischer Einwanderer bleiben stark, oft über Generationen hinweg, an ihren Herkunftsorten orientiert, von wo sie moralische, ideologische und bisweilen finanzielle Unterstützung erfahren. Wer das Trauerritual und Fahnenmeer zur Beerdigung der von Nazis ermordeten Türkinnen der Familie Arslan aus Mölln im November 1992 beobachtet hat, konnte sich ein Bild von dieser starken nationalen und kulturellen Bindung machen. Aber die Muslime im Westen können keinesfalls als Handlanger, Auftragnehmer oder gar fünfte Kolonne einer äußeren Macht gelten. Der Islam im Westen ist ein eigen Ding. Er verbindet ethnische Besonderheit mit religiösem Universalismus und westlichem Lebensstil. Deshalb sind in der okzidentalen Diaspora säkulare Einflüsse der Verweltlichung ebenso ausgeprägt wie der fundamentale Widerstand gegen die Verwestlichung. Auch und gerade im umstrittenen Westen entscheidet sich, ob es eine neue islamische Reform geben wird, die auf den islamischen Osten ausstrahlen kann, der sich in einer tiefen materiellen und moralischen Krise befindet.

Ein Symbol des Islam im Westen ist die *Alhambra*, die prachtvolle und guterhaltene «rote Burg» über Granada im andalusischen Spanien. Der *zweite*, historische Aspekt des Essays erinnert daran, daß sich das moderne Europa einer unter anderem arabisch-islamischen Geburtshilfe verdankt. Der Islam ist dem Westen also ursprünglich und fremd zugleich. Infolge der arabischen Westexpansion waren große Teile Europas unter den Einfluß der islamischen Zivilisation geraten. Diese Konfrontation ist nicht nur durch die Schlachtorte geprägt, an deren Namen man sich vielleicht noch aus dem Geschichtsunterricht erinnert. 1492 endete in Spanien, zugunsten einer rein katholischen Nationsbildung, ein Zustand kultureller Koexistenz, der von dem Orientwissenschaftler William Montgomery Watt mit den starken Bezeichnungen *Symbiose*, *Amalgam* und *Fusion* belegt wurde – Begriffe aus Biologie und Chemie, die eine Auflösung der Polaritäten und die Verschmelzung zu einem einzigen, in sich vielfältigen Zustand anzeigen. In der sogenannten maurischen Periode, vor der Europäisierung Europas und der okzidentalen Welteroberung, war dort eine hohe Stufe religiöser Toleranz und Kooperation zwischen dem über einige Jahrhunderte dominanten, dann in die Defensive versetzten Islam, dem wesentlich als Mittler wirkenden Judentum und dem erst später absolut gesetzten Christentum erreicht. Unter den Eliten und dem einfachen Volk auf der Iberischen Halbinsel bestand eine erstaunliche Durchlässigkeit und Konvertibilität, es herrschten religiöser Synkretismus und Vielsprachigkeit. Zeitgenossen nannten diesen Zustand *Convivencia*. Der Begriff ähnelt dem viele Jahrhunderte später von dem Philosophen Ivan Illich geprägten Ausdruck Konvivialität. Er bezeichnet die Suche nach neuen moralischen und praktischen Grundlagen menschlichen Zusammenlebens in Gesellschaften ohne feststehenden Wertkanon und ohne gemeinsame Grundüberzeugungen. Im Kolumbus-Jahr 1992 wurde dieses goldene Zeitalter multikultureller Konvivienz in vielen Ausstellungen – vor allem in der Alhambra selbst, aber auch in beachtlichen multikulturellen Graswurzelinitiativen – als praktikabler Entwurf für die Gegenwart heraufbeschworen. Auch Salman Rushdie, der mit vielen tausend Immigranten aus dem Orient den weltlichen Weg sucht, Moslem zu sein, favorisiert diesen «andalusischen Islam». Weil die Welt wieder einmal in ethnische und religiöse Konflikte zurückfällt, suchen die Europäer dringend die Pläne für den Neubau der Alhambra.

Ebensowenig wie pauschale Islamfurcht hilft dabei allerdings ein islamophiler, neuromantischer Alhambra-Mythos weiter. Die Bausteine zu einer postnationalen und postmodernen Konstruktion multikultureller Gesellschaften sind im täglichen Kuddelmuddel und Handgemenge von heute zu finden, in der ost-westlichen Bricolage- und Bastard-Kultur zwischen Algier und Birmingham, Paris und Berlin. Wie *drittens* die Zukunft des Islam im Westen aussehen wird, hängt also davon ab, ob sich Europäer wie Muslime psychologisch und politisch auf ein Realitätsprinzip verpflichten lassen. Sie müssen wieder lernen, religiöse und kulturelle Differenzen wahrzunehmen und zu respektieren, sie also nicht einzuebnen oder explodieren zu lassen, sondern in zeitgemäße Formen pluralistischer Demokratie zu überführen. Ob eine heterogene Bürgergesellschaft ohne die definitive Hegemonie eines einzigen kulturellen Vorbilds auskommt, ob sich der vielerorts schon begonnene Religionskrieg noch auf politischem Wege abwenden läßt, ist eine noch entscheidendere Frage als das Funktionieren des Binnenmarktes oder der Zentralbank. Auch islamische Religion und westliche Demokratie müssen nicht wie Feuer und Wasser sein. Eine europäische Konföderation ohne die islamische Farbe kann man sich nicht mehr ausmalen; und die Muslime im Westen wissen auch, daß sie ihre Farbe Grün nicht für sich allein in Anspruch nehmen können.

Monotheistische Überzeugungen bewegen sich immer zwischen Absolutheitsanspruch und Anpassungsbereitschaft, zwischen fundamentalistischer Übersteigerung und säkularistischer Selbstaufhebung. In diesem Fall überlagern sich die weltanschaulichen Differenzen noch mit geopolitischen Konflikten. Der Westen (gharb) war für die islamische Zivilisation der Ort der untergehenden Sonne und des verlöschenden Lichts. Auch heute wirkt der Okzident fremd, bedrohlich und duster. Muslime im Westen sehen sich dort gleich dreifach herausgefordert: *Erstens* versetzt sie, mehr noch als Gläubige anderer Religionen, ihre direkte, kaum kirchlich vermittelte Beziehung zu Gott und der unbedingte Glaube an die von ihm geschaffene und abhängige Ordnung in einen tiefgreifenden Dissens zur modernen Welt, die sich von Gott abgewandt hat. Diese Abdunkelung der Transzendenz überschattet *zweitens* die politische und kulturelle Beziehung zum Lebensstil der westlichen Mehrheit, der die Muslime zugleich abstößt und fasziniert. Auch die im Westen üblichen Arrangements zwischen Staat und Kirche und seine unausgesprochene, zivilreligiöse Ordnung sind schwer verständlich und erscheinen unakzeptabel. Hinzu kommt *drittens* die Erinnerung an die koloniale Vergangenheit, die die Zeitgenossen als Trauma und oft auch noch die Nachgeborenen als offene Wunde empfinden. Dadurch bleibt auch die Beziehung zu dem Ort, aus dem die Muslime jeweils stammen oder auf den sie sich zurückführen, ambivalent.

Solche Komplikationen machen einen fast unvermeidlich zum Verräter. Individuen und Gemeinschaften zerbrechen häufig daran und verlieren alles: Glauben, Identität und Heimat. Westliche Muslime sind Menschen auf der Grenze. Ein solches Grenzgängertum hält aber auch eigenartige und selbständige Identitäten bereit, die jede summarische Ernennung und Selbststilisierung der Muslime zu bloßen Opfern der Verwestlichung verbieten. Es gibt dritte Wege zwischen der Aufgabe der Gemeinschaft des Glaubens und der Einigelung in der islamischen Wagenburg. Der Islam im Westen, für die meisten ein Widerspruch in sich und letztlich ein Ding der Unmöglichkeit, kann ein eigenständiger Pfad in die Moderne sein – und noch über diese hinausführen. So bleibt der Lernprozeß nicht einseitig. Daß der Islam im Osten der Welt heimisch ist und den Süden fasziniert und die dortigen Massen mobilisiert, ist hinlänglich bekannt und einleuchtend. Was kann er darüber hinaus dem Westen bringen?

Die bosnische Krise

Bevor man diese Frage aufgreift, muß man einhalten und sich im real existierenden Europa von heute umsehen. Denn während man noch abstrakt über die drohende islamische Gefahr *für* Europa debattierte, vollzog sich mitten *in* Europa ein wahrer Völkermord an Muslimen. Die Menschen, die aus der multikulturellen Metropole Sarajewo, aus der Brückenstadt Mostar oder der Königsstadt Jaice vertrieben wurden, die gefoltert und vergewaltigt wurden und elend an Hunger und Frost krepierten, sind zum größten Teil islamischen Glaubens. Das jugoslawische Drama ist von religiösen Mythen und Obsessionen durchtränkt. Hunderte von Moscheen sind zerstört. Die Tschetniks haben ihren geschändeten Opfern das Kreuz in den Körper eingebrannt. Was Ende des 20. Jahrhunderts in Bosnien-Herzegowina geschieht, ist ein im Namen des christlichen Gottes geführter Kreuzzug und Völkermord. Die serbischen Aggressoren führten genau jenen Heiligen Krieg, den man im Westen einzig dem Islam zutraute. Sie nahmen Rache für die Niederlage gegen die Türken am Amselfeld – im Jahr 1389. Zwischen den katholischen Kroaten und den orthodoxen Serben, die auf ihre Heimatstaaten, letztere auch auf den kommunistischen Apparat der Belgrader Zentrale zurückgreifen können, sind die überlebenden Muslime auf engstem Raum «kantonisiert» worden. Ihre in der Tradition des Osmanischen Reiches konfessionell begründete Nationalität als Muslimanen war weicher und im Zersetzungsprozeß Jugoslawiens weniger resistent als die Blut-und-Boden-Identität der beiden anderen Volksgruppen, die sich Muslimanen nur als konvertierte Feiglinge vorstellen konnten und sie schlicht der eigenen Nation zuschlugen. Nun ist das größte moslemische Gemeinwesen auf dem europäischen Kontinent vom Erdboden verschwunden – vor den Augen der hilflosen und untätigen Europäer.

Sarajewo war noch im serbischen Artilleriefeuer eine Bastion des

Multikulturalismus, das östliche Pendant zur andalusischen Koexistenz von Muslimen, Christen und Juden; wie dort hatten arianische Christen, die Bogumilen, die Konversion zum Islam der Katholisierung vorgezogen. Nur kurze Perioden selbständig, zuletzt von Österreich-Ungarn annektiert und auch im ersten Jugoslawien zwischen den Kriegen keine autonome Provinz, galt Bosnien-Herzegowina als türkische Hinterwelt. Doch die Muslimanen selbst fühlten sich ihren orientalischen Glaubensgeschwistern im Orient als weiterentwickelte Europäer überlegen. Sie waren kein Fremdkörper in Europa, sondern fühlten sich ihm zugehörig und setzten darauf ihre ganze Hoffnung – bis zuletzt.

Diese Orientierung nach Westen durchzieht auch die Geschichte des unabhängigen Jugoslawien nach 1945. Im Zweiten Weltkrieg hatte sich zwar ein Teil der Bosnier, beeinflußt durch den Großmufti von Jerusalem und Judenhasser al-Husseini, den Achsenmächten angeschlossen; zusammen mit der berüchtigten kroatischen Ustascha wütete eine kleine «Moslem-SS». Doch die Mehrheit hielt zu Titos Partisanen. Das selbständige Bosnien wurde eine Wiege des Zweiten Jugoslawien, des sozialistischen Bundesstaats nach 1945. 1948 gab es eine schlimme Atheismus-Kampagne gegen die Muslime; die serbischen Zentralisten betrieben eine rigorose Politik der Assimilation. Erst 1968 wurden die serbokroatisch sprechenden Muslimanen, anders als die albanisch sprechenden Muslime im Kosovo, als Volksgruppe anerkannt. Doch war damit der Kampf gegen den angeblichen Panislamismus nicht gestoppt. Für serbische wie kroatische Nationalkommunisten blieben die Muslimanen Fremdkörper und Störfaktoren. Sie gerieten in den Verdacht des «Fundamentalismus»; ihr Präsident Alija Izetbegovic war als Verfasser einer «Islamischen Deklaration» unter dem kommunistischen Regime fünf Jahre in Haft. Trotz einer gewissen geistigen Anlehnung an die religösen Zentren im Nahen Osten und der finanziellen Unterstützung für den Bau von Moscheen hat das Gros der bosnischen Muslime integristischen oder gar «khomeinistischen» Versuchungen immer widerstanden. Ulema und Gläubige nahmen zumeist eine aufgeklärte und säkulare Position ein. Auch die politische Führung proklamierte einen rationalen europäischen Islam mit einem laizistischen Rechtsstaat. Befreit vom kommunistischen Machtkalkül hätte dieser «dritte Zustand» für die Zukunft des Islam im Westen exemplarisch sein können.

Der Westen, vor allem die westeuropäischen Staaten, hat diese europäischen Muslime im Stich gelassen. Gewiß: Man darf Pogromopfer, vergewaltigte Frauen, Deportierte und Flüchtlinge, die neuen *displaced persons* unserer Tage, nicht nach ethnischen oder religiösen Gesichtspunkten aussieben. Nach Erkenntnissen von *amnesty international* und des UN-Beobachters Mazowiecki haben sich alle Parteien dieses Krieges unvorstellbare Grausamkeiten zuschulden kommen lassen. Aber die Hauptverantwortung der serbischen Aggressoren ist überhaupt nicht zu bestreiten. Das Massaker an den Muslimen hätte die gesonderte Aufmerksamkeit der Europäer und der Christen verdient. Der päpstliche Aufruf, den Aggressor zu stoppen, wäre sehr viel deutlicher ausgefallen, wenn hauptsächlich Christen die Opfer gewesen wären. Und das Taktieren der evangelischen Kirchen, die auf ihre orthodoxen Partner Rücksicht nahmen, war ein höchst unchristliches Trauerspiel.

Europäische Politiker, die sich zu lange an den Mythos eines unbeschädigten oder an die Utopie eines wiederhergestellten Jugoslawien geklammert hatten, waren schließlich nur von der taktischen Sorge getrieben, daß sich bosnische Politiker womöglich zu stark an die Türkei, an den Iran oder arabische Staaten anlehnen könnten – was ihnen angesichts des allgemeinen Stillhaltens im Westen nicht zu verübeln wäre. Doch auch von dort kam weniger Unterstützung als großmäulige Solidaritätsadressen. Schließlich machten sich kampferprobte Moudjahedine etwa aus dem Iran auf den Weg, weniger wohl, um den Muslimanen zu helfen als die globale Konfrontation mit den westlichen Teufeln anzuheizen und die Schwäche der Europäischen Gemeinschaft für eigene Terraingewinne zu nützen. Nun droht ein zweites Palästina mitten in Europa und damit die Gefahr einer europäischen Intifada, die für die Desperados der dritten Einwanderergeneration Modell stehen könnte. Auch die muslimischen Immigranten im Westen haben mit Aufmerksamkeit und wachsender Enttäuschung verfolgt, wie sich ihr christliches «Gastland» – Deutschland, Frankreich, Großbritannien – aus der Verantwortung gestohlen hat.

Der jugoslawische Krieg hat Europa in eine politische Krise gestürzt. Krise heißt: sich in einem schwierigen Dilemma entscheiden müssen. Europa hat über Monate hinweg entschieden, nichts zu entscheiden. Zu einer Neuauflage der Allianz, die am Golf zur Beendigung der irakischen Aggression gegen Kuwait Amerikaner, Europäer, Israelis und einen großen Teil der arabischen Staatsführungen zusammengeführt hatte, kam es nicht. Eine weniger opportunistische und ignorante Reaktion des Westens auf die im ehemaligen Jugoslawien verübten Verbrechen gegen die Menschheit hätte in diesem Fall vielleicht auch die vielbeschworenen «arabischen Massen» beeindrucken können, die sich im Golfkrieg zwangsläufig mit den Gefallenen von Bagdad und Basra identifizieren mußten. Die falsche und irreführende Parole «Kein Blut für Öl!» hat nachträglich recht bekommen, weil der fatale Eindruck entstand, der Westen würde sich nur für strategische Positionen, nicht aber für lebendige Menschen interessieren.

Es ist hinlänglich dargelegt worden, weshalb ein Feldzug auf dem Balkan ungleich schwerer zu führen ist als in der Wüstenregion am Golf. Aber die Serben konnten diesen Krieg dadurch um so leichter führen. Die Mehrheit der Europäer tat sich aber sogar schwer, gegen einen religiös motivierten Völkermord eindeutig *moralisch* Stellung zu beziehen. Doch Muslime vor pervertierten christlichen Kreuzzüglern in Schutz zu nehmen, wäre keine Hilfestellung für andersgläubige Fremde, sondern angesichts der gemeinsamen Geschichte und Kultur ein notwendiger Akt europäischer Selbstbehauptung gewesen.

Gott und die Welt

Die bosnische Krise hat die Situation des Islam im Westen nicht gerade erleichtert. Nicht nur in Sarajewo bewegt man sich auf konfliktträchtigem Gebiet. Das beginnt schon mit der Zulassung zu einem Gespräch über den Islam. Wer sich, wie der Autor, weder als Moslem noch als Islamkundler äußert, steht bei den Experten sofort im Verdacht der Häresie oder des «Konzelats». Konzeln nennen Gernot Rotter und die etablierte Wissenschaft das dem vielgereisten und belesenen Fernsehreporter Gerhard Konzelmann zugeschriebene Verfahren einer doppelten Verkehrung, das zum einen in großer Auflage «den» Islam als hinterhältig, hysterisch, geil, irrational und brutal verketzert und diese Weisheiten zum anderen aus seriöser Fachliteratur abkupfert. Verkehrt ist allerdings auch der empörte Aufschrei der Zünfte (Islamkunde, Arabistik und Orientwissenschaft), die, gegenwartsbezogen oder nicht, die Arbeit der Vermittlung sträflich vernachlässigt und sich selbst zu Orchideenfächern degradiert haben. Ihr Beitrag zum Verständnis der diversen Konflikte zwischen Orient und Okzident blieb bisher denkbar gering. Kaum irgendwo in Westeuropa wissen Schüler und Hochschüler so wenig Bescheid über die islamische Welt wie in Deutschland. Daß die Etablierten einerseits «Plagiat», andererseits «Verzerrung» schreien, macht deshalb mißtrauisch. Denn die als «Populärskribenten» getadelten Amateure wandeln doch auf den Pfaden des Orientalismus, die eben jene Fächer ausgetreten haben. Populärwissenschaft spiegelt nur, noch in der Verzerrung, die Wahr-Nehmung im Elfenbeinturm wider. Vorurteile fallen nicht weit vom Stamm.

Das gilt natürlich auch für Sozialwissenschaftler. Ihre Rede über Gott und die Welt wirkt auf Gläubige aller Konfessionen leicht blasphemisch und oberflächlich. Nach den überempfindlichen Spezialisten, die ihren Stamm hüten, treten also auch die Autochthonen selbst auf den Plan und behaupten: Ein Gespräch über den Islam können nur Muslime unter sich führen, ersatzweise Theologen im prästabilierten Einverständnis eines ökumenischen Kirchendialogs. Einer genuin soziologischen Betrachtung von Religion, wie ich sie hier vorhabe, wird die Berechtigung entzogen. Soziologie redet von Gesellschaft, nicht von Gott (wobei die Rede von Gesellschaft bisweilen selbst Formen der Vergottung angenommen hat). Sozialwissenschaftler predigen Wasser und kosten nicht vom Wein. Sie bleiben kühl angesichts des Heiligen. Die objektivierenden und vergleichenden Betrachter der Religion als *fait social* nehmen per se eine distanzierte Haltung ein, dies nicht erst, wenn sie die ideologiekritische Attacke reiten. Schon vom Verfahren her wird das Geheimnis des Glaubens relativiert und entheiligt. Bereits die dem Übernatürlichen noch mehr oder weniger zugeneigte Religionswissenschaft richtet sich ihren Gegenstand ziemlich profan zu. Erst recht raubt die historische Perspektive der Religion den übergeschichtlichen

Status, und im Säurebad des soziologischen Vergleichs wird dem Glauben endgültig der Garaus gemacht. Ein Gespräch mit Gläubigen über Religion wird damit unmöglich, vor allem mit Muslimen.

Aber auch ein so nüchterner und respektloser Blick auf Vielgötterei und Heidentum unserer Zeit, auf die Gründe für die Abschaffung und die immer neue Erfindung des Glaubens in der modernen Welt, macht das Erfundene ja nicht völlig verfügbar. Soziologische Rationalisierung muß die *Zeichen der Transzendenz* nicht ignorieren, sondern kann sie selber mit soziologischer Neugier herausarbeiten und interpretieren. Der profanen Wirklichkeit des Islam im Westen nähere ich mich deshalb weniger in der abgeklärten Manier europäischer Aufklärer, die in der Islamisierung Europas ein Vordringen von Aberglauben und Fortschrittsverhinderung erblicken. Ich bevorzuge das Verfahren amerikanischer Religionssoziologen, die zur «Relativierung der Relativierer» (Peter L. Berger) aufrufen. Sie interessieren sich für die andere Wirklichkeit und wandeln mit «auf den Spuren der Engel», die aus der Alltagswelt von Gesellschaft und Soziologie herausweisen.

In diesem Sinne lautet nun die Doppelfrage dieses Essays: *Was geschieht mit dem Islam im Westen? Und was passiert dem Westen durch die Präsenz des Islam?* Ich kann sie weder theologisch beantworten noch möchte ich sie tagespolitisch traktieren, sondern werde statt dessen eine fremd-vertraute Religion in ihren sozialen Formen und Funktionen betrachten – als System von Bedeutungen, die Wirklichkeit zum Ausdruck bringen und verändernd prägen. Den Islam im Westen spanne ich damit in eine theoretische Perspektive von Säkularisierung und Modernisierung ein, die vielen Muslimen ob ihrer bewußten Kälte nicht behagt. Ich möchte vor allem begründen, in welcher Hinsicht und auf welche Weise der Islam sehr wohl säkularisierungsfähig ist, ohne daß er seine Identität und Prägnanz verlieren muß. Der Westen ist für den Islam kein Desaster mehr, sondern kann ein Glücksfall sein. Und die Gefahr für den Westen geht weniger von der ominösen Wirkung eines fremden religiösen Bekenntnisses aus, sondern davon, daß kulturelle Krisen und politische Desorientierungen von rechtsextremen politisch-religiösen Führern ausgenutzt werden und der exaltierten politischen Theologie islamischer Funktionäre nicht Einhalt geboten wird. Ein schriller westlicher Gegenfundamentalismus kann diese ideologische Tyrannei ungewollt noch stärken.

Ich habe Muslime im Westen aufgesucht, an vielen Orten und zu unterschiedlichen historischen Zeiten: Ich beginne im äußersten Westen (Los Angeles), wo der Islam auf eine für ihn skandalöse, aber auch lehrreiche Weise in einen «göttlichen Supermarkt» versetzt worden ist. Dann setze ich über in die Metropolen des europäischen Westens, wo uns der Islam in seinen unauffälligen und anstößigen Formen begegnet und in einen Prozeß der Verkirchlichung und Konfessionalisierung eingetreten ist. Nicht auslassen kann man dabei den exemplarischen Streitfall um die «Satanischen Verse» Salman Rushdies. Ich wende mich dann ins vormoderne Spanien zurück, wo einige Bausteine der multireligiösen Gesellschaft von heute zu finden sind, darunter die freiwillige Konversion. Unter diesem Gesichtspunkt komme ich dann auf die wichtigste islamische Gemeinschaft in Deutschland, die Deutsch-Türken, zurück und betrachte den aktuellen Kampf um den Säkularismus im alten arabischen Westen, der gegenwärtig in Algerien ausgetragen wird.

Bücher und Gespräche über den Islam werden heute in der Regel mit emphatischen Bekenntnissen und großen Gesten eingeleitet. Ich habe mich bemüht, nüchtern zu bleiben. Hier wird weder den Anfängen gewehrt noch ein ewiges Opfer in Schutz genommen. Orientalistische Übertreibungen sollen ebenso vermieden werden wie die okzidentale Selbstanklage. Meine Hoffnung ist, daß der Streit über die multikulturelle Gesellschaft mehr aushält als der theologische Disput (oder Dialog) und daß er auch mehr Zukunft hat als der politische Kreuzzug. Soziologische Neugier kann einen Mittelweg eröffnen zwischen dem verbissenen Feindbild vom Islam, der wieder *ante portas* steht, und einer harmlosen Islamophilie, die immer nur *pro domo* spricht. Für Eingeweihte und Verächter des Islam habe ich, als Laie und Amateur, nichts zu bieten. Mich interessieren die alltäglichen Zerwürfnisse und Familienähnlichkeiten mehr als der Prinzipienstreit oder die Abrechnung mit einem imaginären Gegner.

Und gleich zu Beginn der Erkundung bin ich, ohne es zu wollen, auf die Spuren der Engel gestoßen.

Vorspiel: Waiting for the Big one

Wenn sich neue Zeitalter ankündigen und sich die Kontinente verschieben, gibt es Signale, tief aus dem Boden der Erde. Manche halten sie für Zeichen des Himmels. Jedenfalls teilt das irdische Beben mit, daß es auch Dinge *über uns* gibt, die wir *nicht* ändern können. Das Jahrhundert hat lange Zeit damit verbracht, diese einfache Wahrheit zu ignorieren.

«Doch der gefürchtete Tag erschien, und mit ihm in seiner Brust die Überzeugung von der völligen Hoffnungslosigkeit seiner Lage. Die Glocken, welche Josephen zum Richtplatze begleiteten, ertönten, und Verzweiflung bemächtigte sich seiner Seele. Das Leben schien ihm verhaßt, und er beschloß, sich durch einen Strick, den ihm der Zufall gelassen hatte, den Tod zu geben. Eben stand er, wie schon gesagt, an einem Wandpfeiler, und befestigte den Strick, der ihn dieser jammervollen Welt entreißen sollte, an eine Eisenklammer, die an dem Gesimse derselben eingefugt war; als plötzlich der größte Teil der Stadt, mit einem Gekrache, als ob das Firmament einstürzte, versank, und alles, was Leben atmete, unter seinen Trümmern begrub. Jeronimo Rugera war starr vor Entsetzen; und gleich als ob sein ganzes Bewußtsein zerschmettert worden wäre, hielt er sich jetzt an dem Pfeiler, an welchem er hatte sterben wollen, um nicht umzufallen.

Der Boden wankte unter seinen Füßen, alle Wände des Gefängnisses zerrissen, der ganze Bau neigte sich, nach der Straße einzustürzen, und nur der, seinem langsamen Fall begegnende, Fall des gegenüberstehenden Gebäudes verhinderte, durch eine zufällige Wölbung, die gänzliche Zubodenstreckung desselben. Zitternd, mit sträubenden Haaren, und Knien, die unter ihm brechen wollten, glitt Jeronimo über den schiefgesenkten Fußboden hinweg, der Öffnung zu, die der Zusammenschlag beider Häuser in die vordere Wand des Gefängnisses eingerissen hatte.

Kaum befand er sich im Freien, als die ganze, schon erschütterte Straße auf eine zweite Bewegung der Erde völlig zusammenfiel. Besinnungslos, wie er sich aus diesem allgemeinen Verderben retten würde, eilte er, über Schutt und Gebälk hinweg, indessen der Tod von allen Seiten Angriffe auf ihn machte, nach einem der nächsten Tore der Stadt. Hier stürzte noch ein Haus zusammen, und jagte ihn, die Trümmer weit umherschleudernd, in eine Nebenstraße; hier leckte die Flamme schon, in Dampfwolken blitzend, aus allen Giebeln, und trieb ihn schreckenvoll in eine andere; hier wälzte sich, aus seinem Gestade gehoben, der Mapochofluß auf ihn heran, und riß ihn brüllend in eine dritte. Hier lag ein Haufen Erschlagener, hier ächzte noch eine Stimme unter dem Schutte, hier schrien Leute von brennenden Dächern herab, hier kämpften Menschen und Tiere mit den Wellen, hier war ein mutiger Retter bemüht, zu helfen; hier stand ein anderer, bleich wie der Tod, und streckte sprachlos zitternde Hände zum Himmel. Als Jeronimo das Tor erreicht, und einen Hügel jenseits desselben bestiegen hatte, sank er ohnmächtig auf demselben nieder.

Er mochte wohl eine Viertelstunde in der tiefsten Bewußtlosigkeit gelegen haben, als er endlich wieder erwachte, und sich, mit nach der Stadt gekehrtem Rücken, halb auf dem Erdboden erhob. Er befühlte sich Stirn und Brust, unwissend, was er aus seinem Zustande machen sollte, und ein unsägliches Wonnegefühl ergriff ihn, als ein Westwind, vom Meere her, sein wiederkehrendes Leben anwehte, und sein Auge sich nach allen Richtungen über die blühende Gegend von St. Jago hinwandte. Nur die verstörten Menschenhaufen, die sich überall blicken ließen, beklemmten sein Herz; er begriff nicht, was ihn und sie hierhergeführt haben konnte, und erst, da er sich umkehrte, und die Stadt hinter sich versunken sah, erinnerte er sich des schrecklichen Augenblicks, den er erlebt hatte. Er senkte sich so tief, daß seine Stirn den Boden berührte, Gott für seine wunderbare Errettung zu danken; und gleich, als ob der eine entsetzliche Eindruck, der sich seinem Gemüt eingeprägt hatte, alle früheren daraus verdrängt hatte, weinte er vor Lust, daß er sich des lieblichen Lebens, voll bunter Erscheinungen, noch erfreue.» (Heinrich von Kleist, Das Erdbeben von Chili, 1807)

Wenn du in die Stadt der Engel fährst, auf unsicheres Terrain, dachte ich in Erinnerung an jene ferne Lektüre, pack den Kleist ein. Los Angeles ist leider keine sehr bibliophile Stadt, und so blieb die Volksausgabe ungelesen im Regal – bis Sonntag, den 28. Juni 1992; 4:58 a. m. Oh, wie interessant, schoß es mir durch den Kopf, als ein wildes Tier an meinem Bett rüttelte und ich wankend nach der Uhr griff: das Erdbeben von L. A. Zwei vor fünf hätte die Stunde schlagen können für eine «gänzliche Zubodenstreckung», wie sie Kleist am Beispiel des großen Bebens von Santiago de Chile im Jahr 1647 so eindrücklich beschrieben hat, als sei er selber dort gewesen. Wer «live» dabei ist, sucht noch den festen Standpunkt. Was tut man bei *Earthquakes*? erkundigte ich mich bei routinierteren Dauerbewohnern der *shaky grounds of California*. Man stellt sich unter einen Tür-balken, kam es verschlafen zurück. Also drehte auch ich mich wieder um und schlief weiter, wie auf einem Wasserbett. Draußen schmatzte das Wasser des Swimmingpools.

8:04 a. m.: Das wilde Tier war wieder da und rüttelte mich noch furchtbarer durch. W. schoß pfeilschnell hoch und stürmte aus dem Bungalow. Der Kleist fiel aus dem Regal. Nicht unter einen Balken? fragte ich bang und krallte mich an der Bettkante fest. Nach einer kleinen Ewigkeit war es vorbei. Das Wasser im Schwimmbecken konnte sich kaum beruhigen. Erste Telefonanrufe gingen ein. Die Nachbarn erzählten sich, wie sie die beiden schwersten Erdstöße seit Menschengedenken überstanden hatten – immerhin 7,4 Punkte auf der berühmten «nach oben offenen Richter-Skala». Die Epizentren lagen gottlob in ziemlich menschenleerem Gebiet: Yuca Valley und Big Bear. Ein Baby war ums Leben gekommen, und die Landstra-ßen warfen diese komischen Falten, sonst nur ein paar Millionen Dollar *minor property damages*, für die man gewiß rascher entschädigt sein würde als die ausgebrannten Ladenbesitzer nach den *riots* vom April. Das Telefon läutete wieder: Zu Hause war «es», das große Beben, im Fernsehen gekommen. Keine Angst, wir leben noch.

Der Sonntag hatte früh begonnen und zog sich mit ständigem Zit-tern und Luftanhalten in die Länge. Seismologen gaben mit besorg-ter Miene Verhaltensregeln für eine Situation, in der sich niemand mehr verhalten kann. Sie zeigten kalifornische Landkarten: 20 Punkte mit 20 Erdbeben über der 6,0-Marke in den letzten 20 Jah-ren, alle dicht an der gruseligen Andreas-Spalte. Einer sagte in gleichmütigem Tonfall: The Big One might be near, maybe tomor-row. Aber Wissenschaftler können nie ganz sicher sein.

Endlich las ich den Kleist wieder. Die Novelle war angeregt durch Immanuel Kants Kommentar zu dem desaströsen Erdbeben von Lissabon 1755: «Eine solche Erzählung würde rührend sein, sie würde, weil sie eine Wirkung auf das Herz hat, vielleicht auch eine auf die Besserung desselben haben können.» Rührung und Besse-rung des Herzens – ich leistete mir einen gewiß sehr kitschigen Ge-danken: Die Überlebenden von L. A. würden sich zusammentun, so wie sie es vor ein paar Wochen nach den Brandnächten und Plünde-rungen getan hatten, und ihre Stadt wieder aufbauen. Sie würden allen Streit vergessen und alles neu machen. Sie würden die Chance nutzen und vor Lust weinen, daß sie sich ihres lieblichen Lebens, voll bunter Erscheinungen, noch erfreuen konnten. Und die Welt nähme sich ein Beispiel an Untergang und Aufstieg der Stadt der Engel. An diesem Tag gingen wir nicht an den Strand.

GEGENWART DES ISLAM

Die Stadt der Engel –
ein amerikanisches multiple choice

Power Equality
And we're out to get it
I know some of you ain't wit'it
This party started right in '66
With a pro-Black radical mix
Then at the hour of twelve
Some force cut the power
And emerged from hell
It was your so called government
That made this occur
Like the grafted devils they were
…
To those that disagree, it causes static
For the original Black Asiatic man
Cream of the earth
And was here first
And some devils prevent this from being known
But you check out the books they own
Even masons they know it
But refuse to show it – Yo!
But its proven and fact
And it takes a nation of millions to hold us back

Public Enemy, 1988

Betrachten wir das außer Rand und Band geratene Europa zunächst
mit fremdem Blick aus einer Gegend, in der sich die religiöse Leiden-
schaft anders äußert als bei uns: von Los Angeles aus, dem äußersten Westen des Westens und zugleich größten göttlichen Supermarkt der Welt. Kalifornien, eine Einwanderungsgesellschaft par
excellence und Prototyp weltanschaulichen Pluralismus, eröffnet
der Alten Welt einen Blick in ihre Zukunft, die ebenfalls multireligiös sein wird. Das Angebot ist in der Tat überwältigend. Bei uns, im
mittleren Westen, beschränkt sich der Kirchenkalender der Wo-

chenendausgabe einer gewöhnlichen Tageszeitung auf ein paar dürre Angaben darüber, wo und wann Katholiken ihre Messen feiern und protestantische Abendmahle stattfinden. Hinweise auf andere Riten sucht man vergebens.

Anders in Los Angeles. Eine ganze Seite der dortigen *Times* ist mit Terminen mehrerer Dutzend Kultusgemeinden gefüllt, wobei zwischen etablierten Hochreligionen, esoterischem Bodywork und gewöhnlichem *Paranormal* keinerlei Rangunterschied gemacht wird. Ein kürzlich von der alternativen *L. A. Weekly* veröffentlichter Führer durch das spirituelle Los Angeles verriet auf hundert Seiten, immer noch unvollständig, Einzelheiten über das religiöse Treiben der unzähligen Gemeinden in der Stadt der Engel. Das Glaubens-Directory ähnelt einem Versandhauskatalog – jede Menge Reklame für Heilsauserwählte und Bekehrungswillige, Trostsuchende und Erweckungsbereite. Für jeden steht, sozusagen erlebnisgesellschaftlich, der passende Workshop in einem Tempel oder Ordensrefugium bereit, bei Unabkömmlichkeit auch eine Flut von spirituellen Ratgebern für daheim, die in spezialisierten Bookstores und von fliegenden Händlern feilgeboten werden. Ausdrücklich weist das Magazin («wir sind ohne spezielle Expertise im Bereich der Spiritualität») darauf hin, daß die angebotenen Dienste nicht vorab auf ihre Qualität getestet werden konnten. Schädliche Nebenwirkungen der Religionseinnahme bleiben deswegen außer Betracht:

«Einige wollen Aufklärung, während andere nur Ruhe und Frieden suchen. Einige besteigen Hügel und vollziehen Rituale, während andere vor der Statue ihres Heiligen knien oder sich nach Mekka neigen. Einige verehren einen Gott, andere eine Göttin, manche beide. Einige wollen heilen, andere wollen geheilt werden; einige möchten Gott erschauen, andere sagen, daß sie Gott werden können. Einige sehen das Goldene Zeitalter heraufdämmern, andere sehen das Ende der Welt nahen. Einige sehen in die Sterne, einige studieren Zahlen, einige kritzeln Runen, einige teilen Karten aus. Einige meditieren, andere beten...»

Amerikas Katechismus heißt: *Du hast die Wahl*. Michael Ventura nennt Los Angeles «a conceptually wide-open town». So lautet auch die Überzeugung des ortsüblichen Konzepts Multikulturalismus: L. A. brings it all together. Nicht alle sind davon überzeugt. Aber hier konnten Leute wie Jiddu Krishnamurti oder Aimee Semple McPherson besonders gut ankommen, weil die intellektuelle Elite am Platz die experimentelle Ausbreitung von Sekten weder rationalisiert noch zensiert, sondern die ewige Jagd nach Stoffen und Stories immer neu danach verlangt. Nicht zufällig ist L. A. (genauer: Hollywood) heute auch Standort des *Celebrity Centre International* der Scientology-Kirche, deren dianetisches Schrifttum an den Stränden von Venice oder Malibu ebenso reißenden Absatz findet wie in Downtown L. A. *Nicheren Shoshu*, eine japanische Seitenlinie des Buddhismus, soll derzeit die höchste Wachstumsrate haben. Aber auch die etablierten Kulte blühen. Noch vor wenigen Jahren war L. A. so weiß und protestantisch wie kaum eine andere Stadt Amerikas; jetzt ist es durch die Immigration aus Mittelamerika eine der größten katholischen Metropolen der Welt. Die Mission *La Placita*, der mexikanische Ursprungsort von «Nuestra Senora la Reina de Los Angeles de Porciuncula» von 1781 und heute aufgrund der verslumten Nachbarschaft das blutende Herz der Stadt der Engel, ist zum Hort der Befreiungstheologie und ein Sanktuarium für Chicanos ohne gültige Papiere geworden.

Religiöse Erbauung jeglicher Art prägt den Rhythmus dieser Stadt mindestens ebenso wie die Arbeitszeiten oder die Rush-hours. In Amerika, dem Hort des Ultrakapitalismus, ist nicht allein der Sozialismus ausgeblieben. Offensichtlich fehlt es auch an Säkularisierung im radikalen Sinne. Die real gewordene Entzauberung der modernen Welt bildet zugleich die Vorhut postmoderner Religiosität. Los Angeles ist, mit seinen weit über hundert Unterrichtssprachen und noch mehr Heimdialekten, nicht nur das moderne Babylon, sondern mit seinem sakralen Synkretismus auch ein Remake der polytheistischen Spätantike, das Alexandria der Postmoderne.

So wurde der äußerste Westen ein Mekka östlicher Spiritualität. Selbstverständlich ist hier auch der Islam präsent und verbreitet sich rasch. Die (mit fast einer Milliarde Gläubigen) weltweit zweitgrößte Religionsgemeinschaft stellt in Südkalifornien zwar nur ein spärliches Fähnlein. Aber in L. A. County sollen immerhin eine halbe Million Muslime leben, womit dieser von Mekka denkbar weit entfernte Fleck immer noch eine der größten islamischen Agglomerationen der Welt wäre.

Der besagte Stadtführer verrät sogleich den pluralistischen Charakter des Islam; er listet vor allem die offenen, integrativen Moscheen und Medresen (Koranschulen) auf, die neben den üblichen Freitagsgebeten auch reguläre Schulabschlüsse und diverse *interfaith activities* anbieten. Größte Moschee in L. A. ist das Islamic Center of Southern California in der Vermont Avenue, unweit vom berühmten Faith Dome des Reverend Frederick K. C. Price, der größten Kirche Amerikas. In South Central befinden sich viele inoffizielle Moscheen, deren Leiter sich um die vernachlässigten schwarzen Familien bemühen und um inhaftierte Jugendliche kümmern, wie die Baptisten und andere christliche Kirchen. In manchen heruntergekommenen Blocks sind diese Bethäuser die einzig intakten «Serviceanbieter» – außer den Liquor Stores und den Waffengeschäften.

Die zwei bis fünf Millionen US-Muslime (genauere Zahlen fehlen) unterscheiden sich in vieler Hinsicht. Sie passen gut in die landesübliche, «horizontale» Anordnung des religiösen Angebots. Das amerikanische Volk Allahs rekrutiert sich aus Immigranten und Exilierten islamischer Herkunft, vor allem aus dem Iran, Pakistan, Indien, arabischen Ländern des Nahen Ostens, seit den achtziger Jahren zunehmend aus den Golf-Staaten und Afrika, dem wichtigsten Missionsterrain des Islam. Doch der größte Missionserfolg des Islam fand im äußersten Westen statt, mit bis zu einer halben Million konvertierter *Afro-Americans*.

Einen Rabbi Tannenbaum oder Kardinal O'Connor, also jemanden, der für alle sprechen kann, haben die weitverstreuten, sich gegenseitig fremden US-Muslime nicht hervorgebracht. Amerikas Islam tritt einmal in seinen herkömmlich orientalischen Formen auf; einheimische Gottsucher mögen ihn hingegen eher in Gestalt eines für westliche Bedürfnisse anschlußfähigeren Sufismus oder, wieder anders und am auffälligsten, als hochpolitische Religion im Sinne des *Black Nationalism*. Zwischen diesen drei Gruppen: assimilationsbereiten Einwanderern, privatisierenden Mystikern und rassebewußten Konvertiten, besteht somit eine große Verschiedenheit, die bei bedeutsamen Ereignissen an den Tag kommt. Saddam Husseins «Mutter aller Schlachten» hat die Muslime Amerikas genauso entzweit wie in der übrigen Welt.

World Community of al-Islam in the West

Die markantesten Züge der Physiognomie des Islam im Westen sind bereits deutlich geworden: ethnische Herkunftsbindung und Gemeindebildung, die parochiale Orientierung um Moschee und Nachbarschaft herum, eine starke soziale und rituelle Diversifikation, organisatorische Zersplitterung mangels einer einigenden Konfessionsstruktur oder Kirche und eine hohe Anziehungskraft auf Konversionswillige. Diese Pluralität kann spüren, wer die schwerreichen Muslime von Orange County oder Grove Garden mit den African-Americans in heruntergekommenen Drogenbezirken vergleicht. Und eine Welt klafft auch zwischen distinguierten UCLA- oder Harvard-Absolventen iranischer und kuwaitischer Abstammung und somalischen oder afghanischen Flüchtlingen.

Ganz aus dem Rahmen fallen die politisierenden Rapper. Sie tragen nicht selten arabisch klingende Namen, wie Queen Latifa oder Prince Akeem, der als Jugendminister des radikalen Louis Farrakhan firmiert und mit schneidigen Parolen auftritt. Diese auch die Weißen Amerikas und Europas begeisternde Jugendkultur bezieht sich emphatisch auf die *Black Muslims* der sechziger Jahre; Malcolm X, ihr kompromißloser Held, der seit seiner Wallfahrt nach Mekka El-Hajj-Malik El-Shabazz hieß, wurde, fast dreißig Jahre nach seiner Ermordung, dargestellt durch Denzel Washington im Kultfilm des schwarzen Erfolgsregisseurs Spike Lee, wieder lebendig. Auf der Leinwand kann der unübertroffene, hypnotisch wirkende Redner der *Nation of Islam* (N. O. I.) auch heute seiner Gefolgschaft noch *Black consciousness* vermitteln – via Islam. Nach einer *Newsweek*-Umfrage betrachteten knapp zwei Drittel der Schwarzen insgesamt und über 80 Prozent der schwarzen Jugendlichen Malcolm X als «Helden für schwarze Amerikaner heute», wobei eine Minderheit in ihrem Idol einen Propheten schwarzen Separatismus, auch männlicher Violenz sieht, die Mehrheit in ihm aber einen Anwalt der multiracial truth erblickt. Baseball-Kappen mit dem X-Emblem, Poster des schwarzen Führers und Malcolm X Standardspruch «By all means necessary» sind in den Vereinigten Staaten allgegenwärtig. Während in Europa der Islam meist als eine fremde und bedrohliche Angelegenheit empfunden oder ignoriert wird, wertet ihn eine

Mehrheit der schwarzen Amerikaner, auch der weißen Liberalen, als Zeichen der Hoffnung für die gesamte Nation. Denn die Malcolmania steht nicht, wie während der Dreharbeiten des Films erwartet, für eine Beunruhigung, sondern für die Anverwandlung der fremden Religion für heimische Zwecke – nämlich für einen sehr amerikanischen Islam, der die ethnische Zerrissenheit überwinden und die sozialen Anomien heilen soll.

Nation of Islam (N. O. I.), die Organisation, die Malcolm X 1964 im Dissens verließ, zeigt trotz ihrer Außenseiterrolle auch im amerikanischen Islam viel über Formen und Funktionen des Islam im Westen. Während der Great Depression in den Vorstädten von Detroit vom obskuren Prediger *W. D. Fard* gegründet, verband sie die sunnitische Weltanschauung mit dem Kampf um die Suprematie der schwarzen Rasse. Bekannter als Fard, der nur ein paar tausend Gläubige und mit den *Fruit of Islam* auch schon eine paramilitärische Truppe um sich scharte, wurde sein Nachfolger Robert Poole alias *Elijah Muhammad*, der N. O. I. nach dem Zweiten Weltkrieg zu einer der stärksten schwarzen Bewegungen machte. Die alte Bürgerrechtsbewegung stammte aus dem ländlichen Süden Amerikas; Muhammad hingegen rekrutierte seine Anhänger in den Gettos der nördlichen Industriemetropolen, also unter den am stärksten depravierten Brüdern und Schwestern. Er predigte Trinkern, Dauerarbeitslosen, Delinquenten, Drogenkriminellen, Prostituierten, also dem jungen schwarzen Lumpenproletariat, militantes Selbstbewußtsein – mit durchaus spektakulärer Wirkung: Junkies wurden durch strikte islamische Rechtschaffenheit *clean* und viele schwarze Huren wieder *respectable women*.

Diese Tradition sucht man heute zu reaktualisieren und auch in pädagogischer Dosis zu verbreiten: Zur Premiere des Films von Spike Lee, parallel zum aufsehenerregenden Besuch des gewählten Präsidenten Bill Clinton in einem der mordreichsten Drogenviertel der Hauptstadt, machte das Massenblatt *USA Today* mit einer Geschichte über eine Moslem-Patrouille von Newark (New Jersey) auf, die ihren Bezirk sauber hält. *No alcohol, no drugs, no garbage, no urinating*, befehlen Straßenschilder in vielen US-Städten. Die Assimilationsbereitschaft der amerikanischen Einwanderer-Nation scheint allen Mißerfolgen zum Trotz unbegrenzt: Sie verwandelt sich eine Religion an, die fremder kaum sein könnte und in deren Namen immer wieder gegen den Teufel Amerika zum Heiligen Krieg aufgerufen wird.

Spike Lees Hagiographie verfolgt den Wandel des schwerkriminellen Weißenhassers zum Anwalt des multikulturellen Ausgleichs. Diese Entwicklung zeichnet die tatsächliche Läuterung dieses jüngsten Helden der westlichen Welt nach. Ausschlaggebend dafür war die Begegnung mit der islamischen Welt und die Konversion in Arabien. Das brachte Malcolm X vom schwarzen Rassismus ab; er betrachtete Ethnizität nicht mehr als physische Gegebenheit, sondern als eine sozial konstruierte Wirklichkeit, was bekanntlich ein entscheidender Unterschied ist. Die individuelle, in der Gemeinschaft eingebettete Wahl einer universalistischen Religion korrigiert das extrem partikularistische Weltbild der schwarzen Kultur.

Auf ähnliche Weise reformierte Elijah Muhammads Sohn *Warith Dean* die väterliche Polit-Kirche und brachte die Nation of Islam auf orthodoxeren islamischen Kurs. Er öffnete sie für Weiße und den christlich-jüdisch-islamischen Dialog und nannte sie, welch ein schöner Neologismus, *World Community of al-Islam in the West*. Dieser politisch und theologisch moderate Zweig des schwarzen Islam sieht sich der charismatischen Konkurrenz des *Louis Farrakhan* gegenüber, der Anfang der achtziger Jahre eine eigene, schlagzeilenträchtigere Gruppe schwarzer Muslime aufbaute und es, trotz seines offenen Antisemitismus, bis in die Berater-Ränge des schwarzen Präsidentschaftskandidaten Jesse Jackson brachte. Zuletzt machte er Amerikas Todfeinden Ghaddafi und Saddam Hussein Avancen.

Die Nation of Islam will eine wesentlich von Schwarzen gelenkte Nationalökonomie. Im Unterschied zu linksradikalen Strömungen ist sie weder gegen den Kapitalismus noch Bestandteil der hedonistischen Subkultur Amerikas. Große Teile des Einkommens der Mitglieder werden als Spenden für Grundstückskäufe, Bauunternehmungen und Propaganda gesammelt. Seit sich der individuelle Aufstieg für die schwarze Mittelklasse wieder schwerer gestaltete, bekamen solche Ideen separatistischer Entrepreneure wieder ihren Reiz. Das Wiederaufbauprogramm *Rebuild L. A.* nach dem Aufstand von 1992 sieht sogar eine enge Kooperation zwischen dieser rassebewußten Investitionsstrategie und der urbanen Strukturpolitik vor;

pikanterweise sitzen auch Vertreter der berüchtigten Jugendgangs mit am Tisch, deren martialisches Bild von der Rap-Bewegung popularisiert wurde und weltweit Eindruck gemacht hat. Islamisch-schwarzes Selbstbewußtsein ist hier von knallhartem Sexismus und Gangsterkult durchwirkt.

Schwarze Jugendliche fasziniert genau dieses ambivalente islamische Label, während das Gros der African-Americans in der Vergangenheit protestantischen Reverends folgte und die Militanten dem Sozialismus oder Dritte-Welt-Ideologien näher waren. Da die «zweite Rekonstruktion» (Manning Marable), also auch die Integration der Afroamerikaner nach dem Zweiten Weltkrieg, gescheitert ist und die Schwarzen nicht nur gegenüber der weißen Mehrheit an Boden verloren haben, sondern auch die demokratische Zweckallianz mit den Juden und anderen ethnischen Minderheiten zerbrochen ist und überdies noch Asiaten und selbst Latinos ökonomisch und kulturell an ihnen vorbeiziehen, bekommen die radikalen und synkretistischen Formen politischer Religion Auftrieb. Die nicht unbedeutende schwarze Mittelschicht, die sich bis Anfang der Reagan-Jahre auf dem amerikanischen Weg herausgearbeitet hatte, wollte damit nichts zu tun haben. In den achtziger Jahren votierte und kandidierte sie republikanisch oder rechtsdemokratisch. Sie ignoriert das Elend des schwarzen Lumpenproletariats, das in einem Teufelskreis von Drogenkonsum, Gewalt, Familienauflösung und Bildungsrückstand verfangen ist.

Der größte Teil der wohlhabenden weißen Mittelschicht ist ebenfalls konservativer geworden; ihr verarmter Teil verhielt sich, geschockt durch die einschneidende Rezession und anhaltende, zum Teil illegale und unkontrollierte Immigration aus Mittelamerika, im Stil weißer Ureinwohner superprotektionistisch. Rassistische Ideologien und Bewegungen haben auch in den USA Auftrieb bekommen; sie reichen bis weit in die Grand Old Party der Republicans hinein. In dem Maße, wie dann auch der traditionelle Schwarz-Weiß-Dualismus durch ein ethnisch-religiöses Patchwork abgelöst wurde und der demokratische Regenbogen verblaßte, konnten radikale Varianten monokultureller Segregation in allen Ethnien Anhänger gewinnen. Islamische Rechtschaffenheit kann hier ideologie-politisch auf ganz verschiedene Weise wirken. Viele bringen sie als schwarze Kampfparole gegen die weißen Teufel aus, andere (in den neunziger Jahren wieder zunehmend mehr) beschreiben sie als zeitgemäßen eigenen Weg aus dem Dilemma: Getto oder Assimilation.

Hieran läßt sich bereits erkennen, welche Funktion die islamische Weltanschauung in der vollkommen säkularen, aber zutiefst religiösen amerikanischen Gesellschaft spielen kann. Im Unterschied zu den europäischen Nationen ist sie weniger stark nach Klassenkriterien polarisiert und durch wohlfahrtsstaatliche Integration zusammengehalten, sondern nach ethnischen Gesichtspunkten differenziert und um lokale und kommunitäre Kraftfelder organisiert. Die Systemfrage an den amerikanischen Individualismus stellt sich weniger ökonomisch-klassenkämpferisch oder bürgerrechtlich, sondern gruppenidentitär. Um den Fatalismus und weiteren Niedergang der schwarzen Gemeinschaft zu überwinden, bietet sich der Islam als eine fremde, aber verfügbare Weltanschauung an. Sie kann die radikale Abschottung wie die weitgehende Öffnung begründen. Nachdem in den achtziger Jahren schwarze und weiße Führungen auf räumliche, bildungsmäßige und soziale Segregation gesetzt hatten, ist für die restlichen neunziger Jahre sowohl von der neuen demokratischen Administration wie von einem Teil der schwarzen Meinungsführer angekündigt, man wolle die offenen Wunden Nordamerikas schließen und der unheilvollen ethnischen Konkurrenz ein Ende setzen. Dieser gute Wille steht unter dem Vorbehalt einer akademischen und intellektuellen Debatte und eines wilden Disputs an den Grenzen und Durchfahrten der ethnischen Nachbarschaften, in denen sich ein ungeheuerliches Potential von Haß, Neid und Rachegelüsten angestaut hat: kontroverse Gerichtsurteile, Gebietskämpfe zwischen Jugendgruppen und unkalkulierbare Nervenzusammenbrüche im urbanen Dschungel können dieses brisante Gemisch jederzeit wieder entzünden.

In diesem unübersichtlichen Wirrwarr also steht der Islam im Westen. Hier ist er auf tpisch amerikanische Weise in ein Religionssystem eingebaut, das von individueller Wahl und ethnischer Gemeinschaft bestimmt ist. Er steht, gleichberechtigt und gleich-gültig, also anerkannt, aber ohne jeden Anspruch auf *besondere* Dignität und Präferenz, neben allen sonstigen Dienstleistungen einer florierenden multireligiösen Therapiegesellschaft – in einer Reihe auch

mit Schamanen, lebendigen Medien, Fernsehpredigern und Hand-
auflegern. Daß sich eine strikt monotheistische Buchreligion auf diesem Level praktizierter Vielgötterei und in einem Klima unverbind-
lichen Pantheismus bewegen muß, ist für herkömmliche Muslime
natürlich eine Zumutung. Daß ihnen nach Landessitte Religionsfreiheit gewährt wird und sie sich in der Diaspora einer nicht nur
rhetorisch beteuerten Toleranz sicher sein können, «paßt» zwar zunächst ganz gut. Der Islam paßt auf den ersten Blick auch perfekt in
einen Kosmos, in dem Religion als Begegnung jedes einzelnen mit
Gott, das heißt ohne Einschaltung einer klerikalen Hierarchie, verstanden wird – ein Kosmos, in dem man sich, wieder ganz islam-
freundlich, «allein auf die Schrift» (hier also den Koran) beruft.
Aber gerade diese Stützen des Islam, Skripturalismus und Unmittelbarkeit, sind von der Mediengesellschaft bedroht: Wie soll sich
eine Heilige Schrift durchsetzen in einer zum sekundären Analpha-
betismus tendierenden Kultur, die alles visualisiert, und wie soll die
direkte Begegnung mit Gott funktionieren in einer mediatisierten
Kultur, in der Moderatoren und Animateure den Ton angeben?

Der Islam sperrt sich folglich gegen den pluralistisch-beliebigen
Charakterzug amerikanischer Religiosität, der in Kalifornien bis zur
Karikatur ausgeprägt ist: gegen die fortschreitende Individualisie-
rung und Privatisierung des Glaubens, also gegen die «Unsichtbar-
werdung» von Religion im öffentlichen Leben. Im amerikanischen
System der Denominationen haben ja prinzipiell «alle religiösen
Gruppen den gleichen Rechtsstatus, und jede steht mit jeder im
Wettbewerb», lautet die These von Peter L. Berger. Religion muß
also wie eine Ware auf einem Markt angeboten werden, und zwar
Konsumenten, die sie nicht unbedingt kaufen müssen, dies aber in
Amerika gleichwohl sehr intensiv tun. «Die Glaubensinhalte der Religion sickern durch den porös gewordenen Boden der Gewißheit
hinunter in ein bodenloses Nur-noch-Glauben, Meinen oder Bevor-
zugen. (...) Der Pluralismus stellt uns nicht nur vor die Wahl, er
zwingt uns zu wählen.» Das höchste Gut dieser ökumenischen Reli-
gionsökonomie ist folglich Seelenkompetenz und Konsumentensou-
veränität. Dafür bringt der Islam durchaus einige Voraussetzungen
mit, setzt sich aber energisch gegen deren säkularisierende Konsequenzen zur Wehr.

Nation of Islam ist eine besonders sichtbare und lautstarke Variante des politischen Islam, die diese widerständige Anerkennung nur auf extreme Weise demonstriert. An diesem Beispiel kann man jetzt schon eine zentrale Paradoxie des Islam im Westen verdeutlichen. Er fügt sich ein in den faktischen Polytheismus des Okzidents, widersetzt sich aber emphatisch seinen Werten. Die dann aber leicht zur Pose ermäßigte Radikalität und ihr subkultureller Touch erregen wiederum das nivellierende Interesse der Kulturindustrie und können alsbald gängig werden wie selbst die martialisch gestylte Leibgarde der Rap-Gruppe Public Enemy und ihre «explizite Lyrik». Die Rebellion bleibt symbolisch und nachtrabend; den Aufstand, der hier und dort (zum Beispiel zwischen Schwarzen und Juden in Brooklyn und Detroit oder zwischen Koreanern und Schwarzen in Los Angeles) aufflammt, hat sie zwar rhetorisch antizipiert und zum Teil auch in Videoclips animiert, aber letztlich können auch Ice-T und Sister Souljah nur verbalradikal kommentieren. Auch die öffentliche Feinderklärung paßt nicht in ein Muster heiliger Kriege.

Wie später noch genauer gezeigt wird, bindet sich also ausgerechnet der politische Fundamentalismus, der sich auf den alten und reinen Islam beruft und scheinbar der Gegenwart enthoben ist, die Religion instrumentell an eine ganz und gar profane Aktualität: als Vehikel der Befreiung von sozialem Elend, vom kolonialen Joch, vom Diktat der Hautfarbe. Es ist deshalb zu erwarten, daß der radikale Islam in entsprechendem kulturellem Ambiente ein ähnliches Schicksal erleiden wird wie der protestantische Fundamentalismus alten und neuen Typs. Er rebelliert gegen die von ihm mitangestoßenen Konsequenzen der säkularen Moderne, aber er wird von ihr eingekapselt und neutralisiert. Denn auch ein fundamental antiwestlicher Islam bleibt dem Westen noch untrennbar verbunden.

So lautet die Lektion des Westens für den Islam: Die religiöse Veredelung ethnischen Selbstbewußtseins kann sich die Kluft zwischen Westen und Orient zunutze machen, schüttet den Graben aber zugleich auch wieder zu, indem die Religion ihrer transzendenten und objektiven Unmittelbarkeit enthoben wird und sich den willkürlichen, subjektiven Zugriffen von Individuen aussetzt. In den urbanen Positionskämpfen gestalten sie ihr Confiteor, ihr (privates) Glaubensbekenntnis, zum artifiziellen Distinguo um, zum Markenzeichen der Unterscheidung von Gruppen und Gemeinschaften. Aber trotz dieser Gleich-setzung, die den Islam zu einer Religion unter vielen macht, hält er auch seine Botschaft an den Westen bereit: Bei aller konsumgesellschaftlichen Einebnung bleibt an ihm immer noch ein fremder Rest, der durchaus in der Lage ist, die amerikanische Gesellschaft, diesen Prototyp westlicher Modernisierung, zu verändern und in Frage zu stellen. Aus der Konfrontation zwischen dem Islam *und* dem Westen wird also die Präsenz und Wirkung des Islam *im* Westen.

Die Religion des Bürgers

Der unbedingte politische Fundamentalismus, der Staat und Glauben rhetorisch in eins setzt, trennt den islamischen – genau wie den protestantischen oder katholischen – Fundamentalismus vom gängigen Religionsverständnis der Vereinigten Staaten. Daß keine einzige Glaubensgemeinschaft Staatsreligion sein solle, war die Prämisse der Gründerväter der amerikanischen Republik. Religion war reine Privatsache; und der Staat durfte sich niemals als der absolute Sittenwächter aufspielen. Die Verfassung, die im Nationalarchiv der Hauptstadt wie eine Ikone vorgezeigt wird, ist imprägniert von der religiösen Verfolgungserfahrung der «Nation von Einwanderern» und ihrem Streben nach Glück und Erlösung. Die Geschichte der politischen Kultur Amerikas ist tief *zivil*religiös geprägt. Die Säkularisierung nahm in der Neuen Welt also einen anderen Verlauf: Religion wurde nur scheinbar an den Rand der Gesellschaft gedrängt; vielmehr war sie gerade durch die Trennung vom Staat entfesselt und ihre Ausübung völlig frei.

Der europäische Beobachter Alexis de Tocqueville hat sehr früh gesehen, daß die Religion damit auch eine wichtige *politische* Institution sein konnte. In der Religion sah er ein gutes (und im übrigen das einzige) Mittel, die im Liberalismus angelegte, selbstzerstörerische Tendenz entfesselten Eigennutzes zu brechen und zu kanalisieren. Die Religion des Bürgers ist also einerseits, im Unterschied zum messianischen Erlösungsglauben traditioneller Christengemeinden, privatistisch, hoffnungsarm und gnadenlos; andererseits bildet sie einen Komplex moralischer Überzeugungen und Wertstandards für den Staatsbürger aus, die dem politischen System und den Verfassungsinstitutionen vorausgesetzt sind.

Das absolute Bekenntnis zu dem Einen Gott ist aufgewogen durch die ebenso unbedingte Anerkennung der Freiheit anderer Kulte. Die amerikanische Republik brachte, bis in die Gegenwart hinein, ein Kunststück fertig, das man vor dem europäischen Erfahrungshintergrund der Konfessionskriege nicht hoch genug bewerten kann: mit einer unendlichen und wachsenden Zahl von Leuten anderen Glaubens als loyalen Mitbürgern multikulturell (hier in seiner ursprünglich «kultischen» Bedeutung) zusammenzuleben und eine Nation zu bilden. Der Widerstreit der Weltanschauungen (und damit die Versuchung zum intoleranten, vernichtenden Gottsuchertum) ist aufgehoben in einem «überlappenden Konsens» (John Rawls) politischer Institutionen, die ethnisch farbenblind und religiös neutral gedacht, aber doch stark genug sind, auch eine politische Gemeinschaft nicht bloß auf Formalien und Prozeduren zu begründen. Insofern ist Amerikas Demokratie das (im Prinzip) religiöseste und zivilste Gemeinwesen zugleich.

Daß nun, neben anderen Fundamentalismen christlicher Prägung oder einem militanten Sektenradikalismus à la Jonestown, auch der politische Islam in Amerika an Boden gewinnt, folgt aus dem praktischen Verschleiß dieses Modells. Schon 1978 zur Zweihundertjahrfeier der Amerikanischen Revolution fragte sich Robert Bellah, «ob unsere heutigen religiösen Körperschaften der ganzen Nation einen Sinn für ein ethisches Ziel geben». Die religiösen Gruppierungen seien mittlerweile zu privatistisch, oft geradezu autistisch nach dem Modell des Selbstbedienungsladens organisiert, als daß sie noch «tugendhaft», als Stifter von Gemeinschaft und gemeinsamen Überzeugungen wirken könnten. Sobald sie dies erkennen und es mit der Angst bekommen, tappen sie in die Falle des Fundamentalismus und der Intoleranz. Der Supermarkt würde geplündert und müßte irgendwann geschlossen werden. Die Alte Welt der Konfessionskriege taucht wieder am Horizont der amerikanischen Gesellschaft auf.

Fremde Götter überm Abendland –
ein europäischer Religionsatlas

Es ist ein auch heute noch nicht ganz ausgestorbener Irrtum, man könne die religiöse Betrachtung der Wirklichkeit fallen lassen, ohne daß einem etliches andere mitab-
handen kommt, auf das man weniger leicht verzichten
möchte.

Robert Spaemann, Über den Begriff der Menschenwürde, 1985

Kalifornien ist überall. Im Frühstücksfernsehen kam die Meldung:
2000 europäische Buddhisten treffen sich unter der Schirmherr-
schaft des Dalai-Lama zum Kongreß «Einheit in der Vielfalt – Buddhismus in Europa». Bei Schrippe und Cappuccino, wahlweise bei
Brötchen und Bier, erlebt der staunende Europäer auf dem Bild-
schirm einen Akido-Lehrer, der seinen Kampfpartner in perfektem
Schwung aufs Kreuz legt, während eine kahlköpfige Ordensfrau
ihren Weg zur vollständigen Friedfertigkeit schildert. Zum turnus-
mäßigen Treffen haben sich die Veranstalter 1992 Berlin ausgesucht
– als Symbol einer Öffnung, in deren Genuß zum Beispiel die tibeta-
nischen Mönche noch nicht gekommen sind.

Der Zuschauer erinnert sich jetzt vielleicht daran, daß wenige
Wochen zuvor in Frankfurt die Fünfte Europäische Hindukonfe-
renz, ein anderes Konvikt hiesiger Fremdgläubigkeit, stattfand,
ebenfalls mit fernöstlicher Lebensberatung und multikulturellem
Ratschlag, mit Workshops für gestreßte Manager und vegetarischen
Kostproben. Bei der Gelegenheit wird Fundamentalismus als Antithese der Hindutva, der Hindu-Identität, gebrandmarkt.

Hundertprozentig war das christliche Abendland nie. Kolonisierung und Exotismus, zwei Seiten einer Medaille, verschlugen
fremde Götter und ferne Götzen nach Europa, und so mancher Zauber blieb hängen. Sogar der Frankfurter Geheimrat Goethe steht im

Verdacht, Moslem gewesen zu sein. Das behauptete jedenfalls ein junger Frankfurter Taxifahrer, der in seinen Wartezeiten den Koran und den «West-östlichen Divan» in arabischer Sprache liest.

Bevor man sich dem religiösen Angebot zuwendet, das dazugekommen ist, sollte man registrieren, was abhanden kam. Nachhaltiger als die möglichen Eskapaden eines deutschen Klassikers und Weltliteraten war ja *die moderne Selbstentchristlichung Europas.* Die bürgerliche Revolution, anfangs aus religiösen Motiven der Wiederherstellung der guten Ordnung gespeist, brachte eine militante Religionskritik hervor, die das Angebot diesseitiger Selbstverwirklichung steigerte und die Zahl der Rechtgläubigen ständig schrumpfen ließ. Die sozialistischen Revolutionen verstärkten die Abwendung vom «Opium für das Volk»; im europäischen Osten wurde die lebendige Volksfrömmigkeit in den privaten Untergrund verdrängt, und Gläubige, die sich nicht zur Religion des Atheismus und des sozialen Fortschritts bekennen wollten, wurden regelrecht verfolgt, während ein Teil der orthodoxen Nationalkirchen der kommunistischen Staatsmacht offiziell beistand.

Jüngste deutsche und internationale Umfragen zeigen, welches Ausmaß der Glaubensverlust im Westen unterdessen erreicht hat. «Abschied von Gott» betitelte der *Spiegel* die Ergebnisse einer Emnid-Umfrage von 1992 und bestätigte die Hypothese des Theologen Karl Rahner: Deutschland sei zu einem «heidnischen Land mit christlicher Vergangenheit und christlichen Restbeständen» geworden. Seit Mitte der sechziger Jahre verfällt die Teilnahme an kirchlichen Ritualen; besonders junge Menschen sind im Sog des kulturrevolutionären Erdrutsches der sechziger Jahre massenhaft aus den Kirchen ausgetreten. Christliche Werte sind als praktisches Erziehungsmotiv nicht mehr sichtbar, und religiöses Wissen in reiner Form wird von der Mehrheit der Deutschen nicht mehr weitergegeben. Der Glaube an Gott wurde auch bei uns zum bloßen Service-Angebot, das Kindern und Jugendlichen zur freien Wahl überlassen bleibt; sie «checken», was es ihnen bringt, religiös zu sein. Wenn sie sich «irgendwie» dafür entscheiden, dient es vor allem der Erreichung privaten Glücks. Im Verlauf der Modernisierung wurde aus der andernorts vorbedachten die selbsttätige Suche nach Sinn. An die Stelle der Instruktion durch feste Dogmen, Traditionen und Institutionen trat die Suche auf eigene Faust und Rechnung; die *Summa theologica* wich einer zusammengewürfelten Privattheologie. Aus der demütigen Unterwerfung unter Gottes Willen wurde die schnell rücknehmbare Neigung zu einem höheren Wesen.

Auch die christlichen Kirchen fallen in den kollektiven Bedeutungshierarchien hinter andere Institutionen zurück; in Wissenschaft, Politik und Wirtschaft herrscht längst weitgehende «Selbstreverenz» (Franz Xaver Kaufmann). Die Kirchen strahlen nur als steinerne Monumente noch eine gewisse Aura aus; als hierarchische und bürokratische Organisationen sind sie heftig umstritten. Das Kirchenvolk liegt mit den Oberen chronisch im Clinch. Auch Menschen, die regelmäßig Gottesdienste aufsuchen, beziehen sich vorrangig auf das eigene Gewissen, wie massenhafte Übertretungen des ehelichen Treuegebotes, Scheidungen und Abtreibungen selbst im tief katholischen Milieu zeigen. Ein solcher Trend gilt nicht nur in Deutschland, wo die Konservativen Spätfolgen der NS-Zeit in Anschlag bringen könnten; auch in Gesellschaften wie den Niederlanden, die immer als religiöses Eldorado galten, sinkt seit den sechziger Jahren die Zahl der Kirchgänger, verfällt das lebhafte Gemeindeleben und endet die lange durchgehaltene Endogamie innerhalb der Konfessionsgruppen. All das hat Auswirkungen auf die religiöse Versäulung der Politik, Wesensmerkmal der niederländischen politischen Kultur, die damit ihren konfessionellen Pluralismus gezähmt hat.

Diesem mächtigen Säkularisierungstrend widerspricht nur scheinbar die anhaltend hohe Wertschätzung von Religion und Kirche allgemein – als Sache, die «irgendwie» gut für die anderen und für den sozialen Zusammenhalt ist. Kirchenferne Leute schieben den kirchlichen Experten und Virtuosen die Abwicklung sozialer Probleme und Krisen zu und überlassen den Herren in Schwarz und Lila eine unverbindliche Wertediskussion. Vor allem bei Kirchentagen wird dann der kirchliche Restbestand privater Moralität wieder publik; die Teilnehmer klagen beim politischen System die Verwirklichung globaler Gerechtigkeit ein.

Die Individuen verabschieden sich also von den religiösen Institutionen, ohne daß damit die Kirchen *als Organisation* hinfällig würden. In Deutschland haben wir uns sehr an das konfessionelle Zwillingspaar gewöhnt. Hier haben die steuerlich gut alimentierten christlichen Kirchen große Einflußmöglichkeiten – vor allem über die alten Großparteien – als eine der «relevanten gesellschaftlichen Gruppen». Das Grundgesetz sichert ihnen überdies eine starke Position als Körperschaften öffentlichen Rechts zu, deren innere Autonomie (Kirchenrecht) staatlich geschützt ist. Als sozialpädagogische Einrichtungen und als konfessionelle Wohlfahrtsverbände, aber auch in der deutschen Entwicklungshilfe wirken sie dann als quasistaatliche Apparate.

Kaum sonst auf der Welt gibt es derart gut bezahlte, gegen Ansprüche ihrer Gemeinde abgesicherte Pfarrer, so effiziente Kirchenverwaltungen und ein so dichtes Netz von Diözesen, Landeskirchen, Pfarreien und Orden. Die Ausbildung der Theologen erfolgt im Rahmen eigener oder staatlicher Lehreinrichtungen völlig autonom. Die Verfassungen aller Bundesländer garantieren den Religionsunterricht; wo immer sich laizistischer Reformwille breitmacht, kommt es zum Konflikt, wie zuletzt im Neu-Land Brandenburg, wo die Kirchen ihr Lehrangebot nicht in ein neutrales Ethikangebot einreihen wollten.

Unterstützt werden die Kirchen, trotz herber Enttäuschungen über ihre Verlautbarungen zur Ehe und Familienplanung und der sturen Vorenthaltung weiblichen Kirchenpersonals, durch eine mitgliederstarke Laienbewegung. Die starke Affinität zum politischen Bereich – der Katholiken überwiegend zur CDU/CSU, der Protestanten eher zur Sozialdemokratie – festigt die weltliche Macht der Kirchen. Aus dem sogenannten «vorpolitischen Raum» beeinflussen sie das neuerdings ziemlich flatterhaft und unberechenbar gewordene Wahlverhalten zugunsten der großen Volksparteien. Schwach ausgeprägt ist demgegenüber in Deutschland die atheistische Lobby oder agnostische Parteien wie etwa die Republikaner im erzkatholischen Italien und die Sozialisten in allen romanischen Ländern.

Deutschland, in der Mitte des christlichen Abendlandes, ist in der Tat ein ziemlich säkulares Land geworden. Im Kontrast zu den Vereinigten Staaten stehen bei uns die Kirchen dem Staat nah, sind reich und mächtig; dafür ist es um die allgemeine Gläubigkeit schlechter bestellt. Die Säkularisierung hatte in Europa andere so-

sozialstrukturelle und subjektive Facetten: Unter *Entkirchlichung* verstehe ich den nachlassenden Zugriff religiöser Hierarchen auf den Wertekanon und das alltägliche Verhalten ihres (ehemaligen) Kirchenvolkes. Dieser Vorgang ist im gesellschaftlichen Gesamtgefüge als weitere sittliche Verselbständigung und *Ausdifferenzierung* der nichtreligiösen Sphären anzusehen. Beides läßt sich auch unter dem Begriff *Laizisierung* bündeln. Bedeutungsverlust und soziale Marginalisierung der Kirchen lassen die Annahme zu, kirchliche Religiosität sei in der modernen Gesellschaft gewissermaßen verdunstet, also ersatzlos abhanden gekommen beziehungsweise auf private Domänen und fundamentalistische Hochburgen verdichtet. Diese «Schrumpf-Hypothese», die man aus dem allgemeinen Wertewandel in ganz Europa ableiten kann, wird oft gleichgesetzt mit der *Entchristlichung* auf breiter Front. Man könnte ihr allerdings die «Schlupf-Hypothese» entgegenstellen, wonach verlorene Kirchenbindung keinen definitiven Glaubensverlust bedeutet, sich vielmehr eine sozial «unsichtbare» (Luckmann), eine «postmoderne» (Cox) Religion herausgebildet und sich das Religiöse auf andere Ebenen verlagert habe – was dann noch zu beweisen wäre.

Es dämmert nämlich auch hartgesottenen Laizisten angesichts des rasanten Verfalls von Sozialität und Bürgersinn, daß die zum Laissez-faire verallgemeinerte religiöse Indifferenz nicht folgenlos bleibt. Dann nämlich, wenn die Entkirchlichung zu einem praktischen Nihilismus im Alltagsleben führt und das beschriebene Minus postchristlicher Gleichgültigkeit nicht durch ein kommunitäres Plus kategorischer Imperative in der bürgerlichen Gesellschaft ausgeglichen wird. Franz Xaver Kaufmann befürchtet zu Recht, daß Werte wie Gewissenhaftigkeit, Orientierung am Gemeinwesen, Verantwortung für nachfolgende Generationen und der Wille, soziale Mißstände durch Reformen zu beseitigen, gewissermaßen der Kitt der sozialen Beziehungen und der Grundstock politischer Übereinkünfte, rapide dahinschwinden. Ich glaube kaum, daß eine amtskirchliche Offensive oder andere Arten moralischer Aufrüstung (wie zuletzt die Kampagne für die Wiederherstellung «familiärer Werte» in den Vereinigten Staaten) die verlorenen Bestände so leicht wiederaufforsten könnten. Die «Bürgerreligion» (Robert Bellah) läßt sich von parastaatlichen Verbandsfunktionären oder selbsternannten Sittenwächtern nicht wie aus der Retorte erzeugen. Aber man wird sich mit dem Tatbestand schwindender Ressourcen der politischen Vergemeinschaftung auch nicht einfach abfinden können.

Vom christlichen Abendland zur europäischen Vielgötterei?

In dieser Situation, da die christlichen Kirchen auf dem Rückzug in die lebensweltliche Irrelevanz sind, bekommt die bisher so exotische Geschichte Fremdgläubiger in Europa ihre besondere Pointe. Aus einer *quantité négligeable* früherer Tage haben sich die unter «Sonstige» rubrizierten Glaubensgemeinschaften zum Massenphänomen gemausert. Schon seit dem Ersten Weltkrieg leben Zigtausende afrikanische Muslime im französischen «Mutterland». Muslime, Hindus oder Sikhs aus dem ehemaligen Commonwealth sind in Großbritannien ebenso alteingesessen. Die Kolonisation (Besiedlung) wechselte die Richtung, und die Anwerbung von Arbeitskräften aus entlegenen Regionen des Südens bekam systematischen Charakter. Sie blieb aber weitgehend unbemerkt, da sie nach rein wirtschaftlichem Kalkül und höchstens als sozialer Spannungsfall berechnet wurde. Man rief Arbeitskräfte – und bekam nicht nur Wohnungsnachbarn, Schulkinder und Gewerkschafter, sondern eben auch Gläubige.

Seit Ende der siebziger Jahre aber ist in den Kolonien der Arbeitseinwanderer ein religiöses *Coming out* im Gange. Aus abhängigen Lohnarbeitern, politisch rechtlosen Untertanen und leicht exotischen Warenkonsumenten wurden (wieder) Heiligenverehrer, Prediger und Gottsucher. Entsprechend wandelten sich Motive, Formen und Intensität ihres sozialen Protestes.

Unterderhand ist damit der Einwanderungskontinent Europa zur multireligiösen Gesellschaft geworden. Noch ist in der Alten Welt nicht das kalifornische Maß erreicht; aber angesichts des Schwindens expliziter christlicher Verbindlichkeiten und der demonstrativen Sichtbarkeit anderer Heilsgewißheiten ist das christliche Abendland schon sehr viel weiter geschrumpft, als es die demographischen Proportionen erkennen lassen.

Dieser Prozeß hat noch unübersehbare Konsequenzen – für beide Seiten. Zum Beispiel ist kaum zu erwarten, daß sich die außereuropäischen Bekenntnisse reibungslos in eine zur Konsumhaltung tendierende, subjektive Religiosität verwandeln oder mit dem Status einer zweitrangigen Sekte zufriedengeben. Auch wenn sie sich räumlich verwestlicht haben und sozial aufgestiegen sind, werden Einwanderer nicht automatisch den bekannten Verlauf der Säkularisierung und den historischen Gang des okzidentalen Rationalismus nachvollziehen, der sie entweder zu Ungläubigen oder zu exotisch gefärbten Privatfrommen macht – und zwar gerade deshalb, weil die westlich-christliche Kultur auf sie so überlegen wirkt.

In außereuropäischen Modernisierungen zeigte sich, daß das Markenzeichen des Nordens, die «unsichtbar» werdende, synkretistische Privatreligion, nur «eine spezifische Modalität der Christentumsgeschichte ist» (Joachim Matthes), die sich nur im ethnisch-kulturell homogenen Europa entfalten konnte. Wenn sich jetzt, nicht mehr unter Kolonialbedingungen, aber nach der Auswanderung gen Westen, persönliche und kollektive Identitäten bewähren müssen, fallen religiöse Differenzen erst richtig ins Gewicht. Religion als kollektiver Anker wird gerade dort wichtig, wo anonyme Modernisierungen erzwungen werden – durch wanderungsbedingte Zumutungen, staatliche Eingriffe oder ökonomische Sachzwänge (oder alles zusammen). *Sichtbare* Religiosität blüht wieder auf. Sie soll die indifferente Wirkung ausgedehnter Märkte, hochindustrieller Arbeitsorganisation und der verwalteten Welt ausgleichen – und ausdeuten. Die religiöse Sphäre ist oft für Generationen geographisch entwurzelter Migranten der Widerpart des kapitalistisch-säkularen Standards und in der Folge auch des laizistischen Staates. In der ethnischen Nische und im religiösen Freiraum akkumulieren Einwanderer das Kapital kultureller Unterscheidung – so wie sie auf den Finanz- und Immobilienmärkten materielle Werte angehäuft und in Vereinen und Beiräten (begrenzte) Verhandlungsmacht im politischen Positionskampf aufgebaut haben.

Strapaziert werden in diesem Prozeß aber nicht allein das Widerstands- und Anpassungsvermögen mitgebrachter Weltbilder und Lebensweisen. Zur Disposition stehen auch Grundannahmen des westlichen *way of life*, und zwar nicht nur an der Oberfläche. Als mächtigste und gefährlichste Herausforderung für Europa wird in der Regel der Islam angesehen. Ihm traut man am ehesten zu, Traditionen und Selbstverständlichkeiten westlicher Lebenswelten zu verunsichern oder gar zu zerrütten – eine Wahrnehmung, auf deren Gründe wir noch zurückkommen müssen. Allgemein gilt, daß die Präsenz und Sichtbarkeit fremder Glaubensgemeinschaften verborgene, stillschweigende Grundannahmen der europäischen Gesellschaften freilegen, darunter die politische Theologie des Westens, dessen kultureller Code offenbar weniger säkular ausgeprägt ist, als es die demoskopischen Tendenzen zur Entkirchlichung und die weitverbreitete religiöse Indifferenz vermuten lassen. Die Vehemenz unserer Abwehr verrät, wie sehr sich Europäer in den Fremden wiedererkennen. Sie spiegeln dem Westen das immer noch halbweltliche Gesicht des christlichen Abendlandes.

Das bedeutet: Die universelle Idee des Westens blieb selbst partikularistisch eingeengt. Der unstrittig und gegen Ende dieses Jahrhunderts nun unwiderstehlich globalen Wirkung der wissenschaftlich-technischen Zivilisation und der Marktökonomie haften in der außereuropäischen Wahrnehmung die Eierschalen des jüdisch-christlichen Monotheismus an. Dasselbe gilt für die leitenden Vorstellungen der liberalen Demokratien von Menschenwürde und Menschenrechten. So fragt sich: Kann sich die Idee des Westens von ihrer christlichen Provenienz lösen? Soll Europa über seine christlichen Derivate hinaus noch fremden Weltanschauungen identitätsstiftenden Raum gewähren?

Europa sei «nicht von Natur, sondern durch Geschichte ein Kontinent, das heißt ein Zusammenhaltendes». So hat Hans Freyer seine «Weltgeschichte Europas» eingeleitet. Europas Grenzen und Inhalte waren nie geographischer Natur («vom Atlantik bis zum Ural»), sondern politisch-ideologisch bestimmt und wandelbar. Nach einem über drei Jahrzehnte voranschreitenden, scheinbar irreversiblen Prozeß der Integration droht Europa derzeit, unter dem Druck eines europafeindlichen Nationalpopulismus und ökonomisch-politischer Klemmen wieder zu schrumpfen: zurück auf das «karolingische», also christliche Kerngebiet der katholischen Gründerväter Konrad Adenauer, Robert Schuman und Alcide de Gasperi im Dreieck Köln – Paris – Rom.

Worin aber sonst könnte «Europäität» bestehen, die kollektive Identität der europäischen Gemeinschaft? Weder die diffuse Gestalt des grenzenlosen Wirtschaftsraumes noch die konkurrierende sozialdemokratische Vorstellung eines Europas der Arbeitnehmer, noch die grüne Phantasie eines kleinräumigen Europas der Regionen scheinen gegen das hochschießende Kraut eines alt-neuen Nationalismus und Ethnozentrismus gewachsen zu sein, die die europäische Idee selbst zu Fall bringen. Die Staatsgrenzen, in Versailles, Trianon und Jalta scheinbar für alle Zeiten eingefroren, werden zunehmend in Zweifel gezogen; die äußere Gestalt des Kontinents ist mit dem Ende des alten Ost-West-Konfliktes außer Façon geraten.

Die EG – Europa als Wirtschaftsgemeinschaft – haben die alten Nutznießer leid: nur für die Aspiranten ist sie attraktiv geblieben: Die Alpenländer, ehemalige sowjetische Satellitenstaaten und die skandinavischen Demokratien begehren Aufnahme. Unter welchen Bedingungen dürfen sie beitreten? Bei ihnen würde, anders als seinerzeit im Falle der Mittelmeerländer und Großbritanniens, vor allem nach wirtschaftlicher Rationalität entschieden werden. Würde man dieses Kriterium heute auf Griechenland, eine andere Wiege europäischer Kultur, anwenden, käme es mit Sicherheit nicht mehr in Betracht, genauso wie die südlichen Balkanstaaten derzeit nicht für reif befunden werden. Aber der ökonomische Entwicklungsstand ist ja nicht das einzige Kriterium. Freundlicher betrachtet man nämlich das katholische Kroatien und das päpstliche Polen, denen freilich andere Qualitäten fehlen: sie sind nicht römisch-germanisch. Ob man will oder nicht: genau auf diesen Kern ethnisch-religiöser Identität regrediert europäische Identität im Krisenfall, wenn man die Brüsseler Spitzen, das ökonomische und technokratische Gewand Europas, genauer durchleuchtet.

Diese alteuropäischen Grenzziehungen, die sich in religiöser Hinsicht an den Frontverläufen der Konfessionsspaltung, aber auch am Schisma zwischen West- und Ostrom ausrichten, bringen dann eine andere alte Frontstellung ins Spiel: Europa (und der Westen) gegen den Islam. Der Historiker Dan Diner hat dargestellt, wie stark die inneren und äußeren Prinzipien der westlichen Weltordnung – Nationalstaat und Völkerrecht – historisch und begrifflich den politisch-theologischen Grundlagen der Christenheit geschuldet sind.

Symbolik und Metaphorik westlicher Jurisprudenz und Politik tragen dabei den Gegensatz zur Welt des Islam in sich. Der in sich instabile und flüchtige Europabegriff hat sich immer auch in der Abwehr äußerer Bedrohungen ausgeprägt und gefestigt. Und die höchste Alarmstufe im kollektiven Gedächtnis des Westens lösten die Muslime aus – die Fremden, die Europa am nächsten gekommen sind.

Römisches Minarett – Muslime im Westen

Wer den islamischen Religionsunterricht will, islamische
Lehrstühle plant und eine islamische Kirchensteuer für
denkbar hält, hat die historische Legitimation gegen sich.
Er ist gezwungen, Abschied zu nehmen von der Geschichte.

Frankfurter Allgemeine Zeitung, 30. Mai 1983

Die islamische Zeitrechnung beginnt mit einer Emigration: der
Flucht Mohammeds nach Medina. Der Prophet wanderte an einen
Ort religiöser und ethnischer Vielfalt, wo er als Friedensstifter und
Schiedsrichter auftreten konnte. Auch mit der Rückkehr nach
Mekka ins Zentrum Arabiens und seiner Erhebung zur dritten monotheistischen Weltreligion blieb der Islam in ständiger Unruhe
und Ausbreitung. Bis ins 20. Jahrhundert ist Muslimsein mit Wan-
derschaft verbunden – auf der Suche nach Arbeit und Wissen, Sicherheit und Wohlstand, Würde und Macht. Die Diaspora ist zur
Existenzform einer Religion geworden, die am fremden Ort ihrer
historischen Abstammungstradition entwächst. Dort bilden sich
eigenständige Glaubenspraxen und Ansätze zu einer Art von Verkirchlichung und Konfessionalisierung des Islam heraus. Wer das
Terrain beherrscht, ist umstritten. Um die Anerkennung der fremden Religion werden exemplarische Konflikte mit der ansässigen
Mehrheit inszeniert; wer sie nach außen repräsentiert, ist in der Gemeinschaft selbst umstritten. Aus diesen Kämpfen entsteht die Dra-
matik des Islam im Westen.

Islam auf Wanderschaft

In Europa ist der Islam heute die stärkste und am schnellsten wachsende nichtchristliche Religionsgemeinschaft. Dieser Prozeß ist vor allem wanderungsbedingt. Türkische und jugoslawische Gastarbeiter gingen nach Deutschland, Schweden und in die Benelux-Länder; Muslime aus dem Maghreb und Westafrika zog es vor allem nach Frankreich; indische, ostafrikanische und pakistanische zogen nach Großbritannien und südostasiatische in die Niederlande. Diese Pfade der Migration spiegeln noch die Abhängigkeit der Kolonie vom Mutterland beziehungsweise das ökonomische Gefälle zwischen Nord und Süd nach 1945. Die Muslime, deren Kommen außerordentliches Aufsehen erregte, traten nur in die Fußstapfen christlicher Binnenwanderer und Immigranten: sie folgten Bretonen, Italienern und Polen, Iren und weißer Commonwealth-Bevölkerung und allerorts den mediterranen Pionieren des großen Gastarbeiterexodus. Auch an dessen Ausgangsorten in Südeuropa, das selbst zur «Nettoimmigrationsregion» wurde, ist der Islam wieder massenhaft präsent.

Wurde die christlich-mediterrane Immigration nach einer gewissen Zeitspanne mit wenigstens kulinarischer Begeisterung angenommen, so erscheint die Präsenz von Muslimen in der öffentlichen Wahrnehmung als Zeichen einer bedrohlichen Überflutung und Landnahme. Davon kann bei nüchterner Betrachtung der Zahlen keine Rede sein: In den westeuropäischen Einwanderungsländern übersteigen sie kaum einmal den Anteil von vier Prozent und auch in Metropolen wie Berlin, Paris, Marseille, Birmingham oder Köln selten zehn Prozent. Vielmehr wurde ein uraltes Trauma der Gefahr aus dem Orient lebendig; Muslime gelten, neben den Zigeunern, allerorts als die fremdesten Fremden. Europa hat von seinen «Mohammedanern» überaus simple Bilder und Begriffe: Masse, Hinterwelt, Strenge, Geschlossenheit und Gefahr. Diese Autosuggestion ist so besonders feindbildfähig, weil ihr alle sozialen Schichten und politischen Lager irgendwann erlegen sind: die rassistische Rechte, die republikanische Mitte, die sozialistische Linke. Die Abwehr des Islam eint die zerstrittenen Europäer.

So sieht man vor lauter verschleierter Masse die Menschen nicht.

Der Islam ist erstens keine Einheit; seine große nationale, sprachliche und soziale Vielfalt spiegelt sich auch in der Emigration wider. Nicht «der» Islam steht Europa gegenüber; vielmehr leben ethnisch verschiedene und rituell uneinige islamische Gemeinschaften in europäischen Gesellschaften, die selber hochgradig individualisiert sind. Zweitens sind Muslime nicht durchweg ungelernte und schlechtgebildete Arbeiter bäuerlicher Herkunft; unter ihnen finden sich selbstverständlich auch Intellektuelle, Akademiker, Manager, Bürokraten, Geschäftsleute und Angehörige sonstiger Eliten. Drittens hat die Mehrheit von ihnen ein eher laxes Verhältnis zur Religion und ist weltlichen Freuden und sinnlichen Genüssen genauso, in vielen Fällen stärker zugetan als das puritanische Europa. Viertens gehören die meisten Muslime keiner Organisation religiöser oder politischer Natur an; nur eine Minderheit ist in Vereinen, Organisationen oder Parteien aktiv. Fünftens hat die Mehrheit ein gelassenes bis freundliches, jedenfalls nicht aggressives Verhältnis zu Tradition und Lebensart dieses Kontinents, dessen Vorzüge ebenso gefallen wie die Nachteile Mißfallen erregen.

Frankreich ist (neben Großbritannien) das Land, in dem der Islam im Westen am frühesten und mächtigsten präsent war, wenn auch nicht wirklich heimisch wurde. Mit der Kolonisierung des Maghreb nach 1830 war fast der gesamte islamische Westen französisches Herrschafts- und Siedlungsgebiet. Noch in der dritten Generation lebt der Mythos des Algerienkriegs, an dem Muslime auf beiden Seiten, als *moudjahedins* (Guerillas) wie als *harkis* (Kollaborateure), teilgenommen haben. Diese Erbschaft verbindet sich oft mit dem anderen Mythos der palästinensischen Intifada und wächst zu einem Vorbehalt gegen den Westen, dessen Mischung aus Liberty und Libertinage sich die Kinder und Enkel gleichwohl verbunden fühlen.

Mit mehr als zwei Millionen stellen Muslime heute zahlenmäßig die zweitgrößte Religionsgruppe in Frankreich, vor den Protestanten und den Juden. Dieser Aufstieg relativiert die herausgehobene Rolle der katholischen Kirche, die doch nicht ganz so «privat» und staatsfern ist, und sie kratzt den unsichtbaren Nimbus der kollektiven Identität Frankreichs an: das gallisch-romanisch-katholische Erbe. Das selbstbewußte Auftreten islamischer Repräsentanten fordert auch das assimilatorische Modell der Republik heraus, das vor allem die laizistische Schulpolitik geprägt hat. Der erbitterte Streit um die Verschleierung junger Muslima an staatlichen Schulen hat die französische Gesellschaft in Unruhe und die Befürworter des «multiculturalisme» in die Defensive versetzt. Doch zur Enttäuschung der Laizisten erklärte der Verfassungsrat, diese unbequeme Erscheinung stehe mit der französischen Republik voll im Einklang.

Die Stärke religiöser Gefühle enttäuschte die zivilreligiöse Selbstgewißheit vor allem der traditionellen Linken. Sie mußte sich die Frage stellen, warum vorrangig die Religion kollektive Identität bei den Einwanderern stiftete; sie konnte sich kaum erklären, wieso das Klassenbewußtsein bei den meist schwer arbeitenden und schlechtbezahlten Lohnarbeitern nicht stärker ins Gewicht fiel und weshalb die gängigen Mobilisierungsangebote und Organisationsmuster der Arbeiter- und Gewerkschaftsbewegung von den heißumworbenen Migranten, deren Sprecher sich anfangs als geborene *militants* der sozialistischen und kommunistischen Parteien und Gewerkschaften betätigt hatten, ausgeschlagen wurden. Dies geschah, weil die verbriefte staatsbürgerliche Gleichheit und propagierte Klassensolidarität den naturalisierten und integrierten Muslimen auch in Frankreich nicht die soziale Gleichstellung eingebracht hatte. Vor allem aber ist rassische und religiöse Diskriminierung offenbar kein bloßer «Nebenwiderspruch». Die Islamisierung der Arbeitsmigranten vollzog sich nicht exklusiv oder primär unter dem Anspruch der Umverteilung und der sozialen Gerechtigkeit, sondern im Namen der Ehre, Menschenwürde und Transzendenz. Diese religiöse Orientierung verstärkte sich noch, weil sie den im Ausland zerbrechenden Einwandererfamilien als Bollwerk gegen vielseitige Emanzipationsansprüche, liberale Zerrüttungen und ständige Zumutungen des agnostischen Schulalltags erscheinen mußte – der Islam als innere Burg, in die sich alle Generationen, Männer wie Frauen, vor den äußeren Anfechtungen zurückziehen können.

In Deutschland sind Muslime mittlerweile zur drittgrößten Religionsgemeinschaft aufgestiegen. Nach Daten der letzten Volkszählung lebten im Mai 1987 exakt 1650952 Muslime auf dem Gebiet der (damals noch kleineren) Bundesrepublik. Der Islam ist die einzige zahlenmäßig wachsende (klassische) Religionsgruppe. Der Vergleich der religiösen Demographie der alten Bundesrepublik von 1950 mit der heutigen macht einen Wandel deutlich, der sich noch beschleunigen wird: Damals waren 51,5 Prozent Protestanten (inkl. Freikirchen), 44,3 Prozent Katholiken, 3,7 Prozent gehörten keiner Religionsgemeinschaft an – sonst so gut wie nichts. Juden fielen statistisch kaum noch ins Gewicht, auch 1987 nicht. Heute liegen die beiden christlichen Konfessionen gleichauf (was durch die Vereinigung wieder revidiert wird). Die Zahl der Atheisten und Konfessionslosen hat sich auf acht Prozent erhöht (auch deren Reihen werden durch die Vereinigung gestärkt). Der Anteil der ausländischen Muslime liegt mittlerweile bei 2,7 und sonstiger Bekenntnisse bei zwei Prozent. In einer exemplarisch multikulturellen Stadt wie Frankfurt beträgt der Anteil der Muslime bereits sechs Prozent.

Natürlicher Zuwachs und weitere Zuwanderung lassen Religionsstatistiker bis zum Jahr 2000 mit weit über zwei Millionen Muslimen in Deutschland rechnen. Interessant ist auch die wachsende Zahl deutschstämmiger Muslime (derzeit etwa 100000).

Bei der erwähnten Volkszählung haben sich nur knapp 100000 Türken nicht als Muslime bezeichnet; das waren vor allem die Angehörigen der christlichen Minderheiten, die in der Türkei religiös verfolgt werden. Ansonsten deckt sich türkische Staats- und moslemische Glaubenszugehörigkeit fast hundertprozentig. In anderen Herkunftsreligionen und Einwandererkolonien ist diese Übereinstimmung von nationaler und religiöser Identität ebenfalls anzutreffen. In den klassischen Emigrationsländern nähert sich der Anteil der Muslime an der Gesamtbevölkerung fast überall hundert Prozent (Algerien 97 %, Marokko 95 %, Tunesien 92 %, Pakistan 97 %, Afghanistan 99 %).

Gretchenfrage an Mohammedaner

Auch die im Ausland lebenden und geborenen Generationen bezeichnen sich zumeist automatisch als Muslime. Doch wie viele unter ihnen praktizieren «wirklich»? Bei dieser entscheidenden Frage läßt uns die empirische Religionssoziologie im Stich. Die jüngste

Studie von Heiner Barz über die Religiosität der Jugend (die in Deutschland demnächst immerhin zu einem Drittel aus «Ausländern», darunter sehr vielen jungen Muslimen bestehen wird!) thematisierte einzig das christliche Credo. Eine französische Studie von Bruno Etienne über Marseille stuft, ohne exakten Beleg und gegen den in der öffentlichen Meinung bestehenden Eindruck, die Mehrheit der Muslime als «laxe» Gläubige ein, die es mit dem Pflichtenkanon und dem gebotenen sozialen Wohlverhalten nicht genau nehmen und damit in eklatantem Widerspruch zu den Anordnungen des geistlichen Führungspersonals stehen.

Im Rheinland nannte man Leute, die sich nur zur Christmette und Fronleichnamsprozession in der Kirche blicken ließen, abschätzig «Margarine-Katholiken». Feinere Glaubensgenossen waren nur solche, die regelmäßig zur Sonntagsmesse gingen und die Sakramente empfingen. Wer «echt» katholisch ist, bestimmt und kontrolliert also die aktive Gemeinde. Auch bei Muslimen könnte man das regelmäßige Erscheinen zum Freitagsgebet zählen: nach einer Umfrage des deutschen Islam-Archivs im Jahr 1979 nahmen knapp zwei Drittel regelmäßig oder unregelmäßig daran teil. Bei einer Emnid-Umfrage unter erwachsenen türkischen Männern in Berlin antworteten 1983 auf die Frage nach der Bedeutung der Religion 79 Prozent: «sehr wichtig» oder «wichtig». Bei 18- bis 25jährigen Männern waren es immer noch 58 Prozent, bei einer späteren Umfrage unter türkischen Jugendlichen erheblich weniger. Berücksichtigt man nur die registrierten und beitragszahlenden Mitglieder islamischer Gruppen und Vereine, also den quasikirchlich und halb politisch organisierten Islam in Deutschland, dann sinkt der Anteil der Bekennenden auf 15 bis 20 Prozent – ähnliche Werte wie bei den Christen. Darüber hinaus ist der «Organisationsgrad» schwer feststellbar. «Karteileichen» sind hier weniger in Rechnung zu stellen, da es im Islam weder einen Beitritt durch die Taufe noch die formelle Aufnahme in die kirchliche Organisation gibt; auch auf der Lohnsteuerkarte ist unter der Rubrik «religiöses Bekenntnis» nur «Verschiedene» vermerkt.

Wo keine Kirche ist, kann keine Entkirchlichung stattfinden, wohl aber Glaubensverlust. Die Befolgung der fünf Grundpflichten – das Bekenntnis des Glaubens an den Einen Gott, die Verrichtung

der Gebete, besonders der Besuch des Freitagsgebets, die Entrich-
tung einer Almosensteuer, die Befolgung des Fastengebots im Ra-
madan und die Pilgerfahrt nach Mekka – kann vielleicht als Kriterium für den Grad der Säkularisierung verwestlichter Muslime her-
angezogen werden, obwohl in der Diaspora Ermäßigungen gegeben
werden. Man kann aber beobachten, daß die Zahl der Besucher
beim Freitagsgebet in den letzten Jahren steigt und das Fastengebot
stärker und strenger eingehalten wird als früher. Die Pilgerfahrt
wird in der Regel auf einen späteren Zeitpunkt im Leben des Immigranten verschoben. Almosen in nicht genau bestimmter Höhe leisten viele, indem sie Geld an Verwandte und Freunde in der Heimat
überweisen oder Emigranten in Notlagen aushelfen.

Versuchen wir, trotz der Dürftigkeit des empirischen Materials
aus der religionssoziologischen und -ethnologischen Forschung, die
Gretchenfrage zu beantworten: Was geschieht mit den Muslimen im
Westen? Dem Islam wird in der modernen Welt oft die Rolle einer
«Defensivkultur» (Bassam Tibi) zugeschrieben: Gegenüber einer
neuen, schwierigen und ablehnenden sozialen Umwelt sei Religion
ein Medium des Selbstbewußtseins, bewahrter Gruppensolidarität
und gelungener Weltanpassung. Indem die Religion dermaßen zur
Zitadelle ausgebaut wird, bekommt sie wesentlich äußerliche Funktionen: Sie soll die Tradition der Gruppe verteidigen, die verlorene
Heimat repräsentieren und gegenüber der fremden, areligiösen
Mehrheit überlegenes Selbstbewußtsein heraufbeschwören. Eine
solche Verteidigungshaltung mündet aber in der Regel in dissonan-
ten Alltagserfahrungen: Die Gruppe zerbricht aus eigenem Antrieb,
nicht nur durch den Druck von außen, die Heimat erweist sich bei
Besuchen als neues Land der Emigration, und kulturelle Arroganz
erzeugt Statusinkonsistenzen. Darauf kann man sehr verschieden
antworten, am extremsten mit autistischer Versenkung in die religiöse Tradition oder mit ihrer totalen Verleugnung. Der «religiöse
Spinner» muß das gewöhnlich ebenso mit einer Außenseiterrolle büßen wie der «Renegat», der aus der Gruppe ausgeschlossen werden
kann, deren Eigenheit und Zusammenhalt er verraten hat.

Dazwischen gibt es pragmatischere Strategien zur Bewältigung
der erfahrenen Dissonanz: die probeweise Lockerung, die reflexive
Transformation und die dogmatisch-orthodoxe Intensivierung der

religiösen Weltanschauung. Der erste Weg, das abwägend-pragmatische Durchwursteln, kommt der Privatisierung der Religion nahe; Religion wird als subjektive Frömmigkeit nach eigenem Geschmack und Zeithaushalt ausgestaltet und der Beobachtung durch die Gruppe entzogen. Diesem offenbar häufigen Fall läuft der Anspruch des Islam als ein «Handeln in aller Öffentlichkeit» zuwider. Im zweiten Fall, der gedanklichen Durchdringung von Islam und westlicher Moderne, wird die dem westlichen Lebensstil unangepaßte religiöse Symbolik rational den Gegebenheiten der modernen Gesellschaft mit ihren wissenschaftlichen Erkenntnissen, Marktkalkülen usw. angepaßt und selektiv weiterentwickelt. Diesem Versuch widerspricht der Totalitätsanspruch der Scharia, wie ihn integristische Muslime oft vortragen. Im dritten Fall wird darüber hinaus die Religion offensiv politisiert; gestützt auf die wörtlich-übertragene Auslegung der heiligen Texte mit Gesetzescharakter werden die sozialen Verhältnisse im Westen der Kritik unterzogen.

Alle drei (idealtypischen) Wege sind nun unbestreitbar säkular: Sie sind jedesmal Ausfluß einer bewußten Wahl, jenseits der theologischen Normen und rituellen Selbstverständlichkeiten der Gemeinschaft; allen liegen verstandesmäßige Konstruktionen symbolischer Realität zugrunde, und in allen drei Fällen wird die westliche Trennung der Sphären von Moral, Markt, Politik usw. nachvollzogen, selbst wenn sie hernach wieder integristisch gebündelt werden. Immer handelt es sich also um eine aktive Anverwandlung moderner Vorgaben. Wie auch immer sich Muslime im Westen verhalten und wie selektiv sie auch wahrnehmen mögen: Säkularisierung ist gewissermaßen unvermeidlich.

Und dieser Prozeß geht weiter. Von der provisorischen Präsenz einer anfangs fast sprachlosen und unsichtbaren Minderheit bewegt sich der Islam mittlerweile auf seine umfassende Institutionalisierung zu; diesen Vorgang kann man durchaus als Verkirchlichung bezeichnen. Die praktische Organisation des Glaubens (und der Gläubigen) führt auch zu ihrer politischen und sozialen Repräsentation nach außen. Dadurch entsteht ein kulturelles und politisches Netzwerk des Islam, der in der Diaspora eine quasikonfessionelle Struktur ausbildet. Die Moschee-Gemeinden und die eingetragenen und zumeist staatlich anerkannten Vereine gruppieren sich nach verwandtschaftlichen, ethnischen, nationalen und religiösen Merkmalen. Eine wichtige Rolle spielt dabei die Position der Minderheiten gegenüber der politisch-sozialen Mehrheit im Westen, aber auch importierte Faktoren: der Streit um die Laizität der Türkei, Religionskonflikte auf dem indischen Subkontinent, Differenzen zwischen algerischen Arabern und Kabylen oder die Auseinandersetzung von Türken und separatistischen Kurden sind Beispiele dafür. Hinzu kommen rituelle Unterschiede, die keineswegs auf das herausragende Schisma zwischen Sunna und Schia beschränkt sind. In der Bundesrepublik sind rund zehn Prozent der Muslime Schiiten, vor allem türkische Aleviten und iranische Einwanderer.

Gäbe es ein Verzeichnis der islamischen Adressen in Europa, würde die große Zahl unterschiedlicher, zum Teil konträrer Organisationsmotive und -weisen der Muslime deutlich. In Deutschland treten vor allem religiös-kulturelle Vereine, Zentren, Klubs, Gemeinden und Gemeinschaften in nationaler Anordnung auf, die unterschiedlich stark politisiert sind und staatlichen Einrichtungen des Herkunftlandes mehr oder weniger nahestehen, bei Exilgruppen auch in scharfer Opposition. Das Spektrum der Nomenklaturen im islamischen Religionsatlas reicht weit. Es enthält kämpferische Adressen wie das *Informationsbüro der afghanischen Modjaheddin* und explizit gesprächsbereite Gruppen wie die *Islamische Glaubensgemeinschaft Dialog Forum e. V.* Die offiziöse *Türkisch-Islamische Union* (DITIB), eine den Konsulaten angegliederte Außenstelle der türkischen Anstalt für Religion, und die am gleichen Ort befindlichen oppositionellen Verbände der *Islamischen Kulturzentren e. V.* und der *Islamischen Union Deutschlands* von Avrupa Milli Görüs Teskilati (AMGT) machen Köln, bis vor kurzem noch Hauptsitz des *Fundamentalistenverbandes islamischer Vereine und Gemeinden* (ICCB), unstrittig zur Kapitale des Islam in Deutschland – eine weitere Metamorphose dieser einst tiefkatholisch geprägten Stadt, nachdem hier schon fast ebenso viele Protestanten wie Katholiken leben.

Man fände in einem Guide durchs islamische Deutschland Angebote für das gesamte islamische Leben dieser Republik: islamische *Studenten*gemeinschaften und -bünde von Clausthal-Zellerfeld bis Freiburg, Gruppen, Arbeitsgemeinschaften und Kreise islamischer *Frauen*, *Selbsthilfe*vereine wie «Muslime helfen e. V.», islamische Telefon*beratungs*- und Kontaktstellen sowie *Sport*vereine. Hinzu kommen die Filialen der *Bruderschaften* und *Orden.* Weiter gibt es quasi-*universitäre* Einrichtungen wie die Islamische Wissenschaftliche Akademie in Köln und *Bildungsstätten* wie das Sufi-Archiv im Eifelort Jünkderath und das «Haus des Islam» im Odenwald sowie *Informations- und Dokumentations*zentren wie das Soester Islam-Archiv. Darüber hinaus gibt es private Ausbildungsseminare für islamische *Theologen,* die zum Teil staatliche Anerkennung in der Bundesrepublik anstreben. Unser Adreßbuch wird ergänzt durch islamische *Verlage* und Toneditionen, Buch-, Audio- und Video*versandhäuser,* Buchhandlungen und Filmstellen, islamische *Warenhäuser* und Geschenkartikelgeschäfte. Auch islamische Monats- und Vierteljahres*zeitschriften* kommen in Deutschland heraus: *Diwan* (Bochum), *Al-Islam* (München), *Perspektive* (Köln), *Das Licht* (Köln), *Fadschr* (Hamburg), *Moslem Revue* (Soest), *Islam Hier & Heute* (Karlsruhe). Daneben wurde eine Islamische *Computer Mail Box* bei einem Kölner Verlag eingerichtet.

Zwei islamische *Dachverbände* erheben sich über diesem breiten Feld islamischer Aktivitäten: In Frankfurt residiert ein Islamisches Konzil, in dem Milli Görüs den Ton angibt, in dem aber auch pakistanische und indonesische Muslime organisiert sind. In Soest ist, unter Leitung des deutschstämmigen Journalisten Muhammad Salim Abdullah, der deutsche Islam-Rat, eine Sektion des Islamischen Weltkongresses, angesiedelt, die seit ihrer Gründung eine überkonfessionelle Sammlung aller Muslime in Deutschland anstrebt und nach eigenen Angaben 100000 Mitglieder hat. Abdullah, dessen westfälische Herkunft unüberhörbar ist, ragt für die deutsche Öffentlichkeit ein wenig aus der Anonymität und dem ethnischen Partikularismus der übrigen Vereine heraus. Er kann aber kaum als der Sprecher des Islam in Deutschland gelten, zumal die Arbeit seiner quasidiplomatischen Vertretung vielen Muslimen zu integrationistisch erscheint.

Dieses schwer überschaubare Netzwerk fügt sich zu einer regelrechten islamischen Subkultur. Sie hat spirituelle und praktische Schwerpunkte, nationalistische und internationalistische Orientierungen, separatistische und integrative Strategien, ökumenische und monologische Ansätze, bescheidene und lukrative Projekte, lokale und übergreifende Initiativen. Eine solche Palette erinnert an die Ursprungszeiten sozialer Bewegungen; auch die Alternativbewegung beispielsweise stiftete unter weitgespannten, übergeordneten Leitvorstellungen zunächst Gruppen- und Gemeindeidentität und entwickelte viel idealistisches Pathos der Weltveränderung. Aus den diffusen Anfängen gingen später Parteien, Interessengruppen, Lobbies und Vereine zur eigenen Traditionspflege hervor, also ein höheres Maß formal-bürokratischer Organisation und – Normalität.

Koranische Korrektheit und islamische Anarchie

Das Minarett ist das sichtbare Zeichen der Präsenz des Islam im Westen. Für Muslime ist die Moschee (im Arabischen der Ort, an dem man zum Gebet niederfällt) mehr als ein Gotteshaus: Sie ist Laden, Schule, politischer Versammlungsort – eine Art islamisches «Bürgerhaus». Moscheen sind multifunktionale Einrichtungen, die das Leben der Gemeinden strukturieren und ihre Existenz nach außen demonstrieren. Die meisten sind allerdings klein und unauffällig; sie liegen vorwiegend in städtischen Randgebieten, Ausländervierteln, Industriezonen und Gewerbegebieten.

Ein Beispiel ist das Islamische Kulturzentrum in der Frankfurter Kriegkstraße, nahe beim Hauptbahnhof im Gallusviertel, einem der größten Ausländerviertel Frankfurts. Stattliche 8000 Mark Monatsmiete müssen für das Gelände eines ehemaligen Autohauses aufgebracht werden. Das Gemeindezentrum gehört den Süleymanli, einem «Orden», der auf einen 1959 verstorbenen türkischen Koranlehrer aus dem Nakschbendi-Orden zurückgeht und dessen Mitglieder in Deutschland im Dachverband der Islamischen Kulturzentren zusammengeschlossen sind. Freitag mittag gegen ein Uhr sieht man hier ein inzwischen vertrautes, aber in Deutschland noch lange nicht unauffälliges Bild. Rund hundert Gläubige, ganz überwiegend türkische Männer aus der Umgebung, strömen in einen hellen, grün ausgelegten Raum, der ehemals als Lager für Ersatzteile gedient hat. Sie versammelt sich unter der baufälligen Kanzel. Der durch einen Bogen symbolisierte Mihrab, die leere Nische, weist gen Mekka und gibt die Gebetsrichtung an. Im Vorraum stehen Regale voller staubiger Schuhe. Aus einem gekachelten Waschraum kommen ältere Herren im Rentenalter, aber auch eine beachtliche Zahl junger Männer mit hochgekrempelten Ärmeln und Hosenbeinen von den rituellen Reinigungen. An hohen Fest- und Feiertagen, vor allem zum Zuckerfest am Ende des Fastenmonats, füllt sich zusätzlich der Hof hinter der Moschee. Bis zu 700 Personen können hier die Gebetsteppiche ausrollen, wo sonst Autos aufgebockt und Obstkisten abgestellt sind. Der Laden mit Restaurationsbetrieb hinter dem Gebetsraum wird im besten Vereinsdeutsch «Kantine» genannt. Auf der langen Theke stapeln sich Konservendosen, Kilopakete Reis, Lagen tunesischer Datteln, Großpackungen mit Tee und Aspirin-Tabletten sowie frisches Gemüse. Die Ware ist kostenlos, verkündet ein handgemaltes Schild, aber es werden Spenden erbeten. Am Nachmittag findet hier der Koranunterricht statt; ein 24jähriger Student, der sich aufs deutsche und türkische Handelsrecht spezialisiert hat, macht den Jugendlichen des Viertels, die seiner Beobachtung nach auf «dumme Ideen» kommen, Angebote für ihre Freizeit und kümmert sich um junge Männer in den Gefängnissen.

In Deutschland gibt es mindestens tausend Moscheen, meistens in Gewerbe- und Hinterhofbaracken. Sie sind geprägt vom jeweiligen sozialen Milieu der Gläubigen. Bei Opel in Rüsselsheim oder Bochum beten Arbeiter in Werkmoscheen; in der Aachener Bilal-Moschee versammelt sich hohe Geistlichkeit; ins Islamische Zentrum München kommen deutschsprachige Muslime, die zum Teil in hochrangigen Positionen der Wirtschaft oder in freien Berufen arbeiten; und «j. w. d.» im Lützelbacher Haus des Islam beten Frauengruppen, die gerade ein Seminar über Streßbewältigung besuchen, oder Neulinge eines Dawa-Wochenendes. Im benachbarten Sandbach wiederum haben türkische Arbeiter 400 000 Mark gesammelt, um einen ständigen Gebetsraum einzurichten.

Große und repräsentative Moscheen gibt es in Deutschland selten, auch wenn potente Sponsoren im In- und Ausland bereitstehen. Wo immer ein Grundstück dafür in Betracht gezogen wird, regt sich Protest der Nachbarschaft und melden Behörden Einsprüche an. Auch die Uneinigkeit der Muslime untereinander verhindert so manches Bauprojekt. «Der» Islam ist selber Ort und Resultat konfessioneller und kultureller Konflikte. Gemeinden, Kirchen oder

Privatleute, die Grundstücke für eine Zentralmoschee zur Verfügung stellten, machten oft die Erfahrung, daß ethnische Differenzen und politische Spaltungen stärker wirken als die Gemeinschaft des Glaubens. Die Leitung und Nutzung der Moscheen spiegelt diese innerislamische Konfessionsspaltung wider. Meist treffen sich ethnisch und rituell homogene Gruppen.

Im Büro des Frankfurter Kulturzentrums beispielsweise hängt unübersehbar die türkische Nationalflagge, obwohl die Schüler und Anhänger des Süleyman Tünali in der Türkei lange verfolgt und behindert worden sind und der hiesige Vorsteher den laizistischen Staat der Kemalisten in Frage stellt. In einer anderen Ecke des Raumes tickt eine Porzellanuhr, deren Zifferblatt das Bild der Kaaba in Mekka ziert – das ist die andere Reverenz an den Orient und die islamische Weltgemeinschaft (Umma). Die Idealform der *Umma* überwindet nur mühsam die Staatsgrenzen, die der politische Nationalismus zwischen Marokko und Indonesien errichtet hat. Die Muslime sind getrennt durch ethnische Herkunft, Muttersprache und die ganz weltliche Loyalität zum Vaterland, selbst wenn dieses in weite Ferne gerückt ist. Nur wenige, vor allem die älteren Moslem-Bruderschaften, jüngere Kader aus Intellektuellengruppen und freischwebende autodidaktische Gelehrte in westlichen Metropolen, sind konsequente Internationalisten. Sie bilden auch in der Diaspora eine radikale Alternative zu den herkömmlichen mystizistischen und kommunalistischen Nationalgruppen. Aber auch solche *Gama'a*-Gruppen gedeihen am besten im Milieu sprachlich und herkunftsmäßig geschlossener Kolonien.

Der größte Teil der islamischen Gläubigen bemüht sich mehr schlecht als recht, ein Leben zu führen, das gottesfürchtig ist und gleichwohl der säkularen Lebens- und Arbeitswelt entspricht. In der westlichen Diaspora Muslim zu werden, zu sein und zu bleiben, setzt große Geschmeidigkeit bei der Erfüllung der religiösen Vorschriften voraus. Im *Dar al-Harb*, dem ungläubigen Teil der Welt, müssen Muslime stark improvisieren. Der aus uralten Zeiten überkommene Tageszyklus – Gebet bei Tagesanbruch, zur Mittagszeit, zu Beginn des Nachmittags, zum Sonnenuntergang und spätabends – paßt schlecht zum Takt der industriellen Arbeit.

Die Zeitrechnung gläubiger Muslime weicht nicht nur kalendarisch vom Lebenszyklus der christlichen Hemisphäre ab. Die Welt ist eingeteilt nach *Haram* und *Halal*, dem erlaubten und nichterlaubten Tun und Lebenswandel. Dieses Ordnungsprinzip nach dem Code «rein / unrein» (oder «islamisch / unislamisch») dient als Wertkompaß und Handlungsmaxime, wobei dem Bewohner der Diaspora vom Koran und der Überlieferung einige Freiheit für pragmatische Kompromisse bleibt. Nicht so sehr theologische Korrektheit oder buchstabentreue Rechtgläubigkeit, also Ortho*doxie*, wird gefordert; vielmehr steht die soziale Gemeinschaft unter dem Druck, «richtig zu leben», also Ortho*praxie* zu üben. Der soziale Konformitätsdruck der Familienoberhäupter, Geistlichen und Gemeindeführer kommt mit der Autorität koranischer Gebote daher.

Im Alltag spielt die Religion ihre identitätsstiftenden und tröstenden Funktionen aus. Im «Kirchturms»-Horizont der Moscheen hat sie noch dörfliche Seiten, die ins urbane Feld übertragen werden. Dabei herrscht eine nicht sehr strikte Volksfrömmigkeit vor, in der Heilige und Geister, Wunderglaube und Magie eine große Rolle spielen; man trägt zum Beispiel blaue Amulette gegen den «bösen Blick» bei sich und sogenannte «Ameisengebete», Spickzettel mit Gebeten für alle Lebenslagen. Charismatische *Cheikchs* versammeln Gläubige um sich zu mystischen Ritualen, auch in großen Städten. Der Berliner Religionsforscher Abdulkadir W. Haas hat festgestellt, daß in der Hälfte der Berliner Moscheen nach den üblichen Gebeten sogenannte *Zikir*-Veranstaltungen stattfinden, die als Rituale der Derwisch-Orden überliefert sind. Die Gläubigen sprechen oder singen dabei in wechselndem und sich ekstatisch steigendem Tempo das Glaubensbekenntnis und verschiedene Namen Gottes, begleitet von Trommeln und anderen Instrumenten, bis sie in Trance verfallen und ihre Umgebung völlig vergessen. Auch die besonderen Formen der weiblichen Religiosität, in den Moscheen an den Rand gedrängt, finden im Schutz der eigenen vier Wände und in den vertrauten Zirkeln der Frauen statt. Sie tragen Wahrsagerei, Naturheilkunde und Heiligenverehrung auch in den Westen weiter; diese mündliche Überlieferung behält ihren festen Platz unter den emigrierten Frauen.

Die meisten Geistlichen, gebildeten Islamkenner und religiösen Fundamentalisten lehnen dieses suspekte Treiben als komplett unislamisch ab. In Magie und Heiligenkulten erblicken sie eine heimliche Form des Polytheismus, in den okkulten und intuitiven Formen der Religion eine Relativierung des Korans. Die ekstatischen Exerzitien der Frauen enthalten ihnen zuviel hedonistische Opulenz und lassen eine bedrohliche Sexualität erkennen. Und in der Verehrung von Wundertätern und großen Toten ist ihnen nicht nur eine charismatische Konkurrenz erwachsen, sondern auch eine lokale Verankerung der Religion gegeben, die dem Universalgedanken des Islam zuwiderläuft. Schon die fundamentalistischen Bewegungen im 19. Jahrhundert sind gegen diesen lokalen Aberglauben zu Felde gezogen; zusammen mit den weltlichen Abschweifungen rissen sie allerdings auch die Wurzeln praktischer Volksreligiosität aus, die mit einer rationalistischen Orthodoxie wenig anfangen konnte. Die islamistischen Intellektuellen der Großstädte fordern heute wieder mehr und «reinen» Islam; sie stellen sich gegen die lebendige lokale Tradition und versuchen, den Islam zu rationalisieren und uniform zu gestalten. Dadurch rauben sie den sozialen Trägern der tradierten Volksfrömmigkeit und Mystik ihre Autonomie und heben sich selbst in den Rang eines politisierenden lokalen Klerus.

Die Freitagspredigten, die in europäischen Moscheen gehalten werden, sind sehr vielfältig in ihren theologischen, lebenspraktischen und politischen Aussagen. Alle bringen auf ihre Weise eine sich bedroht und moralisch überlegen fühlende Gemeinschaft zur Sprache, die sich einer areligiösen, indifferent bis feindlich empfundenen Umgebung stellt. Die *Imame* und Prediger, die als Respekts- und Vertrauenspersonen der Gemeinde und bisweilen auch des lokalen Staats die Rolle von Kirchenvorstehern einnehmen, kommen zum großen Teil aus den Heimatländern der Einwanderer; anfangs sind sie deshalb oft wenig vertraut mit den Lebensumständen ihrer Gemeinde. Anspruchsvolle Gemeindemitglieder stufen ihr Ausbildungsniveau meist niedrig ein; räumlich und zeitlich scheinen sie nicht wirklich «vor Ort» zu sein.

Zumeist skizzieren die Prediger den Westen in sehr groben Strichen als sinnentleerte, wurzel- und ziellose Gesellschaft, in der Vandalismus, Kriminalität, Promiskuität und alle möglichen psychischen Krankheiten herrschen. Es ist ein Wunder, daß diese deformierte Gesellschaft nicht längst in sich zusammengebrochen ist.

Der Islam wird demgegenüber als alternativer Lebensstil gepriesen, ganz der Wahrhaftigkeit, Gerechtigkeit und dem Gehorsam verpflichtet und dadurch fähig, den Westen von seinem Materialismus, Egoismus und der grassierenden Korruption zu befreien. Der Islam präsentiert sich selbst gern als eine Religion der Mäßigung und des Maßhaltens und, dem gebildeteren Publikum, als dritter Weg zwischen den Exzessen des kapitalistischen Individualismus und den Sackgassen des kommunistischen Kollektivismus. Unternehmergeist, wissenschaftlicher Fortschritt und technische Modernisierung sind erwünscht, aber ohne die damit einhergehende Individualisierung und ohne Verlust an kollektiver Verantwortung und Gemeinschaftsgeist.

Wenn die Prediger den schlechten Lebenswandel der eigenen Gemeindemitglieder und ihren Abfall vom Glauben anprangern, zielen sie besonders auf die Jugend, die vom rechten Pfad abzukommen droht. Um Kinder und Enkel nicht im Dschungel der Großstadt abrutschen zu lassen, entwickelt sich neuerdings eine eigenständige Jugendpflege mit dem Anspruch, den islamischen Nachwuchs aus dem Teufelskreis von Delinquenz, Haft und Arbeitslosigkeit herauszuhalten oder sie dort aufzufangen, wo die zuständigen Stellen – Polizei, Sozialarbeit und Jugendhilfe – längst aufgegeben haben. Dieses Vorhaben, das an die amerikanische Erfahrung erinnert, betrachten die zuständigen deutschen Behörden mit Argwohn; allerdings könnten sie einmal auf diese islamische Selbsthilfe angewiesen sein, um überhaupt noch Einfluß nehmen zu können.

Neben der Kontrolle des sozialen Verhaltens innerhalb des Stadtviertels und der pädagogischen Erfassung der Jugendlichen betonen die «sozialen Ingenieure» (Reinhard Schulze) als Vorhut des richtig verstandenen Islam die kognitiven und utopischen Dimensionen der Religion. Gilles Kepel hat in seiner Untersuchung über die französischen Vorstädte beschrieben, wie um die Moscheen herum selbstgenügsame, auch wirtschaftlich halbwegs autarke Einheiten entstehen – eine Art islamische Anarchie. Solche Tendenzen lassen sich nicht mehr nur in den Hochburgen des Integrismus in Algerien oder Ägypten beobachten, sondern auch in den westlichen Metropolen, also in den integristischen Enklaven der *Banlieues* und *Inner Cities*, bisher vor allem in Großbritannien und Frankreich.

Durch diesen Aktionismus geraten die den Islam mehrheitlich immer noch nachlässig praktizierenden Muslime unter Druck: Geringe Kenntnisse des Arabischen und eine generationsübliche und durch die Emigration verstärkte Distanz zu Eltern und Großeltern werden als religiöse Verfehlung ausgelegt. Und das kulturelle Kapital, das in die jungen Absolventen des modernen Bildungssystems investiert worden ist und sie der Tradition entfremdet, wird von Familie und Gemeinde für gemeinschaftskonforme Ziele zurückverlangt. Damit soll verhindert werden, daß die wissenschaftlich-technische Zivilisation des Westens und die koranische Orthopraxie auseinandertreten, die permissive westliche Kultur sich durchsetzt und ein eigener Weg islamischer Modernisierung im Westen offenbleibt. Wir werden noch sehen, inwieweit dieser Weg, im Sinne Max Webers, auf der puritanischen Spur Calvins verläuft.

Die Betroffenen sitzen derweil im Spagat zwischen forciertem Lerneifer und restaurierter Tradition. Das kommt vor allem in Erziehungsstilen zum Ausdruck, in denen ein passender Kompromiß zwischen ethnozentrischer Selbstbestätigung und der integrativen Wirkung des staatlichen Schulsystems gesucht wird. Stil und Stoff des traditionellen Koranunterrichts erzeugen immer öfter Verdruß; denn die sozialen Aufsteiger der dritten Generation akzeptieren technische Modernität und Leistung als Werte und streben öffentliche Anerkennung an, aber sie wollen nicht auf ein religiöses Grundrepertoire verzichten. Auch die Familie, der sie persönlich viel verdanken, halten sie hoch; sie akzeptieren, wenigstens pro forma, auch die Trennung der Geschlechter und respektieren die ältere Generation. Die jungen Muslima sind hier in einer besonders schwierigen Lage, wenn sie den Bildungsgewinn mit der Traditionsrolle in Einklang bringen wollen.

Schauen wir über den Horizont der Moschee hinaus. Im Lauf der Zeit organisieren sich die islamischen Organisationen auch überlokal, je nach politischer Verfassung als Kulturvereine, Gewerkschaften oder politische Gruppen, aber auch als Unternehmen, Banken und Handelsgesellschaften, bisweilen als eine Art Holding all dieser Branchen islamischer Aktivität. Neuerdings attraktiv wird die Gründung politischer Parteien, darunter von internationalistischen

Gruppen, die alle Mitglieder der islamischen *Umma* gemeinsam mobilisieren wollen. In Großbritannien trat im Nachklang zur «Rushdie-Affäre» 1989 die *Islamic Party* auf, bisher ohne jeden Wahlerfolg. Anfang 1992 konstituierte sich ein «Moslem-Parlament» mit 155 Abgeordneten, darunter 24 Frauen. Die Volksvertreter wurden nicht gewählt, sondern als Unterzeichner eines «Muslim Manifesto» delegiert. Wegen seines elitären Charakters war dieses Projekt auch unter radikalen britischen Muslimen umstritten und Gegenstand von Eifersüchteleien; bekannte Vertreter lokaler Moscheenräte übten herbe Kritik und blieben fern. Gleichwohl sind dies Zeichen einer «imitativen Abkoppelung» vom westlichen Politikstil, deren Weiterungen – zwischen erfolglosem Separatismus und selbstbewußtem Konstitutionsakt – noch schwer zu übersehen sind. Die westlichen Demokratien haben sich jedenfalls wenig darum gekümmert, ob und wie ihre muslimische Bevölkerung politisch repräsentiert war: hier mal ein Vorzeigetürke im Vorstand der SPD, dort ein etablierter Pakistani bei Labour, auch mal ein marokkanischer Ratsherr hier und ein arabischer Vizebürgermeister dort. Die Gründung eigener Parteien, gegen die im Prinzip so wenig spricht wie gegen die Herausbildung des politischen Katholizismus im protestantischen Deutschen Reich, könnte vielleicht mehr Engagement bewirken. Auch für die Bundesrepublik ist übrigens von seiten türkischer Fundamentalisten eine islamische Partei annonciert worden.

Unterhalb dieser Ebene der Volksvertretung in kommunalen und nationalen Parlamenten gibt es allerorts Konflikte mit den Schulbehörden. Die Behörden bewegen sich dabei zwischen dem Verfassungsgebot der Religionsfreiheit, dem chronischen Stellen- und Geldmangel für Extra-Lehrangebote, dem oftmals kämpferischen Laizismus der Lehrerkollegien und den bisweilen exorbitanten Forderungen islamischer Elternvereine – also auf sehr heiklem Grund. An den Schulen mancher Stadtviertel droht, zusätzlich zu den üblichen Problemen, ein regelrechter Kulturkampf. Die islamische Lobby wünscht sich passende Morgengebete, Unterrichtsbefreiung am Freitag und an moslemischen Feiertagen, nebenbei auch das Ende der Koedukation, aber mindestens stundenweise getrennten Unterricht und die Dispensierung ihrer Kinder vom Sexualkunde- und Sportunterricht. Sie verlangt korrekte Schulspeisungen, qualifizierte Muslime als Lehrer, muttersprachlichen und ganz auf die islamischen Gebote eingestellten Unterricht, die Aufhebung von Kleiderverboten oder -geboten und staatlich anerkannte und geförderte Privatschulen.

Exemplarisches Beispiel für den entstandenen Konflikt ist, neben der berühmten Schleier-Affäre in Frankreich, das jüngst ergangene Urteil eines Bremer Gerichtes. Danach darf ein 14jähriges türkisches Mädchen aus einer strenggläubigen Familie nicht gezwungen werden, am gemeinsamen Sportunterricht mit Jungen teilzunehmen. Der als Gutachter hinzugezogene *Imam* erblickte darin einen Verstoß gegen das «Keuschheitsgebot des Korans»; die Oberverwaltungsrichter folgten ihm, namens der grundgesetzlich garantierten Glaubensfreiheit, welche auch die «ungestörte Entfaltung der Persönlichkeit von Außenseitern und Sektierern» in einer multikulturellen Gesellschaft verbürgt. Andere Gerichte haben *gegen* die Gewährung von solchen Sonderrechten geurteilt, und zwar aus demselben Grund: weil diese multikulturelle Gesellschaft dadurch erheblich gestört sei. Die Frage, die die deutsche Gesellschaft bisher nicht politisch lösen konnte (und die auch nicht glatt «lösbar» ist), wurde zunächst als Rechtssystem belassen und zur Revision an die oberste Instanz weitergereicht.

In solchen Konflikten entwickelten die Anwälte der Muslime ein auf die westliche Öffentlichkeit gerichtetes juristisches und publizistisches Spezialwissen, das sie auf andere Konfliktgegenstände mit den lokalen Verwaltungen anwenden. Sie loten ihre Möglichkeiten aus, wo es zum Beispiel um die Errichtung eigener Friedhöfe, die Zulassung ritueller Schlachthäuser und alle möglichen Fragen der öffentlichen Ordnung geht, darunter scheinbare Lappalien wie Parkverbote, Lärmbelästigung und Reinigungskosten. Diese Nachbarschaftskonflikte sind symbolische Akzeptanztests. Den islamischen Gemeinden verschaffen sie politische Erfahrung, und den Einheimischen machen sie klar, wie schwer Toleranz jenseits des hehren Prinzips tatsächlich zu üben ist. Es wäre vergeblich, hier ein kompromißloses Entweder-Oder anzustreben: Weder das republikanische Machtwort (jetzt reicht's) noch die Leier der Identitätsbewahrer (wir dürfen nicht in fremde Kulturen eingreifen) helfen praktisch weiter. Man kann nur dafür sorgen, daß die Prozeduren von Aushandlung und Kompromiß in westlichen Demokratien intakt bleiben und auf die bisher unbekannten Streitfälle übertragen werden. Denn auf der einen Seite schüren radikale Vertreter einer islamischen Segregation den Konflikt, und auf der anderen Seite versuchen Behörden und Bürgerinitiativen mitunter, die islamischen Gemeinden zu schikanieren und zu behindern.

Vor allem eine Moschee ist für ihre nichtmoslemische Umgebung ein Stein des Anstoßes und ein idealer Katalysator urbaner Kulturkonflikte – jedenfalls sobald sie als Freitagsmoschee dient und ein weithin sichtbares Minarett bekommen soll. Ausgerechnet in Rom, dem Zentrum der katholischen Christenheit, sollte die größte Moschee Europas mit dem höchsten Minarett entstehen. Nach langen Querelen und Verzögerungen ist das islamische Zentrum in bester Lage eröffnet worden. Voraussetzung war, daß der Turm nicht die Kuppel des Petersdoms überragte. Während der Eingriff ins christliche Weichbild der Papststadt glimpflich ablief, häufen sich bei uns die Konflikte um sehr viel bescheidenere Moscheevorhaben. Eine Sichtung der Pressearchive des Jahres 1991 brachte schwere Streitfälle in Bad Cannstatt, Mannheim, Düsseldorf und Buchen zutage. Ich möchte zwei Beispiele für die daraus resultierenden Konflikte näher behandeln.

Der kleine Verdacht: Der Pforzheimer Moscheenstreit

Über Jahre hinweg stritten Politik und öffentliche Meinung in Pforzheim erbittert über den Plan einer repräsentativen *Camii*, die im östlichen Industriegebiet der Goldstadt entstehen sollte. In Pforzheim und Umgebung leben rund 10000 Muslime. Sie finanzierten den vier bis fünf Millionen Mark teuren Bau fast allein.

Im Herbst 1992 wurde die vergleichsweise luxuriöse Moschee unter dem Namen Sultan Fatihs eingeweiht. Schon die Namensgebung, nach dem Eroberer Konstantinopels im Jahr 1453, rief schwerste Bedenken hervor: In «christlicher Verantwortung und Sorge um das christliche Abendland» erregten sich Bürgerinitiativen und Abgeordnete lautstark über diesen Pfahl in der Pforte zum Schwarzwald. 110000 Einwohner, die zur Zeit unsichere Zukunftsaussichten haben und sich vor Überfremdung fürchten, hatten reichlich Gesprächsstoff und ein aufregendes Wahlkampfthema. Das Moscheen-Projekt wurde zum Testfall für die württembergische Toleranz.

Es ging dabei um mehr als die lichte Höhe des Minaretts, das in diesem Fall von 39 auf 26 Meter gestutzt wurde. In der *Fatih-Camii* entdeckten manche, darunter einige CDU-Ratsherren, vor allem aber die lokale Frauenunion und eine vom evangelischen Pfarrer angeführte Freie Wählergemeinschaft, eine Brutstätte des Fundamentalismus und der Frauenunterdrückung, egal, wie moderat und einladend sich der aus der Türkei stammende *Imam* äußerte, und obwohl der Bauträger, die «Türkisch-Islamische Union», eindeutig laizistisch orientiert ist. Die christlichen Fundamentalisten bliesen zum zivilen Ungehorsam gegen die islamische Provokation; es hagelte Protestresolutionen von Karlsruhe bis zum Bodensee. Die aufgeregte Stimmung sorgte mit dafür, daß sich auch an der Enz die REPs als Senkrechtstarter etablieren konnten – mit 11,1 Prozent im Gemeinderat und 18,5 Prozent bei der Landtagswahl im April 1992.

Trotzdem setzten sich liberale Fürsprecher durch; ein Kreis wohlmeinender Bürger und Theologen in der «Christlich-Islamischen Gesellschaft» warb für Verständnis, pflegte den Gedankenaustausch und spendete zu guter Letzt drei Kronleuchter für die Moschee. Der sozialdemokratische Oberbürgermeister war auf ihrer Seite. Sobald sich die «Hüter des Abendlandes» beruhigt haben, könnte das Minarett übrigens noch aufgestockt werden. Aber von jeder Höhe wird es stumm bleiben. Denn ein *Muezzin* darf nicht zum Gebet rufen – wegen der Ablenkung, die eine Einladung zum Gebet für vorbeifahrende Autofahrer darstellen könnte.

So deutlich wie an der Schwarzwaldpforte ragt in Deuschland kaum ein Minarett in den Himmel. Ein kleineres am alten islamischen Friedhof in Berlin reicht nicht einmal bis an die Wipfel der alten Bäume über den letzten Ruhestätten längst vergessener türkischer Prinzessinnen und Fabrikbesitzer, die auf den Ursprung der Berliner Gemeinde bei den osmanischen Ulanen Friedrichs des Großen zurückverweisen. Der Gebetsruf verhallt von hier fast ungehört; denn die *Camii* liegt auf freiem Feld am alten Flughafen Tempelhof, weit abseits von den türkischen Wohnvierteln. Wer etwa am Heinrichsplatz oder Mehringsdamm um fünf Uhr früh lauthals Allah priese, bekäme sehr bald eine Anzeige wegen Ruhestörung. Auch im «heiligen Köln» mit seinen rund 140000 Muslimen ruft kein *Muezzin* aus ähnlich schwindelnder Höhe, aus welcher der «dicke Pitter» Katholiken in den Dom läutet. Dort darf nur der Fernsehturm die Domspitzen überragen.

Der große Verdacht: Aachener Fundamentalismusstreit

Im Fall der Bilal-Moschee in Aachen ging es um noch größere Bedenken: Man befürchtete, daß dort eine aus dem Nahen Osten ferngesteuerte Zentrale politischer Fundamentalisten oder gar ein Befehlsstand islamischen Terrors im Entstehen begriffen sei. Was also, wenn in Moscheen nicht nur oder nur zum Schein gebetet würde? Der Verdacht, die schon seit Jahren bestehende Moschee könne ein «Hort des Schreckens und des Terrors» (*taz*) sein, schwante in diesem Fall der politischen Linken: den Grünen. Als das dortige Islamische Zentrum zu einem der größten Ausbildungs- und Hochschulkomplexe von Muslimen in ganz Europa erweitert werden sollte und hierfür eine Änderung des Bebauungsplans beantragt worden war, wurden in der lokalen und Landespolitik, in der regionalen und überregionalen Presse und auch von seiten Aachener Muslime schwere Vorwürfe laut: Die 30 bis 60 Millionen Mark für Koranschule und Fernuniversität seien aus trüben Quellen finanziert. Das von einem prominenten syrischen Moslembruder, dem ehemaligen Damaszener Abgeordneten und anerkannten Asylanten Issam El-Attar geleitete Zentrum fungiere als «Headquarter für islamische Gewalt und Terror». Von Aachen aus würde der Sturz des syrischen Baath-Regimes geplant. Friedliche Muslime in Deutschland würden vom IZA drangsaliert, junge arabische Menschen in den Koranunterricht gezwungen und dort autoritär behandelt und manipuliert. Nachdem zuvor alle Fraktionen in multireligiöser Absicht für den Neubau eingetreten waren, distanzierte sich daraufhin nicht nur die oppositionelle Christen-Partei von dem Projekt, sondern auch die mitregierenden Grünen, deren Sprecher «zwar nicht nachweisen (konnte), daß dieses oder jenes Attentat hier vorbereitet wurde», gleichwohl keine Hand dafür heben wollte, daß in der Stadt Karls des Großen «religiöse und gewalttätige politische Ziele vermischt werden». Die Grünen begründeten ihren Verdacht mit Aussagen ehemaliger Besucher des Zentrums, eines anonym gebliebenen jordanischen Politikers und des nordrhein-westfälischen Verfassungsschutzes.

Demgegenüber beteuerten Sprecher der Bilal-Moschee ihre Treue zum Grundgesetz, ihr durch und durch friedliches Tun und ihren Einsatz «für den multikulturellen Austausch». Nicht von ihnen gehe die Bedrohung aus, sondern vom syrischen Geheimdienst. Auf dessen Konto war in der Tat der Mordanschlag auf El-Attar gegangen, bei dem der prominente Moslembruder verletzt und seine Frau getötet wurde. El-Attar gehört nach eigener Aussage zu einem Flügel der Moslembrüder, der das Ziel eines islamischen Staates und eines mit der Scharia konformen Strafrechts auf rein friedlichem Wege erreichen wolle. Der ehemalige Parlamentsabgeordnete distanzierte sich damit von den ägyptischen Bruderschaften, die mehrere Staatsstreiche versucht haben und für die Ermordung von Staatspräsident Sadat verantwortlich sind. El-Attar gilt als Kopf einer Bruderschaft namens Islamische Avantgarden; und er verhehlt nicht, weiter den Sturz Assads und den Aufbau eines islamischen Gottesstaates zu verfolgen – aber alles völlig friedlich.

Dem Aachener Zentrum ist bis heute keine Verwicklung in eine politische Straftat konkret nachgewiesen worden. Das Düsseldorfer Innenministerium hat keinerlei Beweis veröffentlicht, daß von hier terroristische Akte geplant oder durchgeführt wurden; es glaubt allerdings bei den am Islam-Zentrum beteiligten Gruppen «eine gewisse Gewaltbereitschaft» zu erkennen. Andere Verdachtsmomente sind angebliche personelle Verknüpfungen zwischen arabischen und türkischen Organisationen in der Bundesrepublik und viele geheimnisvolle zeitliche Koinzidenzen. Der Sprecher der Bilal-Moschee, Nadeem Ata Elyas, der ihren rein spirituellen Charakter betont, soll schon bei der Gründung eines subversiven Netzes arabischer Moslembrüder in Deutschland und der «Übernahme» der «Islamischen Gemeinschaft in Süddeutschland e. V.» dabeigewesen sein. Diese Indizienkette eines Orientalisten mündet in die Behauptung: «Mit 1,5 Millionen Türken, die heute das, morgen jenes sind, haben sich rund 1000 Moslembrüder eingenebelt, die in Moscheen auf deutschem Boden den Sturz einer ganzen Reihe von Regierungen in Nahost planen. (...) Die Islamischen Zentren in der Bundesrepublik haben dieselbe Funktion für eine ganze Reihe von Staaten der islamischen Welt, wie ein Nauphle-le-Chateau für die islamische Revolution Khomeinis» (Karl Binswanger). Ein anderer Islamkenner, Khalid Duran, ließ bei einer öffentlichen Veranstaltung in Aachen keinen Zweifel daran, daß die dortigen Fundamentalisten «politische Totalitaristen» seien. Doch der Journalist Rainer Offergeld, der für den Westdeutschen Rundfunk die Aachener Affäre nachrecherchierte, bekundete große Zweifel an der Haltbarkeit dieser Thesen. Auch ein für die deutsch-arabische Freundschaft zuständiger Abgeordneter der SPD, der für die Partei im Stadtparlament sitzt, konnte ebensowenig Fehl und Tadel an der Bilal-Moschee entdecken.

Dieses Meinungspatt hält bis heute an; eine Baugenehmigung ist nicht erteilt worden. 1990, nach dem Golfkrieg, wurde erst einmal ein Moratorium vereinbart. Doch nur wenn in Aachen ein echtes Komplott gegen die bundesdeutsche Verfassung oder eine auswärtige Regierung geschmiedet würde, wäre ein Baustopp geboten – und vielleicht noch mehr. Gerüchte aus Geheimdienstquellen hingegen dürfen keine Beweiskraft haben. Um es klar auszudrücken: Selbst wenn in Aachen der Gottesstaat *ausgedacht* und dafür mit Schriften und Worten *geworben* würde, dürfte man eine solche Meinungsäußerung ebensowenig unterbinden wie zum Beispiel die *Überlegung* radikaler christlicher Lebensschützer (mit und ohne Bischofsstab) über eventuelle Aktionen zivilen Ungehorsams. Die Gedanken sind nämlich frei – was im dargestellten Fall wohl mehr ist als eine Binsenweisheit.

Natürlich möchte niemand der nützliche Idiot von Leuten sein, die Gewaltanwendung in der Politik geschickt tarnen; selbst wenn sie sich gegen skrupellose Diktatoren (und neuerdings wieder Verbündete) wie Syriens Präsident Assad richtet, wäre hier die Schwelle zu einem politischen Verbrechen überschritten und damit das Verbot einer solchen Organisation gefordert. Unzureichend ist jedoch der Analogieschluß, «es sei doch bezeichnend, daß noch 1981 der syrische Geheimdienst versuchte, El-Attar in Aachen zu ermorden», wie Khalid Duran zitiert wird. Oder kann der Feind eines Feindes und Staatsterroristen selber nur ein Moslemterrorist sein? Häufig stützt sich die Aufdeckung des «Fundamentalisten-Filzes» (Binswanger) auf vage zeitliche, räumliche, personelle und finanzielle Zusammenhänge. Es ging zum Beispiel das Gerücht, algerische Fundamentalisten würden in Aachen für den freiwilligen Einsatz an der afghanischen Front gedrillt. Solche «Afghanen» treten heute als entschlossene Gotteskrieger gegen das FLN-Regime auf. Aber was beweist das? Beobachter von außen, und das sind in diesem Fall fast alle, sind durch solche Verdächtigungen verunsichert. Kann etwa eine Ankündigung führender algerischer, den Moslembruderschaften angehöriger Islamisten, nach der Freilassung aus der Internierung zur «Erholung in die Nähe von Aachen» gehen zu wollen, als Verdachtsmoment gegen das Islamische Zentrum ausreichen?

Das Unbehagen bleibt bestehen. Es könnte nur gemindert werden, indem die islamischen Einrichtungen ihre notorische Geheimniskrämerei über ihre personelle Zusammensetzung und ihre Finanzquellen vermeiden. Und es ist die falsche Strategie, wenn sich die Aachener Geistlichen aus Furcht vor Verfolgung zum Beispiel durch den syrischen Geheimdienst selbst wie ein Geheimbund aufführen; für den Schutz islamischer Einrichtungen in der Bundesrepublik ist allein die hiesige Polizei zuständig. Wenn die Muslime in den Status der beiden christlichen Kirchen aufrücken wollen, müssen sie dieselbe Transparenz erlauben. In dieser Hinsicht wird die Selbstisolierung des Aachener Zentrums auch von deutschen Muslimen scharf kritisiert: Das unklare Bild trübt den Eindruck des eindeutigen Gewaltverzichts, zu dem sich die Muslime in Deutschland zur Zeit des Golfkrieges bekannt haben.

In Aachen wie in Pforzheim hat sich der Konflikt nicht zufällig an Bauprojekten entzündet. Aufbau und Ausbau von Moscheen belegen der deutschen und christlichen Umgebung die sichtbare und dauerhafte Präsenz des Islam in diesem Land. Was in Tausenden von Bauvorhaben täglich geschieht, die Nutzung und Veränderung von Grund und Boden, empfindet die Nachbarschaft hier als tiefen Einschnitt ins Stadt- und Landschaftsbild, im Extrem als eine Art Kolonisation. Aus übersehenen und geduldeten Fremdlingen sind

Gäste im Sinne Georg Simmels geworden: Fremde, die bleiben wollen und bleiben werden. Doch nicht allein um deren Präsenz geht es in den erregten Debatten. Der Streit handelt vielmehr von Selbstverständnis und Zukunftserwartungen der Mehrheitsgesellschaft. Unsicherheit und Überforderung finden in der fremden Erscheinung eine ideale Projektionsfläche.

Hinterlassen diese beiden Fälle schon starke Irritation, so gilt dies erst recht für den ungeheuerlichen Vorgang, der unter dem Titel «Rushdie-Affäre» in die Geschichte einging. Dieser Konflikt entstand zunächst innerhalb der Gruppe westlicher Muslime in Großbritannien, bevor ihm die Eskalation durch den Ayatollah Khomeini und die iranische Regierung eine internationale Dimension verlieh. Wie die Ermordung des japanischen Übersetzers der *Satanischen Verse*, Hitoshi Igarashi, der Anschlag auf den italienischen Rushdie-Übersetzer Ettore Capriano im Juli 1991 und die immer neue Erhöhung der von der iranischen *15 Khordad Foundation* ausgesetzten Kopfprämie zeigen, ist dieser Fall keineswegs ausgestanden. Er ist die exemplarische Affäre des ausgehenden 20. Jahrhunderts. Ohne Übertreibung muß man befürchten, daß wir das nächste Jahrtausend nicht heil erreichen werden, wenn der Mordbefehl, dieses perverse lebenslange Todesurteil, noch bis zum Jahre 2000 bestehen sollte.

BLICK ZURÜCK IN DIE ZUKUNFT

Salman Rushdie und der andalusische Islam

> Gib es doch zu, Salman, die Geschichte des Islam hat für
> dich eine tiefere Bedeutung als jede andere der großen
> Erzählungen. Natürlich bist du kein Mystiker, Mister, und
> als du geschrieben hast *Ich bin kein Muslim*, entsprach das
> der Wahrheit.
> Für dich kommen kein Glaube ans Übernatürliche, keine
> buchstabenfrommen Orthodoxien, keine formalen Gebote
> in Frage. Aber Islam muß ja nicht nur blinder Glaube
> bedeuten. Er kann bedeuten, was er in deiner Familie im-
> mer bedeutet hat: Kultur, Zivilisation, so aufgeschlossen,
> wie es dein Großvater war, so wunderbar streitlustig wie
> dein Vater, so intellektuell und philosophisch, wie es nach
> deinem Geschmack ist. Laß die Eiferer das Wort *Muslim*
> nicht zur Einschüchterungsvokabel machen, redete ich mir
> zu; denk daran, daß es einmal gleichbedeutend war mit
> *Familie und Licht.*
>
> *Salman Rushdie*

Salman Rushdie ist *der* Schriftsteller der multikulturellen Welt, der
unsere *conditio humana* wie kaum ein zweiter dichterisch verarbeitet
hat. Darüber hinaus hat er, ungewollt und ihm selbst lästig, die
Funktion eines «Propheten» übernommen. Er ist aus der Rolle des
Dichters gefallen und hat dadurch – nebenbei – die Erwartungen der
westlich-universalen Intelligenzija durchkreuzt. Mit seinen Mitteln
«offenbart» er uns einen säkularen Islam und entbirgt auch der
westlichen Welt – Gott.

Dichtung als Mutter aller Schmähungen

«Soll ich euch (darüber) Kunde geben, auf wen die Satane herabkommen? Sie kommen auf jeden Schwindler und Sünder herab. Sie horchen (am Himmel in der Absicht, sich höheres Wissen zu verschaffen). Und meistens lügen sie. Und den Dichtern (die ihrerseits von Satanen inspiriert sind) folgen diejenigen, die vom rechten Weg abgeirrt sind. Hast du denn nicht gesehen, daß sie in jedem Wadi schwärmen? Und daß sie sagen, was sie nicht tun?» (Der Koran, Sure 26, 221–226). Schwärmer, Schwindler, Sünder – Allah hielt nicht viel von den Dichtern. Auch der Prophet liebte die Poeten nicht. Von Mohammed ist überliefert, es sei besser für den Menschen, von einem Bauch voll Eiter gepeinigt zu werden, als sich die Innereien mit Dichtung zu füllen. Poesie war für ihn «der Koran des Satans». Ein Blick in die arabische Welt des frühen Islam zeigt, warum: Dichter zählten zu den gefährlichsten Widersachern des historischen Propheten zu Mekka. Im vorislamischen Arabien waren die wortgewaltigen Reimschreiber als Propagandisten ihrer Stämme mächtige Leute. Sie widersetzten sich dem verordneten Religionsmonopol und der Zwangsjacke des Monotheismus.

Poeten galten in der sunnitischen Überlieferung deshalb als von Teufeln besessene Leute mit magischen Fähigkeiten. Dichtung hat im Islam unheiligen, unheimlichen Ursprung; folglich gibt es kaum religiöse Poesie. Die anästhetische Aversion der Schriftgelehrten führte, stärker als im Christentum, zu einem rigorosen Bilderverbot, zur Bändigung der Musik, zur weitgehenden Abwesenheit der Skulptur. Schönheit, die besondere Mächtigkeit der Kunst, darf im Islam nur Abbild des Göttlichen sein, das Ursprung aller Schönheit ist und den Menschen nie ganz zuteil werden kann. Durch Kunst außer sich zu geraten, jedweder unkontrollierbare Zustand ist einer religiösen Ordnung suspekt, die sich als *nizam* begreift, als «umfassende, von Gott den Menschen geschenkte und damit allein und allgemein verbindliche Ordnung» (Johann Christoph Bürgel).

Dennoch hat die islamische Zivilisation eine äußerst reichhaltige Kultur hervorgebracht. Doch blieb diese fast immer eine Kunst im Gehege. Für den Orientalisten Gustav von Grunebaum beschränkte sich die arabische Literaturgeschichte auf die «Ausführung und Variierung vorgegebener Schemata», was der persönlichen Schöpfer-kraft des Dichters und der Inspiration des Künstlers wenig Raum ließ. Dem mechanistischen Begriff von Schönheit entkam nur die mystische Tradition; erlaubt war jedoch auch hier einzig die religiös legitimierte und eng legitimierte Magie, die ihre heidnische Herkunft abgestreift hatte. Das ekstatische Element der Kunst wanderte aus in die zahlreichen Wiederholungsrituale im Islam; es dominieren Widerspiegelung, Ornament und Kalligraphie. «Variation identischer Themen, das Schwelgen in wortgebundener anstatt vom Erleben gelenkter Bildersprache, das Festhalten an Regeln und Schemata, hemmungslose Hingabe an den Witz» – auf diese Gebiete sieht von Grunebaum die arabische schöne Literatur nach der kurzen Blütezeit Ende des ersten Jahrtausends eingeschränkt. In Europa wurden die Weichen anders gestellt: Der Widerstreit siedelte sich im Inneren der Menschen an, die Kunst verselbständigte sich und wurde autonom.

Welche Rolle konnten da noch Arabiens Dichter und Schriftsteller spielen? Die eingangs zitierte Koranstelle erkennt an, daß nicht alle Dichter lügnerisch «sagen, was sie nicht tun»; es gibt welche, «die glauben und tun, was recht ist, unablässig an Gott gedenken» (227). Zwei *Hadithe* (Prophetenworte, die mündlich überliefert wurden) eröffnen beinahe freundliche Aussichten: In «einiger Poesie» liege Weisheit, und Magie sei in «bestimmten Weisen des Ausdrucks» doch anzutreffen. Aber Inspiration, gar durch den Erzengel Gabriel, der einzig dem Propheten einflüstern durfte, kam der islamischen Literatur keinesfalls zu. Gleichwohl bediente sich schon der Prophet der Macht der Dichter, wo es ihm opportun erschien. «Wahrlich, diese Truppe bringt mehr Schaden über das Volk von Mekka, als ein Hagel von Pfeilen es könnte!» Die Macht der Feder konnte, wie das Schwert, der Ausbreitung des Islam dienstbar gemacht werden und die weltliche Herrschaft legitimieren.

Diese kurze Skizze zeigt: Im islamisch-arabischen Bereich ist die für moderne Gesellschaften konstitutive Trennung von Kunst, Religion und Politik nicht gelungen. Der anerkannte Künstler ist getreuer Repetitor der Scharia, Spiegel der göttlichen Ordnung und Schönheit. Wo sich islamische Gemeinschaften zu Staaten formten, mußte er herrschaftskonform sein. Wenn beides nicht der Fall war, führte der Anspruch auf künstlerische Autonomie fast automatisch auch zu religiöser Häresie und politischer Opposition; diese Neben-linie der islamischen Tradition ist deshalb eine Blutspur verfolgter, verbannter und verbrannter Dichter. Aber selbst die lizenzierte Li-teratur blieb noch eine Herausforderung. Denn Dichtung war, mit den Worten des persischen Epikers Nizami, «ein Abglanz vom Schleier der Prophetie. Im Heer der Großen sind sie angetreten: vorn die Propheten, gleich danach die Dichter».

Diese immer wieder bestrittene Hierarchie ist wichtig zum Ver-ständnis von Salman Rushdies Roman «die Satanischen Verse». Mo-hammed, dem Propheten der göttlichen Offenbarung, mußte alles daran gelegen sein, nicht in den Verdacht zu geraten, auch (nur) ein Poet «satanischer Verse» zu sein. Von «Einflüsterungen des Teufels» berichtet der Koran sehr wohl: Mohammed war bekanntlich nicht nur ein routinierter, sondern auch ein etwas eiliger Prophet. Biswei-len löste sich ihm die Zunge zur Rezitation des Gehörten, bevor es ihm in der *endgültigen* Form eingegeben war. Der Koran (Sure 17) gesteht verklausuliert, wie nahe der Prophet einmal daran war, Teufelszeug abzusondern: Muhammed wollte (ausgerechnet!) drei in Mekka sehr beliebte vorislamische Göttinnen als «Töchter Allahs» in den Rang höherer Wesen erheben. Das korrigierte er später. Sure 53 stellt wie-der klare patriarchalische Verhältnisse her: «Sollen euch die männ-lichen Wesen zukommen, und Gott die weiblichen (die ihr Menschen für euch nicht haben wollt)? Das wäre eine ungerechte Verteilung. Das sind bloß Namen, die ihr und eure Väter aufgebracht habt, und wozu Gott keine Vollmacht herabgesandt hat.»

Diese polytheistische Beinah-Todsünde ist dem damals zwar noch ungläubigen, aber verdammt koran- und mythenfesten sowie ziemlich pointensicheren Salman Rushdie natürlich nicht entgan-gen. Womit sich der orthodoxe Islam schwerer getan hat als andere Religionen: mit der «historisch-kritischen Analyse», der Entzaube-rung seiner mythischen Stoffe und ihrer kreativen Bearbeitung, das alles betreibt der Dichter, ein magischer Realist, in unbezähmbarer Fabulierkunst und barocker Formenvielfalt. Salman Rushdie schrieb gewissermaßen seine «Version» des Korans.

Mohammed heißt bei Rushdie Mahound (wie er sagt, ohne den abwertenden Zungenschlag der christlichen Schmähtexte, aus denen er kräftig schöpft). Diesen Mahound findet der Leser mitten unter den «Verfassern von Meuchelmord-Elogen, Verserzählungen und Satiren». Zu diesen Frevlern zählt der unflätige Baal – ein *alter ego* des historischen Propheten wie des heutigen Romanciers. Die Verquickung von Poesie und Prophetie könnte kaum markanter, aber eben auch nicht schlüpfriger sein.

An verschiedenen Stellen der «Satanischen Verse» führt Rushdie weibliche Gottheiten ein: die schöne Liebesgöttin Uzza, die finstere Schicksalsgöttin Manat und die Allah ebenbürtige Al-Lat – *Die Göttin*, auch sie eine Allmächtige. Alle weitere Abteilungen seines «göttlichen Supermarkts» stecken voller Andeutungen und teilweise drastischer Ausführungen weiblicher Religiosität – und Sexualität. Dies ist eine doppelte Provokation: Der polytheistische Affront des Poeten kommt, kaum verhüllt, in femininer Gestalt daher. Die islamische Geistlichkeit *mußte* darauf einfach empört reagieren – nicht anders als es jüngst der New Yorker Oberhirte Kardinal John O'Connor getan hat, als er den Kampf katholischer Feministinnen für eine postume Geschlechtsumwandlung Gottes mit den Worten zurückwies: «Wir haben kein Recht, das Christentum nach unserem Belieben oder unserer Wahl neu zu konstruieren. Wo kämen wir hin, wenn wir statt ‹Vater unser› ab sofort *Our Mother in Heaven* zu beten hätten?»

Gibril Farishta, eine der beiden Hauptfiguren der *Satanischen Verse*, ist als indischer Filmschauspieler und vielfach verwendbarer Interpret sogenannter *theologicals* (Seifenopern und Filmschinken religiösen Inhalts) zu Verwandlungen indessen spielend in der Lage. Gibril, ein gewiefter postmoderner Simulator, träumt sich in die Rolle des Erzengels Gabriel hinein, der laut islamischer Überlieferung (Sure 2/91) dem Propheten mit Allahs Erlaubnis die wunderbare Heilsbotschaft an die Gläubigen offenbarte. Diese Kommunikation Gottes an die Menschen ist unwiederholbar, nicht imitierbar und zwingend; der Koran ist orthodoxer Auffassung nach eine unabhängige, endgültige und letztlich nicht kritisierbare Quelle. Rushdie hingegen fügt Gottes Wort historische, vor- und nichtislamische Attribute und humane Elemente bei – die Übersetzung, die Verwandlung, die Möglichkeit des Irrtums, das Unterbewußte. So changiert die Gestalt des Engels ständig mit der des *Dschinns*, des Teufels.

«Aus meinem Munde», sagt der Prophet bei Rushdie, «stammen Rede und Widerrede, Verse und Antiverse, Welten und Gegenwelten, alles, und wir alle wissen, wer sich an meinem Mund zu schaffen gemacht hat.» Rushdie spekuliert damit nicht wild herum, sondern greift wiederum eine Grauzone und Unsicherheit islamischer Theologie auf.

An einer weiteren Schlüsselstelle bekennt *Salman, der Perser* (!) den ungeheuerlichen Betrug: Was Gibril Mahound im Traum übermittelt und der Prophet dem Schreiber diktiert habe, will dieser aus eigenen Stücken – wie ein *Dschinn* – umgeschrieben haben. Zunächst änderte er nur Kleinigkeiten, dann ganz kapitale Gottesangelegenheiten, ohne daß Mahound etwas merkte: «...er würde sagen, was ist los mit dir, Salman, bist du schwerhörig? Und ich würde sagen, na so was, das ist ja 'n Ding, kleiner Flüchtigkeitsfehler, wie konnte ich, und würde die Stelle korrigieren. Aber es ist nicht passiert; und jetzt schrieb ich die Offenbarung, und kein Mensch merkte etwas...»

Auch westliche Freunde Rushdies zweifelten bisweilen, ob der Dichter mit solchen Anspielungen nicht «zu weit gegangen» sei. «Blasphemie, darauf steht die Todesstrafe», heißt es auch ahnungsvoll im Roman. «Dichter und Dirnen – wir sind es, denen du nie vergeben kannst», lauten Baals letzte Worte kurz vor seiner Hinrichtung, und: «Verbrennt die Bücher und vertraut dem BUCH!» So liest sich der Roman wie eine *self-fulfilling prophecy*. Seine angeblich gotteslästerlichen Motive sind indes nur brillant verfremdete Versatzstücke aus einer skeptischen oder satirischen Tradition, die die islamische Geschichte seit jeher untergründig begleitet und die im Lauf der Jahrhunderte «Rushdie-Affären» gewissermaßen in Serie erzeugt hat. In diese ketzerische und dissidentische Tradition wurde Rushdie von Freund und Feind gestellt – als eine Art Anti-Prophet, der genau «wußte, was er tat» (John LeCarré) und somit die Muslime mit einem «Koran des Satans» bösartig und bewußt herausforderte.

So sieht es jedenfalls die westlich-liberale und die marxistische Interpretation. Sie deuten die «Satanischen Verse» antiklerikal und antireligiös und stellen ihren Autor in eine aufklärerische, antiobrigkeitliche Tradition. Sadik Jalal Al-Azm, der wegen seiner islamkritischen Bücher selbst einmal in die Schußlinie der Islamisten geriet, gibt Salman Rushdie die Rolle des klassischen Intellektuellen, *ätzend und zersetzend*, und macht ihn zum Anwalt des Allgemeinen und Bannerträger der Moderne gegen mittelalterlichen und postmodernen Obskurantismus. Die Rushdie-Affäre wurde als der allerjüngste Literaturskandal eingereiht in die *causes celébres* der ewigen Konfrontation von Macht und Geist und von Kirche und freiem Geist – begonnen bei Rabelais und endend bei dem US-Roman *Psycho*, angereichert durch die Inquisition von Stücken wie Oskar Panizzas *Liebeskonzil* und Hollywood-Filmen wie Martin Scorseses *The Last Temptation of Jesus Christ*.

Auffällig war in der Tat die beinahe einhellige Verdammung von Rushdies Roman durch so gut wie alle kirchlichen Kreise – von den Mullahs in Ghom über Teile der anglikanischen Kirche und den Vatikan bis zu islamischen Geistlichen in Großbritannien. Diese scheinbare Geschlossenheit sollte uns jedoch nicht in eine antiklerikale und atheistische Falle tappen lassen. An Al-Azms brillanter Interpretation fehlt nur eine kleine Kleinigkeit: die Erwähnung des Übertritts Rushdies zum Islam. Er hat *nicht* aus der traditionell aufklärerischen Position «Gott ist tot» heraus geschrieben. Die Essay-Sammlung «Imaginary Homeland» und seine Erklärungen und Interviews in eigener Sache geben vielleicht ein paar Hilfestellungen, wie der vielbesprochene Autor genauer zu lesen ist – ohne westlichen Aufklärungsfundamentalismus und ohne atheistischen Furor.

La Condition migratoire

«Wenn die ‹Satanischen› Verse überhaupt etwas sind, dann dies: Die Welt in den Augen eines Wanderers. Sie sind geschrieben aus eben dieser Erfahrung der Entwurzelung, Trennung und Metamorphose (langsam oder schnell, schmerzhaft oder erfreulich), und daraus kann man eine Metapher für die ganze Menschheit ableiten», verteidigte Salman Rushdie sein Werk gegen Fehldeutungen.

Das (potentielle) Wandererdasein ist heute die vorherrschende Lage vieler Muslime. Einwanderer ist bekanntlich auch der gern als «anglo-indischer Romancier» bezeichnete Salman Rushdie. Seine früheren Romanwerke, vor allem das Indien-Buch «Mitternachts-kinder» und das Pakistan-Epos «Scham und Schande», spielen noch auf dem indischen Subkontinent. Von dort stammt der in Bombay, dem «Babel Indiens», geborene Autor. Seine Heimatstadt nennt er «the most cosmopolitan, most hybrid, most hotchpotsch of Indian cities». Diesem imaginären Heimatland gilt seine anhaltende Aufmerksamkeit und Kritik, aber keine identitäre Sehnsucht. «I was already a mongrel self, history's bastard, before London aggravated the condition.» Die Figuren der «Satanischen Verse» wurden, wie der Autor, buchstäblich in die Metropole geschleudert; Gibril Farishta und sein Kompagnon der Lüfte, Saladin Chamcha, ein vornehmlich in Werbefilmen eingesetzter Stimmenimitator, purzeln in engelsgleichem, teuflischem Fall «vom Indisch-sein zum Englischsein», und sie landen in *Ellohenn Deeohenn*, alias «Mahagonny, Babylon, Alphaville». Im Zeitalter der Satellitenkommunikation und der neuen Völkerwanderungen schrumpfen die Entfernungen. Die «geliebte Stadt» als Realität und Metapher ist Herzstück des Werks, ein *locus classicus* unvereinbarer Wirklichkeiten. Und *Metropolis*, der bevorzugte Handlungsort im Roman des 20. Jahrhunderts, ist heute als Knotenpunkt und Transitstation von Emigranten und Exilierten nur ein anderer Name für die *condition migratoire*.

Auch die von ihm gewählte und bevorzugte Form, der Roman, ist *per definitionem* polytheistisch und antirevelatorisch. In den Worten des tschechischen Romanciers Milan Kundera: «Als Gott allmählich den Platz räumte, von dem aus er das Universum und seine Wertordnung gelenkt, das Gute vom Bösen gesondert und jedem Ding seinen Sinn verliehen hatte, trat Don Quijote aus seinem Haus und konnte die Welt nicht wiedererkennen.» Kundera setzt mit Cervantes, einem frühen Autor der Ambiguität, den Beginn des modernen Romans an – und mit dem unglücklichen Helden Don Quijote den ersten Inhaber der Weisheit der Ungewißheit. Aus der persönlichen Erfahrung totalitärer Schreibverbote in Osteuropa sagt er: «Die auf eine einzige Wahrheit gebaute Welt und die Welt der Ambiguität und Relativität des Romans sind von ihrer Substanz her grundverschieden.»

Rushdies Fall liegt ähnlich, aber doch ein wenig anders. In seinem bemerkenswerten Text «Is nothing sacred?» hat er in einer Weise über den Zusammenhang von Literatur und Religion, von Roman und Offenbarung reflektiert, die alle, die ihn einfach der religionskritischen Moderne zuschlagen wollten, schon vor seiner überdeutlichen «Umarmung» des Islam hätte nachdenklich stimmen müssen. Rushdie erklärt den Roman seinem Ursprung nach zum schismatischen Gegenstück der Heiligen (autorlosen) Schrift und damit zu der Kunstform, die am ehesten die von der Entzauberung Gottes gerissenen Lücken füllen könnte. Romane, zentrale Kunstgattungen nicht nur der Moderne, sondern auch der Postmoderne, «stellen die Träume dar, die wir von uns haben, sind Landkarten unseres innersten Wesens. Nicht minder wirkungsvoll, aber viel weniger bevormundend als irgendeine heilige Schrift zeigen sie uns, wer wir sind».

Wie hatte Nizami gesagt: vorn die Propheten, gleich danach die Dichter? Das Genre des Romans füllt eine Lücke, die Roman*figuren* treten an die Stelle der Propheten und Märtyrer. Das heißt aber auch: Die Romanciers sind *auctores* (Schöpfer) und eröffnen laut Rushdie mit ihren Fragen (nicht: Antworten) «unserem Bewußtsein neue Wege». Der Wanderer ist, wie der Romancier, ein «Mensch, der darangeht, sich zu erfinden, (er) macht sich, gemäß einer Art, die Dinge zu sehen, die Rolle des Schöpfers zu eigen; er handelt wider die Natur, ist ein Gotteslästerer, verabscheuungswürdiger als alle anderen Greuel». Für diesen konstruierten Zustand der Welt ist ein scharfer Beobachter wie Rushdie, obwohl Phantast, bisweilen eine bessere soziologische Quelle als so mancher ausgefeilte Datenreport.

Was also zunächst wie eine scharfe Antithese erschien und was im vermeintlichen Gegensatz von Literatur und Dogma ganz und gar unvereinbar wirkte, ist in Wahrheit eingespannt in eine notwendige und heilsame Konkurrenz zwischen Heiligem und Profanem. Der postmoderne Roman steht für Rushdie nicht im Gegensatz zur Transzendenz. «Es ist Aufgabe der Kunst, diese Erfahrung festzuhalten und, im Falle der Literatur, ihren Lesern zu vermitteln. In einer weltlichen, materialistischen Kultur hat sie in gewisser Weise dem zu entsprechen, was der Gläubige in der Verehrung seines Gottes findet.» Schon dieser Satz hätte forsche Leser und Anhänger des Dichters verunsichern müssen, die da meinten, das letzte, was Rushdie tun werde, sei, zum Islam zu konvertieren.

Der Dichter als Prophet

«To put it as simply as possible: I am not a Muslim», schrieb Rushdie noch 1990. Im Mai 1991 erklärte er dann ebenso apodiktisch: «Ich bin ein Muslim. Das ist eine Sache des Bewußtseins und kann von keinem anderen Menschen in Frage gestellt werden» – wobei der letzte Satz noch wichtiger ist als der erste. «Die religiösen Entscheidungen eines Menschen sind Sache des Bewußtseins, er gelangt zu ihnen nach profundem Nachdenken und in der Intimität seines Herzens.» Diese für die meisten überraschende, ja schockierende Hinwendung zum Islam (ob Konversion oder Reversion sehen wir noch) hatte sich bereits im Lauf des Jahres 1990 angekündigt. Damals verließ Rushdie nicht nur sein Gefängnis und tauchte erstmals wieder in der Öffentlichkeit auf (zum Signieren seines neuen Buches). Er zeigte auch deutlich Konzilianz gegenüber muslimischen Gläubigen und Würdenträgern, entschuldigte sich mehrfach für mögliche Verletzungen durch die «Satanischen Verse» und dialogisierte privat und öffentlich freigebig mit gesprächsbereiten Muslimen. Er erwog sogar eine Zeitlang, die geplante Taschenbuchausgabe in Großbritannien und alle weiteren Übersetzungen zu stoppen. Der Hardcover-Ausgabe wollte er eine Erklärung beifügen, die alle islamfeindlichen Interpretationen ausschließen soll. «Ein zweiter Fall Galilei», hieß es sofort; viele wähnten ihn «halbwegs zum Halbmond gekrochen». Nicht wenige Unterstützer Rushdies und Verteidiger von Artikel 19 wandten sich enttäuscht ab, da dieser neue Held der westlichen Welt offenbar vor der totalitären Drohung eines iranischen Gewaltregimes in die Knie gegangen war. Ist er das? Probieren wir eine andere, dritte Lesart des Romans aus.

Es war ein kolossales Mißverständnis, Rushdie, den Autor der «Satanischen Verse», für einen heiteren Gottlosen zu halten, dem nichts, aber auch gar nichts heilig ist. Ebenso unangebracht war, in seinem Namen und mit seinem Fall antiklerikale Feldzüge zu veranstalten. Denn nicht erst die keineswegs so plötzliche «Umarmung des Islam» läßt erkennen, wie der Autor unter der Abwesenheit Gottes *litt*. Die karnevaleske Anverwandlung religiöser Stoffe sollte den Allmächtigen nicht töten, sie beklagte vielmehr sein Fehlen und den Verlust jeder Transzendenz. Rushdie zitiert im Gespräch mit einem seiner islamischen Gesprächspartner, Akbar Ahmed, sinngemäß Dostojewski: Der Geist dürste nach Glauben wie vertrocknete Erde und finde ihn, weil die Wahrheit im Unglück am hellsten scheint.

Die andere Seite des Rushdie-Skandals bestand in der Weigerung seiner Unterstützer, welche doch die individuelle Wahl- und Meinungsfreiheit so hoch hielten, ihm einen *solchen* Lernprozeß zu gestatten. Salman Rushdie hatte die Standardrolle des Intellektuellen, des einsamen und engagierten Verfechters des Allgemeinen, zurückgewiesen und war statt dessen wieder ein Stück in die Gemeinschaft der Muslime eingetaucht. «Heute nun bin ich innerhalb der Familie, und jetzt können Moslems mit Moslems reden und dem Versöhnungsprozeß folgen...»

«I do not accept my condition. I will strive to change it; but I inhabit it, I am trying to learn from it. Our lives teach us who we are», schrieb der in den Untergrund gezwungene Autor 1990. Rushdie, der noch vor kurzem von sich behauptet hatte, er könne gar nicht blasphemisch geschrieben haben, da dies nur Gläubigen möglich sei, glaubte nunmehr fest, «daß es einen einzigen Gott gibt, und daß die Offenbarung des Propheten echt ist». Man hat viel über die Beweggründe für diese Konversion spekuliert: als klassischen Kniefall vor einer Macht, die ihre Instrumente gezeigt hatte, als schlitzohrig-verzweifelte Verstellung, um endlich in Frieden leben zu können, da «Mrs. Tortures» England ihn doch nicht schützen konnte und – für bessere Beziehungen zum Iran – auch nicht mehr wollte, oder als schlichte Identifikation mit dem Aggressor, der Unterwerfung und Hingabe forderte und endlich bekam.

Ich interpretiere diese «Umarmung» mit dem Schlußsatz des ersten Kapitels der *Satanischen Verse*: «Nein, nicht Tod, Geburt.» Das zentrale Motiv der Wiedergeburt, das sich durch den gesamten Roman zieht, ist zu Unrecht vergessen worden. Demnach ist Rushdies Übertritt eher eine Rückkehr, eine *Reversion*: Betonte er früher gern sein Leben als säkulares, pluralistisches, eklektisches Individuum, so wurde nun die Erinnerung an eine Kindheit mächtig, die von islamischen Traditionen und von einer freilich nicht sehr strengen Frömmigkeit geprägt war. Für seinen literarischen Kompatrioten Gibril ist «Glaube etwas Unauffälliges, ein Teil von ihm, der nicht mehr Aufmerksamkeit erforderte als irgendein anderer». Saladins

Elternhaus ist moslemisch «in der nachlässigen, unbeschwerten Weise der Menschen von Bombay».

Rushdies Reversion gestaltete sich vor diesem lebensgeschichtlichen Hintergrund weder fanatisch noch in einem unangenehmen, übertriebenen Sinne konvertitenhaft. Sein Standpunkt ist, daß «es so etwas wie *den* islamischen Standpunkt nicht» gibt und damit auch keine «reine» moslemische Tradition. Er wurde nicht zum eifernden Renegaten oder politischen Fanatiker. Die religiösen Pflichten nahm er nicht sonderlich ernst – beim Aufsuchen eines Freitagsgebets irgendwo zwischen London und Lahore wäre er unweigerlich in Lebensgefahr geraten. «Arabische Moslems sind sowohl Araber als auch Moslems, ebenso haben indische Moslems und britische Moslems mehrere Identitäten.» Am ehesten wird der Islam, den er sich ausmalt, von seiner Romanfigur Zeenat Vakil verkörpert, einer engagierten Frau, die sich für ihr Land Indien einsetzt: gegen die Verwestlichung *und* gegen den starren Konservatismus. Den Ausdruck Islam trägt sie nicht vor sich her wie ein Banner; aber sie ist unzweifelhaft eine Muslima.

Vom postmodernen Polytheismus kehrte Rushdie damit aber noch nicht ganz zurück zu dem Einen Gott. Denn Allah blieb in seiner Vorstellung Gott und Teufel in einem – oder: Gewißheit und Zweifel, Heiligkeit und Profanität. Diese widersprüchliche Einheit prägte die «Satanischen Verse», die darin *nicht* widerrufen wurden. Nach den wichtigsten Vorbildern seines notorisch fehlinterpretierten Romans befragt, hat Rushdie selbst alttestamentarische Quellen und neuzeitliche Mythologien wie William Blakes «Marriage of Heaven and Hell» oder Michail Bulgakows «Der Meister und Margerita» genannt. Auch in diesen Klassikern ist das Dämonische ein Attribut Gottes.

Auch nach der Enttäuschung über die islamischen Gesprächspartner und trotz der Verfolgung durch eine Republik des Terrors, die den Namen islamisch im Titel trägt, hat sich Salman Rushdie nicht wieder vom Islam abgewandt. Nicht der zweifelsfreie westliche Säkularfundamentalismus hat Rushdie bewegt, sondern die Frage: «Kann eine religiöse Denkweise ohne Dogma und Hierarchie bestehen?» Der Poet ist kein Gegenpol des Propheten, sondern sein *alter ego*. Aus der «unreinen» Lebenswelt heraus zieht er das Dogma der

Schriftreligion in Zweifel, nicht jedoch das Erhabene, Wunderbare und Seltsame an sich. Rushdies Rückwendung war kein traditionalistischer Befreiungsschlag, kein Austritt aus der Moderne ins Mittelalter, auch kein integristischer Reflex fehlgeschlagener Individuation, sondern Imagination – wenn man so will: Prophetie eines aufgeklärten Islam, der auf seine eigenen, skeptischen Quellen zurückgreift. Ein Islam also, in dem Frauen eine würdige öffentliche Rolle spielen, statt in ihrem privaten Machtbereich des Hauses jene männlichen Monster aufzuziehen, die dann draußen namens der Religion ihre Schwestern und Töchter drangsalieren. Eine Zivilisation vor allem, in der keine Bücher verbrannt werden. Auch ein John Stuart Mill mit seiner Überzeugung, daß «es für Minderheiten extrem gefährlich ist, prinzipielle Einschränkungen der Meinungsfreiheit zu akzeptieren», könnte Ahnherr dieses Islam sein. Denn schließlich ist es gerade die Minderheitenmeinung, die durch Zensur aufs höchste gefährdet ist.

Rushdie will eine Trennung von Religion und Staat nach dem Vorbild Indiens zur Zeit Jawaharlal Nehrus; er stellt sich auch gegen alle «kommunalistischen» Versuchungen, wie sie heute Indien zu zerreißen drohen. Vor allem aber möchte er eine europäische Gesellschaft, in der Muslime auch Muslime bleiben können, wenn sie wollen – und in der auch Ungläubige ohne Zwang und Terror Muslime werden können. «Was vor allem erforderlich wäre, ist ein Erneuerer oder *mujaddid* mit den poetischen Gaben eines Iqbal», hat einmal der Doyen der britischen Islamwissenschaft, William Montgomery Watt, gesagt. Der Schriftsteller Mohammed Iqbal, ein Mitbegründer Pakistans, gilt als einer der wichtigsten Reformatoren des Islam im 20. Jahrhundert.

Daß der konvertierte, heimgekehrte und verschmähte Muslim Salman Rushdie der Prophet eines erneuerten, weltoffenen, toleranten Islam, Vorreiter einer islamischen Reformation geworden ist – das ist in den Augen der Orthodoxie gewissermaßen der Gipfel, nicht der Widerruf der Blasphemie. Der Poet hat diese Prophetenrolle für sich nicht reklamiert. Er nimmt sie aber faktisch ein, solange andere – die politisierenden Mullahs und ihre Nachahmer in Großbritannien, darunter Showleute wie Yussuf Islam alias Cat Stevens – sie in einer sehr viel dreisteren Weise usurpieren.

Rushdies Wende muß für die islamische Orthodoxie noch folgenreicher sein als seine angebliche Blasphemie. Indem er sich als «schlechten», unvollkommenen Moslem bezeichnet, der bisweilen Schweinefleisch ißt und gelegentlich Alkohol trinkt, ähnelt er der überwältigenden Mehrheit der Muslime, einer *silent islamic majority*, deren Möglichkeiten, frei zu sprechen, von der konservativen Geistlichkeit und von politischen Tyrannen unterdrückt werden. Doch die muslimischen Massen werden, glaubt der unverbesserliche Optimist Rushdie, «von der Idee des Mords zum Widerspruch gereizt werden». «Sie verstehen – *wir* verstehen – daß, wenn wir Toleranz und Freiheit innerhalb dieser Gesellschaft fordern, wozu wir jedes Recht haben, Toleranz und Freiheit die grundlegenden sozialen Prinzipien sein müssen, nach denen wir leben.»

Diese naiv und harmlos klingenden Postulate sind eine Provokation für Freunde wie Feinde Rushdies. Sie bedeuten den Unterstützern, daß eine bedrohte Wanderer-Existenz im Zweifelsfall Schutz nicht (allein) bei hehren universalen Menschenrechtsprinzipien (Artikel 19) sucht, sondern in einer unvorhersehbaren und nicht steuerbaren kommunitären Rückbindung – *religio* eben. Der Islam in seiner alltäglichen, lebensweltlichen Form muß keine resistente und anpassungsfeindliche Enklave im Westen sein.

Der notorische Übertreter, der unter arabisch-islamischen Intellektuellen keineswegs allein steht und dessen religiöse Praxis sich mit der von Millionen Gleichgesinnten in den islamischen Gesellschaften und in der westlichen Emigration deckt, hat den Muslimen einen Weg gezeigt, wie sie sich aus der Stagnation, aus Idealisierung ihrer Vergangenheit, ihren antikolonialen Komplexen, den oftmals absurden Verschwörungstheorien und dem sterilen Wechsel von haltlosen Überlegenheitsgefühlen und selbsterfüllenden Inferioritätskomplexen lösen könnten.

Salman Rushdie war in diese (und wie er fand: seine) Gemeinschaft wiedereingetreten, um die Vorstellung eines humanen, geschichtsbewußten und säkularisierten Islam von innen zu propagieren. Den «Kampf um eine Modernisierung des muslimischen Denkens, für die Befreiung von den Fesseln der Gedankenpolizei» wollte er nicht als Außenseiter oder gar Feind des Islam führen, vielmehr als einer, der dazugehört. Der Versuch scheint vollkommen mißlungen, eine «Totgeburt». In der Columbia-Rede räumte er sein Scheitern ein, jene muslimische Kultur begründen zu helfen, von der ich geträumt hatte, die fortschrittliche, respektlose, skeptische, streitlustige, spielerische und angstfreie Kultur, die ich immer als Freiheit begriffen hatte».

Nein – einen wie ihn wollen sie nicht aufnehmen. Aber die Kultur des Islam nimmt Rushdie weiterhin verzweifelt wichtig: «Ich glaube, es muß einen weltlichen Weg geben, ein Moslem zu sein. Es gibt eine Unmenge von Leuten in der islamischen Welt, die genauso empfinden – eine Übereinstimmung mit Kultur und Werten –, aber die keine Gläubigen sind im theologischen Sinne.» Eine Utopie?

1492 – Ende und Anfang
des multikulturellen Europa

> Israel und seine Nachbarn haben sich hier versammelt,
> um den ersten Schritt zu tun, die blutigen Kriege
> zu beenden, um nach einem Kompromiß zu suchen,
> der die Ungerechtigkeiten wiedergutmacht und eine
> «neue Ordnung» im Nahen Osten schafft. Wenn wir hier
> versagen, wenn wir es zulassen, daß wir unsere Furcht
> und unseren Argwohn regieren lassen, dann wird unsere
> Rückkehr die Vorbereitung auf einen neuen Krieg sein –
> ein Krieg, in dem es keinen Sieger geben wird.
>
> *David Grossmann: Ungehaltene Rede des*
> *Premierministers zur Eröffnung der Madrider*
> *Friedenskonferenz Oktober 1991*

Rushdies Vision eines säkularen Islam ist kein reines Phantasieprodukt. Sie war, wenn man der Geschichtsschreibung Glauben schenkt, einmal historische Wirklichkeit, als große Teile Spaniens arabisch regiert und islamisch inspiriert waren. Diese maurische Periode währte fast acht Jahrhunderte von 711 bis 1492. Sie ist nicht nur für Mediävisten, Religionswissenschaftler, Arabisten und Kunsthistoriker von Interesse, sondern auch unter einem allgemeineren und sehr aktuellen Aspekt: Die gelebte euro-arabische Verflechtung und der religiöse Pluralismus dieser vormodernen Zeit halten Lehren auch für unsere Zeitumstände und Zukunftsprobleme bereit. Das ausgehende 20. Jahrhundert ist, wie jene maurische Periode, geprägt von freiwilliger Immigration, Exil und Vertreibung. Es schwankt zwischen lauteren Toleranzgeboten und brutalster Verfolgung von Minderheiten. Es vermag sich nicht zu entscheiden zwischen politischer Abschottung und ungesteuerter Inkorporation der äußeren Kulturdynamik. Und es ist, ebenfalls wie die maurische Periode, bevölkert von Gottsucherbanden, Bastarden und *Enancia-*

dos, wie die Spanier seinerzeit Leute im Niemandsland «zwischen den Kulturen» nannten.

Der britische Orientalist William Montgomery Watt, der sich die Erneuerung und Selbstaufklärung des Islam wünscht, hat 1965 in seiner bahnbrechenden Geschichte des islamischen Spanien von der «genuinen Symbiose» christlicher, islamischer und jüdischer Kultur gesprochen. Am Ende der Kolonialzeit hielt er es für angebracht, daran zu erinnern, daß Europa selbst eine ost-westliche Fusion ist. Auch heute, nach der Abwicklung des Kolumbus-Jahres 1992, darf man nicht wieder vergessen, daß Islam und Judentum am Ausgang des Mittelalters konstitutive Europaideen waren. Watt schlug sogar vor, *al-Andalus* zur Testidee der «einen Welt» zu machen. In diesem Sinne hat der mexikanische Schriftsteller Carlos Fuentes in seiner «Geschichte der hispanischen Welt» die maurische Tradition als Brückenschlag nach Lateinamerika gedeutet, ein Transfer, der auch Nordamerika einbezieht, wo, ganz unübersehbar, das hispanische Element auf dem Vormarsch ist. Süd- und mittelamerikanische Einwanderer und Touristen erleben in Kalifornien, Texas oder New York ein ähnliches *déjà-vu* wie die arabischen Besucher Spaniens.

Multireligiöse und plurikulturelle Koexistenz – ist das wirklich mehr als eine überspannte Schriftstellerphantasie, mehr als eine blutleere Professorenideologie? Bleiben wir auf dem Boden der Tatsachen. Andalusien ist erst einmal nur ein Mythos, der Europa im 19. Jahrhundert mächtig bewegt hat. Nicht nur Hotels, Kinos oder Flamencoschuppen werden heute noch mit Vorliebe Alhambra, Alcazar oder al-Andalus getauft. Selbst das Stadttheater von Bradford, wo Rushdies Buch in Flammen aufging, ist nach der «Roten Burg» über Granada benannt. Der maurische Stil beeinflußte seit der Romantik die europäische Dichtung, Kunst, Musik und vor allem die Architektur. Die Wiederentdeckung der Alhambra durch James Cavanah Murphy, der seit 1802 Spanien bereist hatte, und der 1832 erschienene Bestseller von Washington Irving über den Fall Granadas regten die Phantasie der gebildeten Europäer an. Nicht nur in London baute man nach Art des Löwenhofs der Alhambra; maurisch nennt man auch die 1846 vollendete Villa in der Wilhelma von Bad Cannstadt oder das Bad in der Dresdner Albrechtsburg. Viele andere Plätze sind von den typischen Hufeisenformen, den filigran ornamentierten Zackenbögen und den sogenannten *Muqarnas* geprägt, wie die wabenartigen Stuckkompositionen in Kuppeln, Nischen, Bögen und Friesen im Arabischen heißen.

Nicht nur christliche Bauherren nahmen diese exotische Anleihe. Die bald darauf entstandene Neue Synagoge in der Oranienburger Straße in Berlin-Mitte zeigt, daß auch Juden sich auf die maurische Periode beriefen, als eine Blütezeit ihrer sephardischen Kultur. Viele Europäer zog es an die Orte der maurischen Kultur: Córdoba, Sevilla, Granada. Spanien wurde darüber ein Hauptziel des aufkommenden Tourismus im 19. Jahrhundert. Besonders intensiv bezog sich die spanische Romantik auf diese Vergangenheit, die dabei immer zwischen national gesonnenem Hispanismus und exotisch abschweifendem Orientalismus schwankte. Auch französische Schriftsteller von Chateaubriand über Victor Hugo bis Theophile Gautier nährten den Alhambra-Mythos, in dem Sinnlichkeit, Erotik und Formvollendung zusammenfließen. Die Geschichte von 1492 kam herauf, war aber in ein verklärtes und melancholisches Licht getaucht. In einer Zeit, da Europa ein weiteres Mal seine politische, militärische und wirtschaftliche Überlegenheit ausspielte und im übrigen gerade dabei war, sich die Gebiete des auseinanderbrechenden Osmanischen Reiches unterzuordnen und den Alptraum der Türkengefahr zu besiegen, kam Arabien hauptsächlich als Arabeske vor.

Man muß sich also hüten, das maurische Spanien zum neoromantischen Glanzbildchen des heutigen Multikulturalismus aufzupolieren. Denn Andalusiens wirkliche Geschichte war nicht so rosig. Sie handelt, wie alle Geschichte, von Siegern und Besiegten. In ihrer Bewertung korrespondieren die Klagen des arabischen Okzidentalismus mit den Zerrbildern des europäischen Orientalismus. Dennoch: Da uns angesichts der *boat people* vor Andalusiens Küsten (und ihrer Leidensgefährten an Oder und Neiße oder im Adriatischen Meer) die Zukunftsvisionen auszugehen drohen, kann ein Studium der kulturellen Muster der Koexistenz von Weltanschauungen und Gemeinschaften in der europäischen Geschichte hilfreich sein. Vor 500 Jahren ging eine wesentliche Erfahrung europäischer Vielfalt zu Ende. Doch mit den Entdeckungen begann auch eine neue Phase weltgesellschaftlicher Pluralität. Ich möchte die Bauprinzipien dieser ambivalenten, uneindeutigen Konstellation das *Alhambra-Modell* nennen.

Um 1492

Drei Ereignisse haben das Jahr 1492 zur welthistorischen Zäsur gemacht, zum *annus mirabilis*: Am 2. Januar unterlag Granada, der letzte Vorposten der Araber und des Islam im Westen, der christlichen Reconquista; am 31. März verfügten die katholischen Könige Ferdinand und Isabella die Austreibung der Juden aus Spanien; am 12. Oktober schließlich erreichte in ihrem Auftrag Christoph Kolumbus einen Erdteil, den man bald Amerika nennen sollte. Hinzu kam die Einführung der kastilischen Grammatik, der späteren Hochsprache in Spanien. Und in Rom wurde der spanische Kardinal Rodrigo de Borja zum Papst gekrönt; als Alexander VI. baute er den Kirchenstaat zu einem weltlichen Machtimperium aus. Für die Nachwelt waren die Borgia-Päpste «die schlimmste Verkörperung des Teufels auf Erden» (Stendhal).

Doch nicht nur die Neue Welt wurde «entdeckt»; Kolumbus war bekanntlich ein Meister der Kunst, mit Plan und Bedacht zu finden, was er *nicht* gesucht hatte. So entdeckte, besser: erfand sich 1492 auch Europa selbst. Von der Pest genesen, demographisch geschrumpft, politisch zerstückelt und zerrissen, war Europa nur ein ungehobelter Parvenü im Kreis der altehrwürdigen Imperien der Azteken und Inka, der asiatischen Despotien und der Königreiche Afrikas. Seit Mitte des 15. Jahrhunderts aber hatte der Kontinent, der bis dahin kaum seinen Namen wußte, neue Kraft gewonnen und schickte sich an, von nun an bis 1917 (oder 1945) die Geschicke der ganzen Welt zu bestimmen. Dazu riß er seine orientalischen Wurzeln aus, vertrieb die «Fremden» und verpaßte der religiösen Erwartung einer Neuen Welt ein irdisches Maß. Der Expedition in die Fremde ging der Exodus von Juden und Muslimen voraus: die amerikanische Conquista folgte aus der Reconquista im Abendland. Die Selbsterfindung Europas mündete wie von selbst in seine globale Selbstermächtigung.

Am 2. Januar 1492, nach achtmonatiger Belagerung durch ein überlegenes christliches Heer, ergab sich Granada, der letzte Vorposten des Islam im westlichen Europa, ohne noch großen Schaden zu nehmen. Einige Tage später, am Dreikönigsfest, erschienen die katholischen Monarchen Ferdinand und Isabella, die Könige von Kastilien und Aragón, am Ort ihres Triumphes und nahmen die Burg der Stadt, die Alhambra, in Besitz. Über dem *Torre de la Vela* wehte jetzt das violette Banner Kastiliens und ragte von nun an ein silbernes Kreuz in den Himmel. Das *Tedeum* wurde angestimmt und Santiago-Rufe auf den heiligen Jakob, den Schutzheiligen der Reconquista, ausgebracht, während Emir Abu Abdallah geschlagen die Festung verließ.

Abu Abdallah, auch Boabdil genannt, war der letzte Herrscher der Nasriden-Dynastie, die seit 1232 Andalusien regierte. Mit dem Fall ihres Herrschaftssitzes, der Alhambra, war die Islamisierung Spaniens endgültig revidiert und die Reconquista auf der Iberischen Halbinsel abgeschlossen – ein Prozeß, der bereits seit dem 11. und beschleunigt seit dem 13. Jahrhundert einen großen Teil der Fläche Spaniens wieder unter christliche Hegemonie gebracht hatte. 1085 war Toledo an das Königreich Kastilien zurückgefallen, 1236 Córdoba, 1238 Valencia, 1248 Sevilla. Die arabischen Kalifate respektive die Sultanate der Omayyiaden und Fatimiden waren in kleine, sogenannte Taifa-Königtümer zersplittert und überrannt worden. Auch die berberischen, aus Nordafrika stammenden Almorawiden und Almohaden konnten den Verlust Spaniens nur noch aufschieben. Granada, ein gebirgiger, rund 400 Kilometer langer und nicht sehr breiter Küstenstreifen zwischen Taifa und Almería, stand längst in kastilischer Lehensabhängigkeit und wäre wohl früher einverleibt worden, wenn Kastilien nicht eine Zeitlang innerlich geschwächt gewesen wäre. Hinzu kam, daß dieser Teil der Halbinsel wegen seiner landschaftlichen Gegebenheiten und starker Befestigung schlecht einzunehmen war und auf Hilfe aus Nordafrika von seiten berberischer Herrscherhäuser zählen konnte.

So hatte der letzte Vorposten islamischer Herrschaft im Westen noch zweieinhalb Jahrhunderte in relativer Autonomie überstanden, als militärische Potenz, aber auch als offene Stadt für Künstler und Wissenschaftler aus dem ganzen Mittelmeerraum sowie als Umschlagplatz für das Gold Afrikas, die Spezereien des Orients und europäische Textilien. Granada war ohne Übertreibung eine der schönsten Städte der Welt, ein Zufluchtsort für die *Moriscos* (Araber, die aus dem christlichen Norden geflohen waren), eine Diaspora für die Christen und Residenz einer jüdischen Minderheit.

Die Kapitulationsbestimmungen, bereits im November 1491 geheim ausgehandelt, waren nicht von übermäßiger Härte: Abu Abdallah mußte Granada Richtung Marokko verlassen, durfte aber als Vasall der kastilischen Krone seine Besitztümer behalten. Die Bevölkerung Granadas mußte die Feuerwaffen abliefern; sie durfte mit Glaubensgenossen weder Handel treiben noch Flüchtigen Asyl geben und keine Christen heiraten. Der moslemischen Gemeinschaft blieben die Moscheen, Kadis und die lokale Verwaltung; zugleich wurde die Auswanderung auf die andere Seite des Mittelmeeres befördert – mit einer Rückkehrmöglichkeit binnen drei Jahren. Da drüben Pest und Hungersnot warteten, machten viele von diesem Angebot Gebrauch. Auf lange Jahre verblieb eine moslemische Mehrheit in den Städten wie im Hinterland Andalusiens. Sie konnten der Zivilisation, hin und wieder auch der Politik Spaniens, noch eine Zeitlang ihren Stempel aufdrücken.

Eine Mehrheit von *Mudejaren* (Bezwungene) im christlich regierten und sich zunehmend christianisierenden Spanien – das war die genaue Umkehrung der Situation vor achthundert Jahren. Jetzt hatten die Muslime den Rechtsstatus einer Minderheit, wie bisher die Christen im *Dar al-Islam*: als geschlossene, aber Handel treibende und steuerpflichtige Gemeinschaften, die in besonderen Quartieren wohnten und zeitweilig besondere Kleidung tragen mußten. Bei diesen Diskriminierungen blieb es indessen nicht. Die wachsenden Ressentiments der christlichen Bevölkerung wurden mit den katholischen Königen, wie Ferdinand und Isabella seit der Eroberung Granadas vom Papst genannt wurden, politisches Programm.

Denn dies war die Ära der spanischen *Inquisition*. 1499 erschien deren Hauptorganisator, Kardinal Jimenez de Cisneros, in Granada; Bücherverbrennungen und Zwangskonversionen waren die Folge und ein muslimischer Aufstand das Resultat. 1502 standen die Muslime vor der Alternative: Taufe oder Exil. Als Folge dieser Maßnahmen gab es zu Beginn des 16. Jahrhunderts offiziell keine Muslime mehr in Spanien. Da die Bekehrten ihren Glauben aber weiter praktizierten, kam es 1566 zu einer schärferen Gangart gegen sie. 1609 und 1614 mußten dann infolge regelrechter Ausweisungsedikte rund eine halbe Million Muslime nach Nordafrika gehen – wo sie übrigens genauso fremd waren wie in Spanien. Hier wurde die massenhafte Erfahrung dieses Jahrhunderts vorweggenommen, daß ethnische Zwangsrepatriierung wenig mit dem Wiedergewinn von Heimat zu tun hat.

Die rund 200000 bis 300000 Juden in Spanien – eine der größten jüdischen Diaspora in der Welt – sahen diese Vorgänge zunächst noch ohne große Sorge. Anders als die Muslime hatten sie weder Territorium noch Staatlichkeit neben den christlichen Potentaten, sondern waren in verstreuten Gemeinschaften in die maurische Gesellschaft eingelassen. Zunächst standen sie noch unter besonderer Protektion der Könige: «Alle Juden meines Königreiches sind mein, und sie sind meine Juden, und sie sind unter meiner Hilfe und meinem Schutz, und mir obliegt es, sie zu verteidigen, ihnen zu helfen und sie in Gerechtigkeit zu halten.» Auf dieser Basis hatten Juden hohe Positionen erreicht, im Adel wie bei Hofe oder, wie Abraham Senor, sogar als Schatzmeister der *Santa Hermandad*, des Schutzbundes der kastilischen Städte, in einem der höchsten Ämter Spaniens. Auch ihre ökonomische Position als Kleinhändler, Gewerbetreibende und Geldverleiher, ihre Dienste als Bankiers, Ärzte und Übersetzer und ihre Führungsrolle auf geistigem Gebiet machten sie unverzichtbar. Doch gerade diese Spezialisierung – vom Landbesitz waren sie weitgehend ausgeschlossen – und ihre Abschließung als religiös-ethnische Gemeinschaft eigenen Rechts legten den Grundstein für alle späteren antijüdischen Stereotype. Von den Juden befürchtete man, anders als bei den Muslimen, politische Unbotmäßigkeit als geistige Verführung. Diese ging in den Augen der Inquisition vor allem vor den konvertierten Juden aus, die Marranos genannt wurden. Dieses Schimpfwort kam von *marrano* (Schwein), welches wiederum aus dem Arabischen (unrein) abgeleitet war – auch dies ein Beispiel für die landesübliche Sprachmischung.

Die Abhängigkeit von der Gnade des Hofes brachte die spanischen Juden bald in eine prekäre Lage, die sich im Laufe des 14. Jahrhunderts dramatisch zuspitzte. 1391 kam es zu schweren Pogromen in Kastilien. Die Intoleranz der Christen wuchs. Vor allem das gemeine Volk wurde angestachelt durch antisemitische Prediger, die über Land zogen. Doch die Situation blieb unübersichtlich. Während an der einen Stelle Juden bereits massakriert wurden, feierten an anderen Orten noch Rabbiner gemeinsame Gottesdienste mit Christen und stiegen Juden weiterhin in höchste Posten auf. Der königliche Astronom Abraham Zacuto beispielsweise war ausschlaggebend für die Bewilligung aller See-Expeditionen. Und es schadete Kolumbus, dem kommenden Helden der katholischen Welt, offenbar nicht, daß er als Jude galt.

Vom Pogrom zum Gesetz: Zwischen 1455 und 1480 wurde eine Reihe von Ausnahmedelikten zur verschärften Absonderung der Juden erlassen. Sie durften keine neuen Synagogen bauen, mußten eine besondere Art der Kleidung, den gelben Fleck, tragen und wurden in *Juderias* (Zwangsgettos) eingepfercht – legaler Terror, der in den kollektiven Erinnerungen des jüdischen Volkes eine Linie bis zum Holocaust bildet. Was aber war mit dieser für die späteren Jahrhunderte modellhaften Segregation bezweckt? Vor allem sollte sie die Verbindung zwischen *Conversos* und ihrem Glauben treu gebliebenen Juden unterbinden. Gegen diesen Kontakt vor allem richtete sich die Inquisition, insbesondere seit Papst Sixtus IV. sie 1478 unter nationalspanische Aufsicht stellte. 1481 begann sie ihre Arbeit in Sevilla, 1483 wurde Tomas de Torquemada erster Großinquisitor. Die Aufgabe des Heiligen Offiziums bestand nicht primär darin, Juden zu jagen. Vielmehr sollten religiöse Verstöße bestraft und Katholiken in ihrer Glaubensfestigkeit überprüft werden. Denn aller inquisitorischer Eifer erstreckt sich definitionsgemäß vornehmlich auf die Integrität der eigenen Gruppe, gegen die schwarzen Schafe und gegen die Spione des Feindes. Sogar Könige oder Kardinäle mußten sich in acht nehmen. Grund der großen Angst der Christen waren nicht die Juden aus Fleisch und Blut. Es war ihr geringes Zutrauen in den eigenen Glauben und das eifersüchtige Streben der kirchlichen Organisation, einzige Trägerin der universalistischen Gottes-Botschaft aus dem Morgenland zu werden. Das Abendland begann, Zug um Zug, sich eine andere, eine europäische Idee von sich zu machen.

Das Ziel der Inquisition war die vollständige Konversion der Juden. Man verwies auf prominente Vorbilder wie Salomon Ha-Levi (1350–1435), Oberrabbiner von Burgos, der als Pablo de Santa Maria dortselbst Erzbischof werden konnte, oder auf den erwähnten Übertritt Abraham Senors im Juni 1492. In diesem Zusammenhang wurden die berüchtigten Zwangsmittel eingesetzt. Unzuverlässige

Conversos waren zum Glauben zurückzuzwingen, mit Hilfe eines öffentlichen *auto da fé*. Dieses reichte von der öffentlichen Beschimpfung durch den Pöbel über die Folter bis zur öffentlichen Verbrennung. Unter solchem Druck wurden etwa 50000 Juden bekehrt. Aber auch diesen Neuchristen konnte sich das Offizium nicht auf Dauer sicher sein. Mit der Inquisition war der Zweifel in der Welt: Gerade der getaufte Jude konnte gefährlich sein – ein Verdacht übrigens, der dazu führte, daß sich konvertierte Juden selbst als Verfolger betätigten, um sich von jedem Zweifel reinzuwaschen.

Die jüdische Gemeinschaft, bisher von religiösen Differenzen und Reichtumsunterschieden zerrissen, rückte angesichts dieser allmählich bewußt werdenden Gefahr näher zusammen. Auch ihre Wahl hieß bald nur noch: Apostasie, Exil oder Tod. In der Klemme zwischen dem antisemitischen Mob und einer die Juden verfolgenden Staatskirche, verloren sie bald auch die Protektion der Könige, die in dieser Frage untereinander offenbar uneins waren. Damit war der Weg vom Ausnahmestatus zur Vertreibung geebnet: Ein königliches Edikt vom 31. März 1492, einem Sabbat, verfügte schließlich die Ausweisung aller Juden aus Kastilien und Aragón binnen vier Monaten. Diese Frist war die letzte Chance zur Konversion. Zigtausende Sephardim (manche Quellen sprechen von 120000 und mehr) verließen daraufhin Spanien in Richtung Portugal, Nordafrika, Italien und in die Türkei. Oft gerieten sie dort in eine neue «Bluthochzeit» hinein. Ihre zurückgelassenen Besitztümer fielen der Konfiskation durch die anschwellende Inquisitionsbürokratie oder Spekulanten anheim. Das primitive Motiv der Habgier gesellte sich zum christlichen Rache- und Säuberungsgedanken.

Spanien geriet in eine Art autistischen Rassenwahn. Es begann mit akademischen Abhandlungen über die Reinheit des Blutes und endete in dem massenhaften Zwang, seine Abstammung nachzuweisen – übrigens bis ins 19. Jahrhundert hinein. Aus dem religiösen Konversionseifer war ein rassisches Aussonderungsprogramm geworden – auch das war ein Übergang vom Mittelalter in die Moderne. Das Blut, das bis dahin nur in den vaterlandslosen Kreisen des Adels ein besonderer Saft war, wurde zum schicksalhaften Unterscheidungskriterium.

Die ökonomischen Konsequenzen dieser doppelten Vertreibung

sind umstritten: Eine Schule behauptet, Spanien habe damit sein Bürgertum vertrieben und sich seine eigene künftige Modernisierung verbaut, sich also in einem heiligen Furor selbst geschadet und langfristig in die Unterentwicklung befördert. Andere setzen den wirtschaftlichen Verlust durch den jüdischen Aderlaß geringer an und betonen den Gewinn der staatlichen Einheit, deren Dynamik erst später und aus anderen Gründen erlahmt sei. Gewaltig war auf jeden Fall der geistige Verlust Spaniens durch Vertreibung, Zensur und Verbot des Auslandsstudiums. Ein Klima des Konformismus machte sich breit. *Al-Andalus* war damit auf jeden Fall am Ende. Es endete auch die *Convivencia*, das fruchtbare Zusammenleben dreier Religionen, Kulturen und Lebensweisen, und es scheiterte eine islamisch-christlich-jüdische Symbiose. Ferdinand und Isabella gingen nicht als Monarchen dreier Religionen, sondern als katholische Könige in die Geschichte ein.

Convivencia – vom Scheitern einer Symbiose

Versuchen wir, von diesem eindeutigen Ende der Ereignisse her den Bauplan der vormaligen Einheit der Gegensätze und die Regeln der gegenseitigen Akkulturation zu rekonstruieren. Darunter war niemals eine stabile Harmonie zu verstehen, vielmehr ein wechselhafter Prozeß von kultureller Fusion, Konversion und Konflikt. Ein steinernes Denkmal davon ist die Alhambra in Granada, das bis heute gut erhaltene Prunkstück des Islam im Westen. Sie war nicht nur Anlaß des Entzückens bei ihren Liebhabern im vorigen Jahrhundert. Schon die christlichen Eroberer vor 500 Jahren konnten ihre Bewunderung nicht verhehlen. Denn sie wurden, wie schon bei der Einnahme anderer Zentren islamischer Kultur, einer in allen Belangen überlegenen Zivilisation ansichtig. Der Islam war urbaner, technisch entwickelter, geistig differenzierter, kulturell sublimer und in vieler Hinsicht weltoffener.

Wer in Granada von der Plaza Nueva der Altstadt die steilen Treppen hoch an den Zinnobertürmen vorbei durch das Tor der Gerechtigkeit geht, betritt das besterhaltene Monument der islamischen Zivilisation überhaupt. Das einzigartige Bauwerk überliefert nicht nur islamische Hof- und mittelalterliche Herrschaftsarchitektur. Es dokumentiert auch die andalusische Eigenart und Synthese. Die *Qual'at al-Hamra* – die rote Burg, die so nach ihrer vor allem im Abendlicht ockerroten Erscheinung genannt wurde – ist eine befestigte Fürstenstadt auf einem nicht allzu großen Areal. Torrés Balbas sah in der Alhambra ein «riesiges Schiff», das zwischen den schneebedeckten Bergen der Sierra Nevada und der fruchtbaren Ebene auf einem Hügel vor Anker lag. Sie ist nicht von einem einzigen Bauherrn geprägt wie die meiste Herrschaftsarchitektur, sondern sozusagen ein *work in progress*, ein Beispiel additiver Stadtentwicklung, wobei Muhammad V. (nach 1354) vor allem mit dem Löwenhof die markanteste Spur hinterlassen hat. Um 1400 war die Alhambra im großen und ganzen in der heute sichtbaren Form vollendet, christliche Gebäude wurden später hinzugefügt.

Ein genauerer Blick auf Architektur und Ikonographie der Alhambra erschließt die drei Funktionen des Baus: als Festung, Palast und Gotteshaus. Ihre Lage über Schluchten prädestinierte sie zum Wehrbau: Nur von Süden aus war sie leicht erreichbar. Die Position Granadas in unsicherem Terrain, zuletzt im Grenzgebiet zur christlichen Welt, erforderte solche Wehrhaftigkeit. Doch haben die wenigsten Türme Befestigungscharakter. Eher war die Alhambra ein Ort höfischer Repräsentation, der die Herrscher von den gewöhnlichen Sterblichen trennte. Schließlich dokumentieren an diesem Ort mundaner Macht und fürstlichen Prunks fromme Inschriften und Ornamente – Bilder sind im Islam verboten – die Allgegenwart und Allmacht Allahs.

Das Geheimnis der Alhambra liegt «in der Erzeugung von Illusionen und Mehrdeutigkeiten, fast wie in einer Theateraufführung», wie es der Harvarder Kunsthistoriker Oleg Grabar ausgedrückt hat. Der Palast erscheint in der Tat als Ansammlung irdischer Trugbilder himmlischer Wohnsitze. Sie erinnern an den König-Propheten Salomon, der sowohl in der jüdischen wie islamischen Überlieferung eine zentrale Rolle spielt. Besonders Gärten und Brunnen der Alhambra sind für den Experten voller poetischer Anspielungen auf diese Legende.

Bemerkenswert ist nun, daß die Alhambra erst zu der Übergangszeit entstand, als das maurische Spanien nicht mehr islamisch und noch nicht christlich zu nennen war. Sie wurde vollendet im Zuge der Reconquista, als in den meisten Gegenden Spaniens noch die multikulturelle Synthese bestand: «eine untergehende, ja todgeweihte politische und militärische Macht (war) von einer verblüffend reichen und schöpferischen Kultur begleitet» (Grabar). Anfangs waren im maurischen Spanien wirtschaftlicher Wohlstand, politische Macht und militärische Dominanz vereint, etwa bis zu den Omayyiaden unter 'Abd ar-Rahman III. (912–961). Danach zerfiel die kalifische Autorität über al-Andalus. Córdoba verlor seine zentrale Rolle, die Muslime hatten keine gemeinsamen Leitfiguren mehr. Am Beispiel der Alhambra sieht man, daß eine solche Schwächung zur Stärkung gereichen kann, wenn aus einstmaligen Imperien eine Vielfalt kleinerer Zentren entsteht. Das war der Fall in der Periode der Kleinkönige, die ein wahres Mosaik von Pufferstaaten zwischen die «internationalen» Machtblöcke des christlichen Nordens und des islamischen Südens legten. Genau diese Zeit der Ambivalenz seit dem 11. Jahrhundert war eine neue Blütezeit der maurischen Mischkultur.

In der Alhambra waren die klassisch-antike und die orientalische Tradition aufgehoben. Was in Spanien so markant hervortritt, galt für die gesamte Mittelmeerwelt. Der Islam hatte viele Erbschaften im Gepäck, und er brachte sie Völkern, die von ihrer eigenen Vorgeschichte nur noch einen exotischen Reiz verspürten. Sie schauten wie Blinde in den Spiegel. Spanien sowie in einem geringeren Maß das ebenfalls arabisch beherrschte und islamisch geprägte Sizilien waren wie Scharniere, an denen Europa die materiellen und intellektuellen Elemente einer fremden Kultur hineinnahm, aber eben auch die «eigene», abgebrochene Tradition hereinholte. Die Araber, fälschlicherweise als nomadische Wüstenbewohner angesehen, belebten die im germanisch-gotischen Machtbereich verschüttete Urbanität und hinterließen somit eine deutliche Spur Zivilität im Westen.

Soziologisch gesprochen hat mit der *Convivencia* ein exemplarischer Akkulturationsvorgang stattgefunden. An einzelnen Quellen und Hinterlassenschaften dieser Zeit kann man die enge symbolische und ikonologische Vermischung von Motiven studieren. Diese Mischkultur war mehr als ein bloßes Nebeneinander, sie war tatsächlich Verschmelzung. Keinesfalls darf man sich dies aber als Idylle vorstellen. Es fehlen genaue Größenangaben und Relationen der ethnisch-religiösen Komposition der spanischen Gesellschaft. Sie glich einem Flickenteppich aus Arabern (der relativ schmalen Erobererschicht), Berbern (den eigentlichen Mauren), *Mozarabern* (so nannte man arabisierende, aber ihrem Glauben treu gebliebene Christen), *Muwallads* (zum Islam übergetretene Christen und Juden), orthodoxen Juden sowie Sklaven und Freigelassene, worunter vor allem Slawen, Franken und afrikanische Schwarze waren. Dieses bunte Spektrum einer Vielvölkergesellschaft ist für die vornationale Periode Europas keine Seltenheit, war aber hier besonders breit ausgefächert.

Spanien war noch um 1492 eine bloß geographische Einheit auf dem Territorium der alten römischen Provinz Hispania. Kastilien, Isabellas Reich, mit den Hauptorten Toledo, Valladolid, Salamanca und Burgos, bildete das nördliche Machtzentrum, dem Galicien und Asturien angeschlossen waren: ökonomisch durch eine bedeutende Viehzucht mit rund drei Millionen Schafen und die Produktion und den Handel mit Wolle, demographisch mit rund fünf Millionen Einwohnern, politisch als Antriebsmotor der künftigen Staats- und Nationsbildung. Die Mesta, die königliche Schafzüchtergilde, die Händler von Burgos und die Seeleute von Bilbao waren die Stützen der Gesellschaft, während der Adel mehr und mehr an Bedeutung einbüßte. Eine weitere ökonomische Basis bildete Andalusien, das seit Mitte des 13. Jahrhunderts der Reconquista unterworfen war. Dort gab es eine blühende Landwirtschaft (Oliven, Wein, Früchte); Sevilla war mit fast 40000, nach anderen Quellen 75000, Einwohnern ein Handelszentrum von Gewicht und eine der größten Städte der damaligen Welt. Zu erwähnen ist auch Córdoba mit rund 35000 Einwohnern als bedeutendstes Gelehrtenzentrum und Cadiz, von wo aus Fischereiflotten weit ins Mittelmeer und in den Atlantik vorstießen.

Hier interessiert vor allem die kulturelle Arbeitsteilung und die jeweilige Wahrnehmung der anderen, auch als Mittel der Bestimmung der eigenen Gemeinschaft. Kern des Weltverständnisses war die Religion, untrennbar verbunden mit der weltlich-feudalen Herrschaftsordnung. Zwischen den Glaubensgemeinschaften herrschte das Generalprinzip gegenseitiger Toleranz. Betrachten wir dies zunächst aus der Sicht der tonangebenden Religion: Der Koran betrachtet auch Christen und Juden als «Leute der Schrift» (*ahl al-Kitab*). Indem auch sie den Einen Gott verehren, unterscheiden sie sich von Heiden, Götzendienern und Anhängern des Polytheismus, denen allen die Strenge des Schwerts gelten sollte.

Die Liste der Vorwürfe im Koran gegen Juden und Christen, um die sich der Prophet Mohammed einst als Bündnispartner bemüht hatte, ist gleichwohl lang. Sie reicht von theologischen Feinheiten, die Auswahl der Propheten betreffend, über grundsätzliche Kontroversen, was die des Polytheismus verdächtige Lehre von der Trinität oder der Gottessohnschaft Jesu anbetrifft, bis zu praktisch bedeutsamen Kleider- und Speisevorschriften. Die Vorstellung der Muslime war, daß Christen und Juden mit einem freiwilligen Übertritt ein hohes Maß an Freiheit an den Tag legen würden. Denn anders als Frauen, deren unterlegener Status unabänderlich ist, und Sklaven, deren Statuswechsel von der Gnade ihrer Herren abhängt, oder Ungläubige, die keinerlei Wahl haben, entscheiden sie aus freien Stükken. An diesem Beispiel läßt sich das Wechselspiel von pluralistischem und exklusivem Denken im Islam illustrieren.

Das gilt auch in politischer Hinsicht. Denn das tolerante Selbstverständnis der arabisch-islamischen Zivilisation beruht vor allem auf politisch-militärischer Dominanz. Im «Haus des Islam», durch Eroberung entstanden, waren Juden und Christen bekanntlich unterworfene Vertragspartner und Schutzbefohlene (*dhimmi*): religiös frei und politisch untertan. Wie diese asymmetrische Koexistenz konkret aussah, hing vom Gefühl der Sicherheit oder Bedrohung der arabischen (später türkischen) Herrscher und vom Ausmaß ihres Pragmatismus ab. Die Freiheit von Christen und Juden, in ihrer Rolle als politische Untertanen, war (und ist es in der Theorie bis heute) relativ und keinesfalls mehr als ein *modus vivendi*.

Die schutzbefohlenen Buchbesitzer mußten Kopf-, Grund- und gegebenenfalls Kriegssteuern bezahlen; Landwirtschaft und Handel blieben ihnen, jedenfalls theoretisch, versperrt. Die Absonderung der Wohngebiete, Friedhöfe und Arbeitsstätten, das Tragen besonderer Kleidung wie Gürtel oder Judenfleck, das Heiratsverbot mit Muslima, ein generelles Freundschaftsverbot, die Entwaffnung und viele weitere Diskriminierungen waren die Folge. Alle geistlichen und weltlichen Autoritäten mußten sich durch islamische Behörden bestätigen lassen. Neue Kirchen und Synagogen durften nicht gebaut werden. Allerdings hing es immer vom politisch-sozialen Kräfteverhältnis und der Regierungspraxis ab, wieweit diese Restriktionen tatsächlich ernstgenommen und durchgesetzt wurden. Man kann sagen, daß es um die Glaubens- und Bewegungsfreiheit dann am besten bestellt war, wenn freier Handel und Gedankenaustausch erwünscht waren und wenn politisch kein starkes Zentrum vorhanden war, also eine Art vormoderner Wohlstandsprovinzialismus.

Ein besonderer Indikator der Durchlässigkeit sind Richtung und Dynamik der Konversionen zwischen den drei Religionen. Sie waren möglich und an der Tagesordnung, besonders von jüdischer und christlicher Seite in Richtung Islam. Umgekehrt betrachtet der Koran den Übertritt von Muslimen als Renegatenakt, der im Extremfall mit dem Tod zu bestrafen ist. Übertritte zwischen Judenzum Christentum betrachtete die Orthodoxie beider Glaubensrichtungen ebenfalls als unzulässig. Allerdings hat es im maurischen Spanien offenbar dauernde Konversionen in alle drei Richtungen gegeben, vornehmlich in Richtung der herrschenden, also anfänglich der islamischen, dann der christlichen Kultur. Das war schon bedingt durch die dauernde Frontverschiebung im Zuge der Reconquista, die immer neue *Muladies* (zum Islam übergetretene Christen), *Mudejares* (maurische Vasallen der Christen), *Tornizados* (sich als Christen bekennende Mauren) und eine gute Zahl von *Enanciados*, Agnostiker im religiösen Niemandsland, hervorbrachte – einen kleinen göttlichen Supermarkt also. All dies kann sich nur vollzogen haben im Milieu einer schwer vom Klerus und den Rechtsgelehrten steuerbaren Volksfrömmigkeit. Muslime benutzten den christlichen Kalender, weil der mit dem agrarischen Saisonzyklus besser harmoniert; auch feierten sie christliche Festtage wie Neujahr und Ostern und verehrten christliche Heilige. Schulen und Medresen wurden gemeinsam genutzt; Koran, Bibel und Talmud waren gemeinsame Quellen der Erkenntnis.

In sprachlicher wie religiöser Hinsicht erfolgte anfangs eine massenhafte Arabisierung der spanischen Christenheit, vor allem in den Städten; auf dem Land blieben die christlichen Elemente stärker erhalten. Das Arabische, in der in Spanien gesprochenen Dialektvariante, beherrschte alle Lebensbereiche einschließlich des religiösen Schrifttums. Über theologische Fragen gab es eine rege Debatte und kollegiale Dispute, wobei die muslimischen Denker im wesentlichen als Überträger und Neuformulierer der antiken Tradition, die christlichen als Rezipienten und die jüdischen als Mittler und Übersetzer auftraten. Innerhalb des Islam herrschte weitgehende sunnitische Orthodoxie. Wie in Nordafrika setzte sich die konservative malekitische Rechtsschule durch, die alle heterodoxen und häretischen Richtungen in Schach hielt.

Die Konversion bot den Christen nicht allein materielle Vorzüge, zum Beispiel von den genannten Steuern entbunden und nicht länger den legalen Beschränkungen ausgesetzt zu sein. Sie entsprang auch einer Bewunderung für die islamische Kultur, die sowohl dem ursprünglichen, dem arianischen Christentum der Goten wie auch der erstaunlich rasch überwundenen Tradition eines Isidor von Sevilla und anderer als überlegen galt. Außer bei ausgeprägter Proselytenmacherei und systematischen Attacken auf den Islam und den Propheten Mohammed verhielten sich die politischen Führungen der Araber tolerant. Einzelne Christen hatten die Möglichkeit, an den muslimischen Höfen aufzusteigen, waren dabei aber immer Angriffsziel der muslimischen Orthodoxie und Gegenstand von Säuberungen bei Machtwechseln und Palastrevolten.

Einen dauernden und tief ausgeprägten Religionskonflikt gab es hingegen weder im täglichen Leben noch im Sinne eines ideologischen Krieges. Militärisch-politische Allianzen wurden eher nach den Opportunitäten und Konventionen einer mittelalterlichen Fürsten- und Ritterzivilisation geschlossen und gelöst, noch nicht unter dem exklusiven Gesichtspunkt der Zugehörigkeit zu einer religiösen Gemeinschaft. Selbst *El Cid*, der später zum katholischen Helden der Reconquista stilisierte spanische Nationalheros, hat in seinem bewegten Leben auf beiden Seiten gekämpft – mittelalterüblich als ein ordinärer Kriegsherr mit vor allem persönlich-materiellen Ambitionen.

In die kollektive Erinnerung der Juden ist das maurische Spanien wie gesagt als goldenes Zeitalter eingegangen. Sie genossen hier nämlich größere Freiheit als im christlichen Europa und im islamischen Orient. Im religiösen Kräftedreieck kam den Juden eine wichtige Differenz zugute: Während für die frühe Christenheit die Juden die einzige Minderheit in ihrer Mitte darstellten und sich oftmals der Haß auf die «Mörder Christi» richtete, stand am Beginn der islamischen Expansion der exemplarische Sieg Mohammeds über die Juden, die im islamischen Weltreich überdies nur eine religiöse Minderheit unter vielen waren. Die größere Gefahr für den Islam ging immer von den Christen aus, die im Unterschied zu den auf sich gestellten jüdischen Gemeinschaften mächtige Bündnispartner außerhalb der islamischen Hemisphäre hatten. In Andalusien wurden Juden also relativ wohlständig und weniger restriktiv behandelt. Sie bildeten eine relativ geschlossene Gemeinschaft, die sich von den Muslimen abhob, aber in der Welt des Islam aufgehoben war. Sie sprachen überwiegend Arabisch; bedeutende literarische und philosophische Werke wurden in der fremden Herrschersprache abgefaßt. Hier fand eine für das maurische Spanien typische Akkulturation statt: Das Arabische wurde oft in hebräische Schrift transkribiert, und angesichts der Fixierung der Muslime auf den Koran machten auch die Juden die Bibel zur Quelle eines reinen Hebräisch in Poesie und Literatur. Von den Zentren der jüdischen Orthodoxie (z. B. Bagdad) entfernten sich die Sephardim zunehmend, ähnlich wie dies die Christen von den Zentren des mittelalterlichen Christentums taten. Als Gruppe hatten die Juden geringen Machteinfluß; da sie aber in allen Ländern der erreichbaren Welt präsent waren, konnten sie als Diplomaten, Berater und Wesire an den arabischen Höfen Einfluß ausüben.

Reconquista und Jihad

«Ihr habt eure Religion, ich habe meine», heißt es vorbildlich tolerant im Koran. Dennoch bringt die gemeinsame Herkunft der monotheistischen Offenbarungsreligionen aus orientalischen Ursprüngen zwangsläufig Konfliktstoff mit sich, wo es um den alleinigen Weg zum Heil geht – es entstanden also Konflikte durch Nähe. Das Christentum verstand sich als Erfüllung der jüdischen Prophetie und stellte sich als *Verus Israel* in die jüdische Tradition des Alten

Testaments. Der historische Nachzügler Islam ergänzte beide Offenbarungen durch einen neuen Text, den Koran, in den jüdisches und christliches Personal selektiv eingebaut ist. Während das Judentum allen Gerechten einen Platz im Paradies einräumt und im Lauf seiner Geschichte eine einzigartige Spannung zwischen Universalismus und Partikularismus aufgebaut hat, dabei aber politisch ortlos blieb, verbanden Christentum und Islam ihren Universalismus mit exklusiven und missionarischen Ansprüchen und begründeten mit ihm politisch-militärischen Machtimpetus.

Solche Tendenzen zur Divergenz und Separation wurden schon nach der Jahrtausendwende mächtig und führten schließlich im 16. Jahrhundert zur forcierten Entmischung der Kulturen. Gemeint sind damit nicht so sehr die Pogrome oder theologische Polemiken, die man als normale Katastrophen einer ausgeprägten Assimilation ansehen muß. Auch das Auftreten von christlichen Sektierern, die den Kampf gegen den Islam (und das Judentum) aufnehmen wollten, oder die Aktionen bewußter Märtyrer, die Mohammed schmähten, gehörten noch zu den Begleiterscheinungen der Fusion. Vielmehr bildete sich aus solchen Klagen über die schlechte Behandlung der Christen, mit bewußten Anklängen an die frühe Christenverfolgung im heidnischen Rom, das Rohmaterial für die Renaissance der lateinisch-christlichen Kultur in Spanien und damit eine machtvolle ideologische Gegenbewegung gegen die symbiotischen Tendenzen. Es entstand die Reconquista-Literatur, die nostalgisch auf die christlich-gotische Vergangenheit des noch nicht vom Islam okkupierten Spanien Bezug nahm. Neue Ideen, Institutionen und Individuen kamen dabei vor allem aus dem Norden, weniger aus dem maurischen Spanien selbst. Vor allem christliche Ritter aus Frankreich popularisierten die Idee der *Reconquête*, wovon der Terminus Reconquista ursprünglich abstammt, bevor er sich ab dem 11. Jahrhundert im Spanischen durchsetzte. In der Folge verdrängten römisch-katholische Liturgien und Riten die mozarabischen Mischformen. Reformbestrebungen europäischer Orden, vor allem die Lehren der Cluniazenser, fanden in Kastilien und Asturien wachsende Resonanz. Die spanisch-katholische Isolation auf der Iberischen Halbinsel ging allmählich zu Ende, und der geistliche Anschluß an das römische Papsttum wurde hergestellt.

In dieser Rekatholisierung Spaniens aktualisierte sich dann der Kreuzzugsgedanke aus dem 11. Jahrhundert, der ja ursprünglich nicht von Gebieten ausging, in denen der Islam präsent und dominant war oder von bedrohten Grenzregionen, sondern aus entfernteren Gegenden Europas stammte, vor allem aus Nordfrankreich, Flandern und Deutschland, wo die islamische Gefahr eher als Bild virulent war. Zur Ideologisierung der Auseinandersetzung mit arabisch-islamischen Machtzentren trugen das nordeuropäische Mönchtum, der christliche Rittergedanke, die Organisatoren der Wallfahrten, besonders nach Jerusalem, und nicht zuletzt die Reform-Päpste bei. Sie alle einte der Gedanke, die kriegerischen Energien und den unruhigen Expansionsgeist des vormodernen Europa nach außen zu bündeln. Diese Mobilmachung ergriff auch die einfachen Leute, die seit der Jahrtausendwende von einem starken Bedürfnis nach entschiedener Spiritualität erfaßt wurden. Nur so ist die Massenbegeisterung für Ideen zu begreifen, die unter nüchterner Abwägung der klimatischen Gegebenheiten, der Entfernungen und der Kräfteverhältnisse abstrus erscheinen mußten: die heiligen Stätten Palästinas zu befreien und eine christliche Flotte selbst in den Indischen Ozean zu entsenden.

Die militanten und einheitsstiftenden Ideen richteten sich nicht allein gegen den Islam. Auch Ketzer wie die Katharer, die Heiden Britanniens und Osteuropas, die Hexen und Häretiker, die christliche Konkurrenz in Byzanz und eben die Juden waren davon betroffen. Doch der Kampf mit dem Islam verschaffte den Kreuzrittern die höchste Befriedigung, da es sich hier um einen kulturell überlegenen und den stärksten Gegner handelte. William Montgomery Watt behauptet, durch den Kreuzzugsgedanken habe Europa seine Seele entdeckt, modern gesprochen: seine kollektive Identität. Auch in Spanien war der Gedanke des gerechten Krieges gegen diesen Feind am stärksten in den nördlichen Gebieten ausgeprägt, in denen die kulturelle Fusion die geringsten Spuren hinterlassen hatte. Vor allem die Wallfahrt nach Santiago de Compostela brachte Spanien unter den Einfluß des französischen Anti-Islamismus. Seit dem 10./11. Jahrhundert steigerten sich diese Ideen zu einer Kriegsbegeisterung, die die christlich-abendländische Identität Europas beförderte.

Die Christenheit fand zu sich selbst im Kampf mit einem äußeren Gegner, der hierfür zum Feind hochstilisiert werden mußte. Mit dieser Feinderklärung rissen sich die spanischen Christen aus ihrer hispano-arabischen Ambivalenz los und traten in die Front gegen die Sarazenen ein. Später standen sie an der Spitze der Missionierung der Heiden und der Gegenreformation. Angetrieben waren sie dabei von einer millenaristischen, auf Erlösung zielenden Weltsicht: Vor allem die Franziskaner waren der Auffassung, daß nach der Eroberung Jerusalems, nach geglücktem Sieg über den Islam in Afrika und Asien und nach der Konversion der Juden ein zweiter Christus kommen und sich das Reich Gottes einstellen würde.

Die gemeinsame Idee lautete: die Geschichte der Welt zu Ende zu bringen. Die praktische Politik der Monarchie war indessen zögerlicher, nüchterner und widersprüchlicher. Für sie war die Reconquista Mittel eines innerspanischen Einigungsprozesses, der das Machtvakuum der arabischen und berberischen Dynastien ausfüllte. So nannte sich König Alfonso nach der Eroberung Toledos *imperator constitutus super omnes hispaniae nationes*, womit er nicht nur gegen den obstinaten Adels- und Fürstenpartikularismus, sondern auch gegen päpstliche Vormachtansprüche Stellung bezog.

Die Muslime reagierten angesichts des wachsenden Selbstbewußtseins der Christen in ähnlich militanter Weise, vor allem die Dynastien aus Nordafrika, wo ein fundamentalistischer Islam den Ton angab, der intoleranter, revitalistisch und den Idealen des *Jihad* zugeneigt war. Die Berber nahmen gewissermaßen Revanche am säkularen, luxurierenden und laxen Islam Andalusiens. Auch der *Jihad*, was wörtlich «Gewaltanwendung auf dem Wege Gottes», nicht heiliger Krieg bedeutet (dies ist eine christliche Idee), richtete sich nicht allein gegen Heiden und Unwillige, die sich der Unterwerfung entzogen, sondern auch gegen Apostaten aus den eigenen Reihen. Die friedliche Koexistenz konnte unter solchen Umständen jederzeit in wilde Razzien und gnadenlose Kriegszüge umschlagen. Daß der Islam seine grausame Seite zeigte, war in dieser Lage allerdings mehr eine Reaktion auf das entschlossene Vorgehen der christlichen Potentaten und Heere.

In Spanien entwickelte sich nach 1492 eine besonders prägnante Vision des ethnisch homogenen Königreiches, das nur von einer einzigen Religion und Rechtsauffassung bestimmt sein sollte und genau darin die Einheit der Nation verwirklichte. *Moriscos* und *Marranos* hatten ihre Schuldigkeit getan – die Mohren mußten gehen. Die Rolle der katholischen Könige Ferdinand und Isabella ist bereits deutlich geworden. Sie stärkten die Monarchie auf Kosten des adeligen Großgrundbesitzes, der «Barones» oder «Ricos Hombres», von deren Geldern sie gleichwohl abhängig blieben. Sie stärkten den frühneuzeitlichen Zentralismus, darunter die zentrale Gerichtsbarkeit, ein fortentwickeltes Königsprivileg aus alter Zeit. Sie beriefen, als Kern einer künftigen Staatsbürokratie, universal gebildete Juristen bürgerlicher Herkunft in den königlichen Rat. Damit zerstörten sie auch die Ansätze einer vom Adel und den Städten getragenen Parlamentarisierung, die in Spanien so früh gestartet war wie kaum sonst in Europa. Auf diese Weise waren die Monarchen Traditionalisten und Neuerer zugleich.

«Ich habe die Banner des Königs auf der Alhambra flattern sehen», notierte Kolumbus in seinem Tagebuch, als sei er bei der Eroberung Granadas dabeigewesen. Sie fällt genau in die Phase der Akquisition von Geldern für seine Expedition, die er bald darauf mit drei Karavellen startete. Auch zwischen der Katholisierung Spaniens und der europäischen Welteroberung besteht ein enger Zusammenhang. Denn nicht allein egoistische Motive, reich zu werden, und die Aussicht auf Amt und Ansehen bestimmte Cristobal Colón; er teilte auch die christliche Weltanschauung der Könige. Jenseits von Gibraltar warteten nicht nur unermeßliche Reichtümer, sondern auch zu bekehrende Seelen; und der Ertrag aus Gold und Gewürzen würde noch weitere Kreuzzüge alimentieren. Das war eine altmodische Vision, gemessen an der imperialen Wirklichkeit schon wenige Jahrzehnte später unter Karl V., dem Enkel von Ferdinand und Isabella.

Das Epochenjahr 1492, von den Zeitgenossen kaum als Zäsur zur Kenntnis, aber von den Heutigen zum Anlaß gratismutiger Selbstanklage genommen, stellt einen tiefen Einschnitt dar: den Wendepunkt der europäischen zur Weltgeschichte. Von jetzt an drehte sich alles um die atlantische statt um die Mittelmeerachse: Das Neue Rom Amerikas trat an Stelle des Neuen Jerusalem. Das *mare nostrum* der Römer, mit seinem schmalen Ausgang am Felsen von Gibraltar, den Säulen des Herkules, wurde zum Hafen am Atlantik. Daß sich gleichzeitig am anderen Ende mit dem Osmanischen Reich bald eine neue islamische Großmacht erhob, die am Ende bis knapp vor Wien ausgreifen sollte, war auf diesem geopolitischen Tableau nicht mehr so entscheidend. Das *mare ignotum*, der Welt-Raum jenseits von Gibraltar, in der Phantasie des Mittelalters noch von Monstern und Piraten bevölkert, wurde zur *terra incognita*. Der unheimliche Raum wurde ein weißer Fleck zwischen Längen- und Breitengraden, den es systematisch auszufüllen galt – mit europäischen Namen und Erfahrungen.

Den Abbruch der *Convivencia* und des regen geistigen Austauschs im maurischen Spanien verursachte allerdings nicht allein die Expansionsgeschichte. Man kann den Anteil der islamischen Kultur an ihrer Selbstzerstörung am Geschick eines der bedeutendsten Philosophen des Mittelalters deutlich machen: Abu al-Walid Muhammad Ibn Ahmad *Ibn Rushd*, genannt *Averroes*. Salman Rushdie nennt ihn seinen Fast-Namensvetter und erklärt ihn zu einem Kronzeugen der verbannten Dichter. Er ist dargestellt auf einer Altartafel von St. Catarina zu Pisa des italienischen Malers Traini, gemalt um 1344. Sie zeigt den Triumph des heiligen Thomas von Aquin, des bedeutendsten Theologen und Philosophen des europäischen Mittelalters, über Averroes, und zwar in einer ziemlich drastischen Form: Averroes windet sich wie ein Wurm vor dem Titanen der Scholastik. Dieses Sujet war sehr beliebt, wie man am Fresko des Dominikaners Andrea Boaiuti in der Spanischen Kapelle von Santa Maria Novella in Florenz und im Pariser Louvre an einem Gemälde aus dem 15. Jahrhundert von Benozzo Gozzoli sehen kann. Sankt Thomas im Heiligenschein thront in der Bildmitte – als *lumen ecclesiae*. Im Staube liegt, als Orientale erkennbar, der arabische Gelehrte Averroes, wie in latinisierter Form der erwähnte Ibn Rushd aus Córdoba genannt wurde.

1126 in Córdoba geboren, wirkte er zunächst als Arzt und Richter, kam aber dann durch Unterstützung des Almohaden Abu-Yusuf Ya'qub al-Mansur zur Philosophie. In unseren Ideengeschichten wird er als Übersetzer und *der* Kommentator der antiken Philosophie, besonders von Aristoteles, gewürdigt. Ebenso wichtig war er aber für eine gewisse Emanzipation der islamischen Philosophie von der Theologie und damit als Vorläufer des kritisch-historischen Denkens im Islam. Ibn Rushd unterschied zwischen Denkweisen, die auf Vernunftschlüssen beruhen, und solchen, die auf dem göttlichen Gesetz basieren. Er war davon überzeugt, daß beide Denkweisen logisch, richtig und gültig seien und zwischen ihnen, anders als es seine theologischen Kontrahenten meinten, keine Disharmonie herrschen müsse. Ibn Rushd und gleichgesinnte moslemische Denker waren Aufklärer vor der Zeit, indem sie die Weisheit der kritischen Philosophie der Wahrheit der offenbarten Religion gleichrangig zur Seite stellten. Sie brachten Vernunft und Offenbarung, islamisches Gesetzesdenken und hellenistische Philosophie zusammen.

Damit waren sie der Meinung, daß der Koran nicht an jeder Stelle wörtlich genommen und buchstabengetreu ausgelegt werden müsse. Wo eine Aussage nicht logisch sei, müsse man *ta'wil*, die allegorische Deutung des Textes betreiben, um seinen Sinn metaphorisch ans Licht zu bringen. Ibn Rushd wehrte sich, das Tor der Interpretation zu schließen und die religiöse Auslegung auf eine festgelegte Quintessenz der Überlieferung zu beschränken. Zu diesem Schluß war sein Gegenspieler, der Theologe und Mystiker Al-Ghazali, in der gegen Ibn Rushd gerichteten Streitschrift, die «Inkohärenz der Philosophen» (*Tahafut al falasifa*, etwa 1095) gekommen, worauf Ibn Rushd in seinem Hauptwerk «Inkohärenz der Inkohärenz» (*Iahafut al-tahafut*) antwortete. Eine lange Wirkungsgeschichte war dem nicht beschieden. Der Philosoph galt nichts im eigenen Lande. Dort gaben Orthodoxe und Mystiker den Ton an, auf deren Geheiß er, nach Verbrennung eines Teils seiner Bücher, im hohen Alter von 70 Jahren verbannt wurde. Auch in den östlichen Kernlanden zog sich der Islam in die «Festung des Glaubens» (Tilman Nagel) zurück.

Als unerreichter Kommentator von Aristoteles steht Ibn Rushd (neben Platon) auf den genannten Altarbildern und Fresken Thomas von Aquin, dem christlichen Neuaristoteliker, zur Seite. Die bildliche Anordnung verrät die Art der Rezeption der moslemischen Denker: Sie waren nützlich und überflüssig. Sie übertrugen die antike Tradition in die frühe Moderne – Averroes Schriften wurden sogleich ins Lateinische übersetzt – und leiteten die europäische

Frühaufklärung ein. Das bedeutete: keine Philosophia ohne *falsifa*, keine Debatten in Paris oder Padua ohne den Umweg über Alexandria, Bagdad oder Córdoba.

Die Schulden des christlichen Europa bei *al-Andalus* sind groß. Sie reichen von «Elementen naturwissenschaftlichen Wissens und philosophischen Konzepten über Techniken angewandter Wissenschaften bis zu formalen Aspekten der Literatur und bildenden Künste» (Watt). Einen gewaltigen Schub erhielten vor allem die angewandten Wissenschaften, deren Nutzen für die arabische Expansion unstrittig war: Schiffbau, Nautik, Navigation, Astronomie und Geographie, auch Pflanzenkunde und Bewässerungslehre. Mit Naturwissenschaften und Medizin, Literaturwissenschaft und Philosophie eigneten sich die Araber «fremde Disziplinen» an. Auch darin wirkten sie auf den christlichen Westen zurück, indem sie den Korpus des antiken und hellenistischen Wissens, übersetzt und kommentiert, über das in dieser Hinsicht wirklich finstere Mittelalter hinweg in die europäische Moderne retteten. Die Gelehrten von Córdoba, Toledo, Sevilla und Granada, Denker aller drei Religionen, waren Geburtshelfer des abendländischen Humanismus; kapillarisch strömte das islamische Denken durch die Kommunikationsnetze der mittelalterlichen Geistes-, Dichter- und Erfinderwelt nach Norden. Der Import reichte von der scholastischen Figur der *duplex veritas* über den Schiffskompaß bis zu den Troubadouren, ganz abgesehen von der Fülle arabischer Lehnwörter in den europäischen Nationalsprachen. Nicht einmal das spanische Erkennungswort *olé* (vom arabischen *wallah*) ist davon ausgenommen.

Die Meister-Übersetzer selbst aber wurden *peu á peu* aus der abendländischen Gelehrtenrepublik getilgt und im weiteren aus dem intellektuellen Repertoire des Abendlandes herausgehalten. Auch hier also: Der Mohr hatte seine Schuldigkeit getan. Denn das averroistische Denken, zunächst mit großem Eifer verbreitet, galt bald als heidnisch; 1277 verurteilte der Bischof von Paris die Thesen von Ibn Rushd und seiner zahlreichen Anhänger als häretisch, nachdem Thomas und sein Lehrer Albertus Magnus sich scharf «contra Averroem» gewandt hatten. Die christliche Philosophie bediente sich der muslimischen Denkhilfe, um sie dann als abweichende und unbequeme Auffassung gewissermaßen zu orientalisieren. In der Auseinandersetzung mit dem Averroismus, zunächst in Frankreich, dann in Norditalien, wurde der Araber zum Prügelknaben einer christlichen Orthodoxie und der Islam zum geistigen Feind.

Die Leistungen der arabischen Gelehrten und die führende Position des Islam im Mittelalter werden heute allerdings Gegenstand von Legenden. Die meisten Intellektuellen und Geistlichen der islamischen Welt belassen es bei der Lobpreisung der islamischen Ahnengalerie – und selbst das kann im Fall des immer noch für ketzerisch gehaltenen Ibn Rushd gefährlich sein. Der Traditionalist rühmt dann die Leistungen einer großen Zivilisation vor 1400 Jahren und nimmt sie wörtlich. Der Fundamentalist hingegen stellt sie stolz und unverbunden neben die jüngsten Errungenschaften von Technik und Wissenschaft. Und der arabische Nationalist wertet das Schicksal des Averroes als Beweis ewigen westlichen Imperialismus. Auf die Fragen der Gegenwart, wie nämlich die islamische Welt aus ihrer geistigen und politischen Stagnation und der ökonomischen Misere herauskommen soll, gibt, genausowenig wie Ibn Rushd, keiner von ihnen die passende Antwort. Dazu Fuad Zakariya, ein liberaler Moslem und Philosoph aus Kairo, der bis 1990 und jetzt wieder in Kuweit lehrt: «Das kulturelle Erbe funktioniert wie das ökonomische: nur wenn man investiert, kann man Profit erwarten. (…) Unglücklicherweise erinnert die Beziehung der Araber zu ihrem kulturellen Erbe (*turath*) mehr an den Sparstrumpf als an produktive Investitionen. Paradoxerweise sind es die Europäer, die wahrhaftig Profit aus unserem Erbe zu ziehen vermochten. Wie? Indem sie es kritisierten, verbesserten, überwanden, kurz, ihm ein neues Leben gaben.»

Wohin dieses Plädoyer für einen weltlichen und modernen Islam führt, werde ich im nächsten Kapitel weiterverfolgen. Als erstes Resümee dieses «Blicks zurück in die Zukunft» stellt sich zunächst aber die Frage nach dem Wert des historischen Modells der Alhambra. Klar ist, daß sich die Geschichte nicht wiederholt und von den Nachgeborenen nicht als Rezeptur zur Lösung ihrer heutigen Probleme genommen werden darf. Aber man sollte wenigstens lernen, was einmal falsch gelaufen ist. Das Ende der maurischen Periode kam durch eine willkürliche und typisch moderne Engführung der kollektiven Identität, die sich an konfessionellen und ethnischen Reinheitsidealen ausrichten mußte. Ideologischer Unitarismus, Staatskirchentum und Volksgemeinschaft waren die Folge. Diesen Pfad der Moderne kann man nicht weiterbeschreiten, wenn man sich heute, an der Schwelle zu einer neuen Ära, die Bauprinzipien multikultureller Sozialität und pluralistischer Demokratie vergegenwärtigt. Die Pointe der historischen Rückbesinnung liegt in der Aufdeckung der formalen Struktur mittelalterlicher Gesellschaften und vormoderner Reiche – als Folie heterogener politischer Gemeinschaften der Zukunft. Die modernen Errungenschaften, Demokratie und Menschenrechte, sind dabei unhintergehbar. Um sie aber respektieren und verwirklichen zu können, bedarf es offenbar (und nur scheinbar paradox) der Rückbindung an kommunitäre wie an transzendente Prinzipien.

Im spanischen Durcheinander war beides gegeben. Es wurde auf gewaltsame Weise entwirrt und konnte seine positiven Wirkungen nur noch in der Neuen Welt zur Geltung bringen. In Amerika entstand eine multireligiöse Demokratie ohne feste identitäre Voraussetzungen: weder völkische Homogenität noch konfessionelle Staatlichkeit, noch universale Vernunftreligion. Insofern lag hier bereits eine Rekonstruktion des Alhambra-Modells vor. Das europäische Einheitsideal wurde erst gar nicht angestrebt. Vielmehr sorgte die amerikanische Republik, in der sich archaische mit hypermodernen Zügen verbinden, für Möglichkeiten, den religiösen und ethnischen Pluralismus zu artikulieren und die daraus entstehenden Konflikte auszuhandeln – mit der wesentlichen Voraussetzung, daß alle Verschiedenen als Bürger Gleiche wurden.

Europa steht die Wiederentdeckung dieses Modells noch bevor. Welche Schwierigkeiten dabei auftauchen, ist Gegenstand des dritten Kapitels, in dem ich wieder in die Tumulte der Gegenwart zurückführe, aber auch die praktischen Konversionen und Verbindungsstücke zwischen den Religionen thematisieren werde.

DIE ERWARTUNG

Die Baupläne der multireligiösen Gesellschaft, welche an vormoderne Reiche ohne geistige Einheit und weltliche Zentralen erinnert, müssen dem Test der Wirklichkeit ausgesetzt und mit den vorfindlichen Materialien der Gegenwart verglichen werden. Es folgen drei Proben aufs Exempel – drei sehr unterschiedliche Bewegungen zu «mehr Islam», wie die verallgemeinernde Parole der Fundamentalisten lautet. Sie meinen damit die Islamisierung der Moderne, die sie selbstbewußt gegen die bisherige Modernisierung des Islam stellen. Aber auch sie können dem Wechselspiel beider Bewegungen nicht entrinnen.

Als erstes wird eine exotische Form der Islamisierung beschrieben: die *Konversion* von Europäern. Der Übertritt macht sie zu Fremden in der eigenen Gesellschaft, da sie weder in der Umma noch in der Diaspora ganz aufgehen. Die *türkische Einwandererkolonie* in Deutschland – als zweites Beispiel – verwandelt sich durch die Islamisierung von einem bäuerlichen Subproletariat in eine in sich vielfältige Subkultur. Je mehr sich die Deutsch-Türken (*Alamanci*) religiös von der christlich-säkularen Welt distanzieren, desto tiefere soziale Wurzeln schlagen sie in ihrer zweiten Heimat. Drittens schließlich wende ich mich dem islamischen Westen zu: Auch die intensive, auf Europa bedrohlich wirkende *Islamisierung des islamischen Westens*, des Maghreb, die sich gegen die als zweite Kolonisierung empfundene staatssozialistische Herrschaft und die laizistische Gesellschaft in Algerien wendet, kann die Erinnerung an den Westen nicht gänzlich tilgen und seiner Faszination und Geltung nicht wirklich entkommen.

In allen drei Fällen verknüpfen sich islamische und westliche Bestände. Der Islam und der Westen treten in ein Verhältnis, das manchmal bis zum Zerreißen gespannt ist, aber sie doch unlösbar aneinanderkettet. Die Konvertiten antworten auf die von ihnen empfundene Leere und Sinnlosigkeit der westlichen Zivilisation mit einer für den Westen typischen individuellen Wahl. Die deutsch-türkischen Muslime reagieren auf den ihnen zugedachten und aufgezwungenen Status von Außenseitern, aber sie haben die kulturellen Werte des Westens längst verinnerlicht und reklamieren politische Gleichheit im Rahmen der politischen Kultur des Westens. Die radikale islamistische Jugend Algeriens schließlich bricht mit einem zutiefst kompromittierten Entwicklungsmodell westlich-sozialistischer Provenienz, aber sie vollzieht diesen Bruch auch im Namen und in den Formen einer sozialen Freiheits- und Demokratiebewegung, die die zivile Gesellschaft stärkt.

Überall ist «mehr Islam» die Losung. Aber je fundamentaler die Abkehr vom Westen erscheint, um so stärker werden auch die säkularistischen Potenzen im Islam selbst freigesetzt. Diese zentrale Paradoxie des Islam im Westen bedarf einer Antwort der westlichen Gesellschaft, die über freundliche Neugier oder xenophobe Indifferenz hinausreicht. Der Westen darf nicht mit politischer Ausbürgerung und Kulturkampf reagieren, wenn sich das Scheitern der Konvivienz vor 500 Jahren nicht wiederholen soll.

Faszination des Islam –
europäische Konversionen

> Saulus wütete immer noch mit Drohung und Mord gegen
> die Jünger des Herrn. Er ging zum Hohepriester und erbat
> sich von ihm Briefe an die Synagogen in Damaskus, um die
> Anhänger des (neuen) Weges, Männer und Frauen, die er
> dort finde, zu fesseln und nach Jerusalem zu bringen.
> Unterwegs aber, als er sich bereits Damaskus näherte,
> geschah es, daß ihn plötzlich ein Licht vom Himmel
> umstrahlte. Er stürzte zu Boden und hörte, wie eine
> Stimme zu ihm sagte: Saul, Saul, warum verfolgst du
> mich? Er antwortete: Wer bist du, Herr? Dieser sagte: Ich
> bin Jesus, den du verfolgst. Steh auf und geh in die Stadt:
> dort wird dir gesagt werden, was du tun sollst.
>
> *Apostelgeschichte, 9, 1–6*

Das berühmte Bekehrungsereignis, das Saulus zu Paulus werden
ließ, ist die «Mutter aller Konversionen». Der Mann, der eben noch
in Jerusalem alle Christen vernichten wollte, trat jetzt an, Jesus als
Messias zu preisen. Ein so totaler Wandel kann nicht ohne den um-
werfenden Eingriff äußerer Lichtgestalten geschehen, der einen drei
Tage blind sein läßt. Die folgende Taufe und Gefolgschaft Gottes
machte Paulus wieder stark und ließ ihn jede Verfolgung auf sich
nehmen.

Das 20. Jahrhundert ist ein Jahrhundert des Verrats genannt
worden. Es gab Überläufer *en masse*, die Aus- und Beitritte häuften
sich. Am Ende sind ganze Systeme übergetreten. Der Begriff «Konversion» bezeichnet sehr verschiedene Prozesse: religiöse Verwandlungen, politische Lagerwechsel, radikale Änderungen der
Lebensführung – ein Thema für Religionswissenschaftler und
Psychoanalytiker. Während sie das bekehrte Individuum in den
Mittelpunkt rücken, erblickt die Soziologie, die das Phänomen erst
spät und widerwillig entdeckt hat, in dem Thema die praktische Anwendung ihrer Rollentheorie und, bei radikalen Bekehrungen, den

kompletten Wandel des ganzen Diskursuniversums: Selbst- und Weltbild, soziale Identität und die Mitgliedschaften in angestammten Bezugsgruppen werden umgestürzt. Diese Verwandlung ist zunächst eine einsame Entscheidung von ekstatischer Art. Aber das Außer-sich-Geraten führt in der Regel in neue Gruppen und Gemeinschaften. Paulus werden ist gar nicht so schwer. Aber nur in der Gemeinde Gleichgesinnter kann Paulus auch Paulus bleiben.

Sein Exempel kann auf verschiedene Weise erzählt werden. Etwa so: Der Gemeinde der Christenverfolger ist einer weggenommen worden, und die dazu eingesetzten Mittel waren drastischer, gewalttätiger Natur. Was den Übertretenden wie ein Naturereignis vorkommt, das sie aus der falschen Bahn wirft, erscheint Außenstehenden eher als Folge einer Verführung oder Gehirnwäsche. Der Konvertit driftet ins andere Lager wie ein führerloses Floß in einer widrigen Strömung. Das macht Konversionen anrüchig. Die Novizen rekonstruieren ihren Wandlungsprozeß anders: als persönliche Reifung und logische Folge von Einsicht. Sie haben nicht nur gefunden, sondern zuvor auch gesucht.

Die Erforschung der Konversion (ironischerweise trägt auch die gegenwärtige Umrüstung militärischer Komplexe diesen Namen) hat die idealtypischen Elemente des Vorgangs zusammengetragen: Personen leben in wachsender Spannung oder gestörter Kommunikation mit ihrer sozialen Umwelt. Sie sind bereit, die Dinge des Lebens in einer religiösen Perspektive zu sehen. Sie suchen aktiv nach neuen Plausibilitäten und finden eine aufnahmebereite fremde Gemeinschaft, die an die Stelle der gewohnten Gruppe tritt oder vielleicht eine totale Isolation der Konversionskandidaten beendet. Hinzu kommt von Fall zu Fall die Wirkung charismatischer Führer, Meister oder Gurus und, nicht zuletzt, der sogenannte *Kairos*, das heißt der genau richtige Zeitpunkt zur Wende.

Der Konversionsforscher Lofland unterscheidet intellektuelle, mystische, experimentelle, affektive, revivalistische und Zwangskonversionen. Von Fall zu Fall entwickeln sich ganz unterschiedliche «Gefühlsordnungen» und Weltbilder. Je nach vorherrschendem Motiv steigt der soziale Druck, der auf die Konvertiten ausgeübt wird, differiert die Länge des Erlebnisses und das Ausmaß der gefühlsmäßigen Betroffenheit. Die aktive, intellektuell angestoßene Konversion, die einer Erleuchtung oder Aufklärung gleichkommt, gestaltet sich meist «privat» und ziemlich frei; sie ist von mittlerer Dauer und Intensität. Eine mystisch begründete Bekehrung, die mit Furcht und Zittern, Liebe und Hingabe vor sich geht, ist ebenfalls frei und anderen schwer vermittelbar, geht aber meist in kürzester Frist vor sich und ist hochgradig ekstatisch – so wie wir es bei Saulus vorexerziert bekommen haben. Ein experimenteller Vorgang hingegen wird graduell und versuchsweise, in wachsender Neugier vollzogen und ist auch leichter rückgängig zu machen. Beim Typ der affektiven Bekehrung spielen die gefühlsmäßigen Beziehungen zwischen den Kandidaten und der religiösen Gruppe die ausschlaggebende Rolle. Die Zugehörigkeit zur neuen Gruppe der Gläubigen geht dem Glauben voran: Wie bei besonders markanten kollektiven Erweckungs- oder Zwangskonversionen kommen dabei Furcht und Überwältigung ins Spiel.

Am einfachsten sind Übertritte wohl in Gesellschaften, in denen der religiöse Pluralismus stark ausgeprägt und die Schwelle zwischen den gleichrangigen, leicht austauschbaren Denominationen niedrig ist. Es verwundert nicht, daß die systematische Erforschung von Konversionen in den sechziger Jahren in Kalifornien begonnen hat. Der Soziologe Franz Wiesberger hat dabei drei Typen von Konversionen angetroffen: solche, die explizit (oftmals fundamentalistisch) Bezug nehmen auf ein höchstes Wesen (so bei Mormonen, Zeugen Jehovas, Angehörigen der Moon-Sekte) und einen starken kulturellen Bruch vollziehen; daneben gibt es Konversionen, die vor allem das eigene Selbst vervollkommnen (bzw. vergöttlichen) sollen (so bei der Scientology Church und den Anhängern der Transzendentalen Meditation) und bei denen vielleicht soziale Brücken abgebrochen, aber nicht die Kontinuität des Ich aufgegeben wird; und schließlich gibt es den Narziß, der aus persönlichen Identitätskrisen übertritt, zum Beispiel zu den Sanyassins («Bhagwan-Jüngern»).

Der Übergang zum Islam unterscheidet sich davon sehr. Muslimwerden ist kinderleicht: Jeder wird es, der sich in vollem Ernst mit der bekannten arabischen Formel *La ilaha illa-llah, Muhammad rasulu-llah* zu Allah und seinem Propheten bekennt. «Man braucht dazu nur die 75 Gramm seiner Zunge zu bewegen», erklärte mir einmal Siddiq Borgfeld, der Leiter des «Haus des Islam» in Lützelbach. Man kann dies vor Zeugen tun, aber niemand wird daraufhin in eine Kartei aufgenommen oder als festes Mitglied einer Organisation gezählt. «Muslimsein ist etwas schwieriger: Man muß seine ganzen 75 Kilo bewegen», fuhr Borgfeld fort. Diese Bewegung von Geist und Seele erfordere die Einhaltung strenger, das Alltagsleben beherrschender und in der Diaspora einengender Rituale und Prozeduren. Vor allem aber bedeute sie, «daß man wirklich sein ganzes Leben danach einrichtet, sich immer wieder, jeden Tag neu, fragt: Was will Gott jetzt von mir, wie möchte Gott, daß ich lebe, wie will Gott, daß ich diese Frage beantworte? Also eine ganzheitliche Religion.»

Dieses Streben nach «Ganzheitlichkeit» ist ein wichtiges Konversionsmotiv von Europäern zum Islam. Die genauen Zahlen der Übertritte dieses Typs sind unbekannt. Schätzungen in Frankreich liegen zwischen 50000 und 200000, in Deutschland bei 50000 bis 100000 Personen, die das Glaubensbekenntnis gesprochen und einen islamischen Namen angenommen haben. Offenbar ist hier eine leichte, aber stetige Zunahme zu registrieren. Prominente Persönlichkeiten, aber auch weniger bekannte Zeitgenossen haben ihre Konversionserzählungen veröffentlicht: Maurice Béjart, Roger Garaudy, Michel Chodkiewicz, Cat Stevens, Fritjof Schuon und Titus Burckhardt. Bekanntgeworden ist auch die kollektive Biographie der in Granada, im Schatten der Alhambra, ansässigen Kolonie westlicher Muslime.

Solche Konversionen erwecken die Neugier der Mediengesellschaft. Der Frankfurter Hadayatullah Hübsch («Keine Zeit für Trips», 1991), der Münchener Ahmed von Denffer («Briefe an meine Brüder», 1982) und der zuletzt in Marokko residierende deutsche Botschafter Murad Wilfried Hofmann («Tagebuch eines deutschen Muslim», 1985) haben Berichte veröffentlicht, die zugleich als sanfte Wegweiser für Konversionswillige gedacht sind. Ein explizites und aktives Missionsstreben ist den Muslimen fremd. In seinem den deutschen Muslimen gewidmeten Tagebuch beschrieb Hofmann rekonstruktiv den «geistigen Prozeß auf dem Wege zur Annahme des Islam, wie er von wenigen Schlüsselereignissen genährt wurde». Dieser «Dialog mit sich selbst» blieb fast völlig unbeachtet; erst ein neueres Buch, das von der persönlichen Erfahrung abstrahiert und den Islam als fundamentale Alternative zum dekadenten Westen anpreist, machte 1992 Skandal, obwohl auch dieses für eine religiös und politisch gemäßigte, mit dem Grundgesetz verträgliche Alternative plädiert.

Das größte Sensationsinteresse gilt weiblichen Konvertiten. Alle Frauenzeitschriften von *Brigitte* bis *Emma* fragten «Allahs deutsche Töchter» (*Viva*) aus. Sie sind neugierig, wie es mit den als «stark» verschrienen (und heimlich bewunderten) orientalischen Männern zugeht, die noch nicht von den erlebten oder vorweggenommenen Schlägen befreiter Frauen «entmannt» sind wie die deutschen Softies. Nachdem die Amerikanerin Betty Mahmoody ihre eigenen und die Leiden der Scheidungswaisen aus solchen Ehen drastisch und verallgemeinernd vor Augen geführt hat, kam die Kehrseite dieser Attraktivität an den Tag: Es festigte sich das Bild vom brutalen und rücksichtslosen Muslim – eines der Stereotype, an denen mehr als ein Körnchen Wahrheit ist, wenn man den Klagen der Frauengruppen glauben darf, die über Konflikte vor allem um das Sorgerecht der Kinder berichten.

«Eingeheiratete» Muslima halten aber dem populären Verführungsverdacht entgegen: «Wir sind nicht wegen unserer Männer, sondern durch unsere Männer zum Islam gekommen.» Die Bildungsgeschichten deutscher Muslima kreisen in der Tat weniger um die sexuelle Hörigkeit als um Fragen der religiösen Lebensgestaltung. Darin sind kaum noch Spuren der speziellen weiblichen Volksfrömmigkeit im Islam aufzufinden. Denn in der Regel haben die europäischen Frauen einen rationalen, durch Theologie und Mystik vermittelten Zugang zur Religion gefunden, der sich vor allem auf die Lektüre des Korans oder intensive mystische Selbsterforschung stützt. In der öffentlichen Meinung kommen die Frauen dennoch meist nur als schwer emanzipierbare, bedauerliche Wesen vor. Die deutsche *Emma* beklagt die Fatimas und solidarisiert sich mit ihnen – als exemplarische Opfer des Patriarchats, unter dessen Druck sie sich verschleiern, einfügen, hintanstellen und unterordnen müssen. Von dieser Entführung in den Serail gibt es dann nur eine Rettung: den Schleier auf der Stelle abzulegen.

Das genaue Gegenteil wird aber immer populärer. Europäische Muslima greifen aus freien Stücken zu dem verpönten Kleidungsstück und akzeptieren Geschlechtertrennung. Rollenspezialisierung und die strengere Sexualmoral. Die einen haben dann «ihren Platz» im geschützten Haus des Islam gefunden, die anderen orientieren sich an imposanten Vorbildern wie den beiden emanzipierten Ehefrauen des Propheten, Chadidscha und Aischa. In ihrem Sinne reklamieren sie Bildung, berufliche Karriere und eine Eigenständigkeit, die weit über die vorgegebene Domäne der häuslichen Arbeit und Erziehung hinausgeht. Unter deutschen Muslima findet man keineswegs nur die erwartete Unterwürfigkeit und Duldsamkeit nach dem vielstrapazierten «Gebärmaschinen»-Klischee, sondern auch «Powerfrauen» eigener Art, wie sie gerade die Frauenbewegung im Westen viel gefordert und bisweilen sogar hervorgebracht hat. Der Wunsch nach beruflicher Eigenständigkeit und nach eigenen Kindern klafft bei den Muslima oft weniger auseinander als bei vergleichbaren deutschen Frauen, ohne daß von den islamischen Männern etwa mehr praktische Unterstützung in Haushalt und Erziehung zu erwarten wäre. Im Gegenteil: Die Erfahrungsberichte der Interessen- und Selbsthilfegruppen sind voll von Beschwerden gerade über das Verhalten von Männern aus islamischen Gesellschaften.

Es wächst also die Zahl der (jungen) Frauen, die den Übertritt, allen Widrigkeiten zum Trotz, für sich als einen Akt der Emanzipation *im* Schleier konzipieren. Ihre Konversion ist Ausdruck einer unabhängigen, individuellen Wahl. Sie fühlen sich befreit von den Standardrollen, die die westliche Gesellschaft den Frauen anbietet: irgendwo zwischen unterlegener Partnerin oder emanzipiertem Monster. Die Verhüllung von Gesicht und Körper, von vielen westlichen Frauen (und Männern) als Ausdruck tiefster Abhängigkeit und Unterdrückung interpretiert, verschont sie vor distanzlosen Blicken, ohne die weibliche Sexualität ganz zu verbergen. Manche Frauen berichten, daß sie sich im Schleier fühlen wie in einem *mobil home* geschützter Intimität.

Doch keineswegs alle Frauen akzeptieren den *Hijab* oder *Tschador*. Ihrer Meinung nach, die von abweichender Theologenauffassung bestätigt wird, ist dies durchaus korankonform. Das verflixte Stück Textil, an dem sich so viel Streit und Mißverständnis entzündet haben, erklären sie zu einer vor- und unislamischen Tradition byzantinischer Provenienz, die später zur Stützung männlicher Herrschaft dogmatisch ausgelegt worden sei und gerade im Westen eine völlig unangemessene Bedeutung erlangt habe. Und einige Frauen, wie die im Westen sehr einflußreiche marokkanische Soziologin Fatima Mernissi, gehen noch ein Stück weiter und fordern namens des Propheten und des koranischen Egalitätsgrundsatzes völlige Gleichstellung. So wird die islamische Geschichte reinterpretiert und damit auch die Hypothek, die am stärksten auf dem Islam im Westen lastet, ein Stück abgetragen. Und wenn es Heldinnen der islamischen Emanzipation braucht: Der gegen den erbitterten Widerstand der Islamisten errungene Olympiasieg der algerischen Mittelstreckenläuferin Hassiba Boulmerka in Barcelona 1992 hat nicht nur die algerischen Frauen in einen wahren Freudentaumel versetzt. Es gilt wohl nicht allein, die Schönheit islamischer Frauen zu entdecken, sondern auch ihre Stärke.

Neben diesen geschlechtsspezifischen Motiven der Konversion gibt es eine sehr breite Palette von Ereignissen, Erwartungen und Projektionen, die einheimische Europäer am Islam faszinieren und fesseln. Die meisten stellen die «starken» und *ganzheitlichen* Elemente dieses Glaubens heraus: Für sie ist der Islam ein Geistes- und Gemütszustand, der in jeder Geste, zu jeder Tageszeit und in jeder Lebenssituation präsent ist. Der Religionssoziologe Franz-Xaver Kaufmann bestätigt dem Islam die Kraft einer derartig «totalisierenden Kosmisierungsleistung». Auch Roger Garaudy, einer der bekanntesten Konvertiten, sieht in der «Verheißung Islam» Gott, Mensch und Welt in eine singuläre Synthese gebracht und auf perfekte Weise Glauben, Denken und Handeln zusammengeführt. Andere wiederum bewundern die *Zwanglosigkeit* dieser Religion und ihre relativ einfachen Rituale, die ein *festes Regelwerk* für alle Fälle des Lebens bieten. Viele respektieren die *zivilisatorischen Leistungen* des Islam in der Vergangenheit, die sie bei Reisen und Studienaufenthalten in den Zentren der islamischen Welt kennengelernt haben. Bei anderen gab die *gemeinschaftsstiftende Kraft* des Islam den Ausschlag, die er auch im Dialog der drei abrahamitischen Religionen beweise. Als Vorzug stellen die meisten die *Abwesenheit einer kirchlichen Organisation und Hierarchie* heraus. Geschätzt wird auch eine tabufreie (eheliche) Sexualität, die sich päpstliche Einmischungen und puritanische Prüderie verbittet. Aber vor allem die *direkte Beziehung zwischen Gott und Mensch* zieht kirchenmüde und klerusfeindliche Europäer an. Bei früheren Christen kam es zu einer Art Subtraktion oder Addition jener Elemente, die sie am katholischen oder evangelischen Glauben störten, irritierten und überflüssig fanden oder gerade vermißten. Übertritte sollen hauptsächlich aus den protestantischen Kirchen erfolgen, während der Katholizismus sich offenbar resistenter gegen die Faszination des Islam erweist.

Auch die Stellung des Islam in der Weltgesellschaft spielt eine Rolle. Manche leisten eine Art persönliche *Wiedergutmachung* für die Abwertung des Islam durch das Christentum und büßen gewissermaßen die durch Kreuzzüge und Kolonialismus verursachten Leiden ab. In diesem Sinne ziehen heute noch viele die islamische Zivilisation dem europäisch-amerikanischen *way of life* vor. Gelegentlich gestaltet sich die Konversion wie eine Entziehungskur von den Abhängigkeiten der Konsumkultur, womit die *asketische Dimension* des Islam mit seinen Alkohol- und Rauchverboten und den ihm eigenen Mäßigungspflichten angesprochen ist. Natürlich gibt es auch Fälle, in denen die Konversion ein eher oberflächliches Beiprodukt modischer Begeisterung für die Aura islamischer Zivilisation ist, von der Kleidung über die Feste bis zu den Ritualen. Der Islam hat auch der «Welt auf dem Laufsteg» (René König) in der Tat einiges zu bieten.

In meinen Interviews und Gesprächen mit übergetretenen deutschsprachigen Muslimen wurde die Konversion für gewöhnlich als völlig freiwilliger, langsamer und kontinuierlicher Prozeß beschrieben. Die meisten Konvertiten hatten keinen radikalen Wandel ihres gesamten Lebens im Sinne eines «Aussteigertums» vollzogen, sondern blieben in ihren angestammten Berufen, Familien und, wo dies geduldet wurde, auch sozialen Milieus. Ihre Hinwendung zum Islam erfolgte durch Lektüre, Seminare und intensive Selbsterfahrung. Damit ist der Übertritt zum Islam als überwiegend intellektueller Vorgang gradueller Natur und als Produkt einer rationalen Anstrengung zu beschreiben. Oft waren aber auch beeindruckende Persönlichkeiten und Erlebnisse in Gruppen ausschlaggebend. Im subkulturellen Milieu ziehen sufi-islamische Kreise Interessenten, vor allem der jüngeren Generation, auch in einen ekstatischen und bisweilen charismatischen Zirkel hinein. In diesen Fällen standen spontanere und gefühlsmäßigere Konversionsmotive im Vordergrund. Obwohl der Islam nicht die repressiven Saiten mancher autoritärer Sekten und «Jugendreligionen» aufzieht, fühlten sich manche Konvertiten bisweilen auch verführt.

Konversion zum Islam ist nicht allein der Übertritt in eine andere, fremd-verwandte Kultur, sondern bedeutet auch, das Leben von Immigranten zu erleben und zu teilen, die in der Regel weniger Bildung, Einkommen und Prestige haben als die Konvertiten aus der Mehrheitsgesellschaft. Daraus ergeben sich oft auch Dissonanzen und Friktionen. Trotz der Vergemeinschaftung in der islamischen Umma bilden einheimische und eingewanderte Muslime zwei sehr verschiedene Lebensmilieus und Gemeinden. Die hiesigen Muslime haben eigene, wenn auch nicht exklusive Versammlungs- und Gebetsorte, organisieren sich in eigenen Vereinen und veranstalten gesonderte Tagungen. Die von ihnen geleiteten Dachverbände werden von den Gruppen ausländischer Muslime kaum als Repräsentanten akzeptiert.

Deutsche Muslime haben allerdings bisweilen dieselben Schwierigkeiten im Alltagsleben wie die Immigranten, weil sie denselben Vorurteilen unterliegen. Auch ihnen haftet zum Beispiel das Sekten-Stigma an, als hätten sie in einer Laune zu tief ins exotische Regal im religiösen Supermarkt gegriffen. Bei anderen gelten sie immer noch als die Christenverfolger, wobei Nachrichten über Religionskonflikte in islamischen Ländern passende Argumente liefern, Mohammedaner als Anti-Christen erscheinen zu lassen. Sehr verbreitet ist auch das Fanatiker-Image, besonders wenn Konflikte mit arabischen Ländern oder dem Iran bestehen. Grausame Bilder der Attentatsopfer in der Pariser Rue de Rennes oder die Folgen von Lockerbie nähren dieses schlechte Image ebenso wie die Redensarten und Taten arabischer Diktatoren wie Saddam Hussein oder Muammar Ghadaffi, die auch auf die deutschen Muslime im Westen zurückfallen. Sie geraten dadurch ebenfalls unter das Verdikt über die angebliche Rückständigkeit der Muslime in aller Welt.

Mit den europäischen Muslimen ist der Islam dem Westen bereits weniger fremd geworden. Die Faszination des Islam und das Bekenntnis zu einer derart «sichtbaren Religion» ist in der westlichen Kulturgesellschaft ein ausgefallenes Merkmal sozialer Distinktion.

Das religiöse Bekenntnis wird hier in bisweilen auffälliger Weise zum herausragenden Konstruktionsmerkmal persönlicher Identität stilisiert. Die «Übertretung» ist eine doppelte: Regelverletzung der christlich-säkularen Mehrheit und Eintritt in eine fremde Gruppe. Dieser Vorgang ist die individuelle Ausprägung und lebensgeschichtliche Dramatisierung eines für moderne Gesellschaften typischen und andauernden Vorgangs der Wahl und der Verfremdung. Europäische Muslime sind in den Augen der Einheimischen ebenso wie für die Einwanderer Fremde, und sie bleiben es auch. Insofern übernehmen sie die soziale Rolle von Außenseitern. Bestenfalls können sie als Vermittler zwischen Mehrheitskultur und religiösen Minderheiten und auch als (mehr oder weniger akzeptierte) Kritiker der herrschenden Kultur wirken. Ansonsten fallen sie leicht auf den Status einer Randgruppe zurück, der durchaus auch Diskriminierung und Verfolgung drohen. Damit wäre eine große Chance vertan – für den Islam und den Westen.

Nach der Arbeit –
die Deutsch-Türken

Thut nichts, der Jude wird verbrannt.

Lessing, Nathan der Weise

Donnerstagabend in Frankfurt: Herrenabend beim *Türkisch-deutschen Club*. Im zersiedelten Niemandsland zwischen Sachsenhausen und Offenbach trifft sich gute Gesellschaft: Gutsituierte Diplomingenieure, Zahnärzte und Anwälte sitzen bei Bier und süßem Tee, spielen Backgammon oder Bridge, plaudern und politisieren. Gestern waren die Frauen da, morgen ist Jugend-Disco – eine Art Rotary-Club für die *Alamanci*, die Deutsch-Türken. Wer hier Aufnahme begehrt, muß gute Referenzen beibringen: Die Gebühr beträgt 1500 Mark.

Donnerstagnacht in Berlin: Die *Street Fighteler*, eine weniger feine Gruppe drahtiger, kampfsporttrainierter Jungtürken, trifft sich am Görlitzer Bahnhof. Wo Nazis Randale und REPs Stimmung gegen die Ausländer machen, wollen sie nicht mehr stillhalten. «Deutschland verrecke!» steht am U-Bahn-Eingang. Federnden Schrittes entschwindet die Gang Richtung Alex.

Freitagmorgen in Köln-Nippes: In der Zentrale von *Milli Görüs*, dem Dachverband türkischer Fundamentalisten mit 400 Gemeinden, bereitet man sich auf den Ansturm der Gläubigen zum Freitagsgebet vor. Im Türkenviertel der Domstadt residiert der deutsche Zweig des mächtigen Erbakan-Klans. Der Junior spricht ein tadelloses, leicht rheinisch unterlegtes Akademikerdeutsch. Seine Mutter, eine zum Islam übergetretene Deutsche, gilt *Emma* als «gefährlichste Frau Deutschlands». Der promovierte Mediziner klagt deutsche Schulrektoren und türkische Laizisten an, den Mädchen mit Kopftuch an den Schulen das Leben schwerzumachen. «Das Grundgesetz ist auf unserer Seite, wir gewinnen reihenweise Prozesse», meint er gutgelaunt, bevor ihn der *Azzan* unterbricht. Die Predigt wird heute vom traurigen Schicksal der muslimischen Glaubensbrüder in Jugoslawien handeln, die einer christlichen Übermacht trotzen. Im Emblem von *Milli Görüs* umspannt ein grüner Halbmond den europäischen Kontinent.

Drei Momentaufnahmen aus den Hauptstädten türkischen Lebens in Deutschland: Arrivierte, Parias und Fromme. Die meisten der über 1,7 Millionen Deutsch-Türken haben es nicht so weit gebracht wie die Frankfurter Clubherren. Sie sind aber besser integriert als die Berliner Outlaws und lässigere Muslime als die Kölner Integristen. Drei Jahrzehnte Einwanderung liegen hinter ihnen – und hinter den Deutschen. Die türkische Kolonie trägt nicht nur zur neudeutschen Vielfalt bei; sie ist auch in sich selbst vielschichtig geworden. Von der Homogenität des ethnischen Subproletariats zur Heterogenität der integrierten Subkultur, so beschreiben sozialwissenschaftliche Studien den Differenzierungsprozeß der deutsch-türkischen Kolonie, der größten islamischen Gemeinschaft in Deutschland und eine der herausragenden in Europa. Der Islam ist ihre Zitadelle und eine Hilfe zur Anpassung geworden, aber er hält die Türken auch auf Distanz zur deutschen Gesellschaft. Der religiöse Charakter der Gruppe, der seit Ende der siebziger Jahre deutlicher hervortritt, ähnlich wie «zu Hause» in der Türkei, beeinflußt auch den Status der türkischen Nationalität in Deutschland. Denn der Islam «internationalisiert» die türkischen Muslime und kann ihnen, sofern ihr Bekenntnis zur islamischen Welt fundamentalistisch geprägt ist, deutlich antiwestliche Züge verleihen. Auf der anderen Seite «germanisiert» er sie auch, indem sie sich auf eine westliche Privatfrömmigkeit zurückziehen, wie sie oben allgemein beschrieben worden ist.

Noch wichtiger als diese innere Funktion des Islam ist hier der politische Status einer islamischen Minderheit, der von der Reaktion der deutschen Mehrheit abhängig ist. Diese ist am wirtschaftlichen Wohlstand und an der sozialen Unauffälligkeit der Deutsch-Türken interessiert und toleriert, meist aus der Ferne, auch ihre kulturellen und religiösen Gewohnheiten. Der Mordanschlag rechtsextremer Täter in Mölln im November 1992 hat aber auch gezeigt, welche Entmischungs- und Säuberungsphantasien die deutsche Gesellschaft hervorbringen und in die Tat umsetzen kann. Deswegen ist für die Zukunft des Islam im Westen entscheidend, ob sich die deutsche Politik endlich zu einem neuen Verständnis der deutschen Nation und Staatsangehörigkeit durchringen wird, indem auch die muslimischen Türken selbstverständlich als deutsche Staatsbürger und Europäer akzeptiert und beteiligt werden – anders als die letzten dreißig Jahre.

Ali im Wunderland

Am 30. Oktober 1961 schlossen die Bundesrepublik Deutschland und die *Türkiye Cumhuriyeti* einen folgenschweren Vertrag. Die Minister für Arbeit regelten darin, auf welche Weise und in welchem Umfang türkische Staatsangehörige zur Arbeitsaufnahme nach Westdeutschland einreisen durften. Kurz nach dem Bau der Mauer suchten westdeutsche Firmenchefs, besonders der Metallbranche und aus dem Baugewerbe, händeringend nach Arbeitskräften: 550000 offene Stellen gegen 180000 Arbeitsuchende – das war ein Spitzenwert der Nachkriegszeit. Deutsche Personalchefs hatten in den Ferienparadiesen die Hinterhöfe entdeckt, wo die «Zugvögel des Südens», wie es ein Zeitungsbericht ausdrückte, schon abflugbereit waren. Ähnliche Anwerbeabkommen waren zuvor mit europäischen Mittelmeerstaaten geschlossen worden. Jetzt wurde das riesige Reservoir Anatoliens und der *Gecekondus*, der Slums von Istanbul, «systematisch durchkämmt». In dem Zeitungsbericht hieß es weiter einfühlsam: «Kein Türke ist von Natur aus faul, und wenn man an den wenigen Baustellen, auf denen in Istanbul und Ankara heute noch gearbeitet werden kann, vorübergeht, so wird man sogar an den höchsten Feiertagen einen Fleiß beobachten, der in der mechanisierten Welt des Westens schon wieder fehl am Platze wäre.» Überschrift: *Die Türken kommen.*

Niemand ahnte 1961, daß dies der Beginn einer neuen und nicht immer glücklichen «türkisch-deutschen Freundschaft» werden sollte. Aus den Selims und Mehmets, kräftigen Jungtürken, die übernächtigt und bangen Herzens den Fernzügen entstiegen, sollte sich die größte Gruppe von Einwanderern entwickeln, die bisher nach Deutschland gekommen ist. Das Land war damals fast so deutsch und «ausländerfrei» wie die DDR vor der Wende – und wie manche es gern wieder hätten, die heute auch Türken auf offener Straße angreifen und das Rad der Geschichte zurückdrehen wollen. Denn die Türken sind gekommen. 1960 waren es 2700. Im Jahr 1973, dem Höhepunkt und Ende der Anwerbung: 615000.

Auch die türkischen Behörden förderten die Migration, die vereinzelt und auf privatem Wege in Gang gekommen war. Im Fünfjahresplan hieß es emotionslos, daß «der Export überschüssiger ungelernter Arbeitskräfte nach Westeuropa eine Möglichkeit zur Minderung der Arbeitslosigkeit darstellt». Die türkischen Arbeitsämter bekamen ein Vermittlungsmonopol: «eng und reibungslos» kooperierten sie mit dem Anwerbebüro der Bundesanstalt für Arbeitsvermittlung in Istanbul. Aus immer längeren Bewerberlisten wurde streng ausgesiebt: Kandidaten, die keine Anforderung eines deutschen Arbeitgebers vorlegen konnten, wurden wieder nach Hause geschickt. Die Bundesanstalt forderte, daß «die Auswahl zügiger, der Abtransport schneller erfolgt und auch eine schärfere Endauslese der Tauglichkeit vorgenommen wird». Über drei Viertel der Angeworbenen stammte aus dem ländlichen Anatolien, meistens Ungelernte und Analphabeten, die allerdings zumeist bereits den Weg über türkische Industriezentren und Großstädte gegangen waren. Oft waren es die Frauen, die als erste den Schritt ins Wunderland taten. Wer die Mühle der Anwerbebüros durchlaufen hatte, wachte schon 50 Stunden später im «Land aus Gold» auf, um ein bis zwei Jahre danach wieder wegzufahren. Dachte man – doch das angestrebte Rotationsprinzip fiel rasch. Schon 1964, die Konjunktur lief blendend, wurden die befristeten Verträge verlängert: Arbeitgeber wollten nicht ständig neue Kräfte anlernen und schätzten im übrigen die Betriebstreue «ihrer» Türken.

Allen wohl und keinem weh. So wollten türkische und deutsche Stellen den großen Deal am Bosporus: hier Überschußbevölkerung, dort Arbeitskräfteknappheit. Die Bundesrepublik würde das Wirtschaftswunder fortsetzen, die Türkei zurückgebliebene Agrarregionen entwickeln, Schulden abtragen und eine moderne Industrie aufbauen. Nermin Abadan-Unat, eine Politologin in Ankara, zählte sechs Phasen der türkischen Emigration: die Experimentier- und

Inkubationsphase bis 1961, die staatlich vermittelte Einzelemigration bis 1973, die illegale Touristeneinwanderung, anschließend der Familiennachzug bis zum Beginn der achtziger Jahre, zuletzt die Zuwanderung von Asylbewerbern und jetzt die Abwanderung in den Mittleren Osten.

Hat sich diese Massenauswanderung für die Türkei gelohnt? Die finanzielle Bilanz klingt beeindruckend: Bis zwei Milliarden Dollar jährlich überwiesen Auslandstürken zu Spitzenzeiten in die alte Heimat. Grundstücke wurden arrondiert, Häuser gebaut, Hotels errichtet, Kofferradios, Fernseher, Kühltruhen und Mercedes-Autos angeschafft, Ausbildungen bezahlt und Lebensabende verschönt. Aber die erhofften *spin-offs* für die türkische Volkswirtschaft waren gering. Denn auch qualifizierte Arbeitskraft wanderte ab – Facharbeiter und Akademiker aus Istanbul, Izmir oder Karabük. Dorfentwicklung und Industrialisierung blieben weit hinter den Erwartungen zurück. Über dreihundert Aktionärsgesellschaften haben Arbeitnehmer in Deutschland zum Aufbau von Industrie- und Handelsbetrieben vor allem in Anatolien gegründet – doch meist am falschen Ort und mit den falschen Leuten. Investitionen von über zwei Milliarden DM haben sich als Fehlschlag erwiesen; nur zwanzig Prozent dieser Eigengründungen produzieren noch.

In der Rezession von 1966/67 spielten türkische Arbeitnehmer erstmals die Rolle des «Konjunkturpuffers». Viele kehrten enttäuscht zurück, während daheim noch Hunderttausende auf den Wartelisten standen. Die Rede von der «Gastarbeiter-Lawine» kam auf. Bleiben sie nicht, sorgte sich die *FAZ*, «Fremdkörper und Außenseiter, die unter Umständen die gesellschaftliche Harmonie unseres Landes stören könnten»? Die Zeitungsarchive fördern noch mehr *déjà-vus* zutage: Goodwill für die «fremden Hände» in der «Welt der Arbeit» und einen elfjährigen Sebahatin («schon ein richtiger Vilbeler Junge») in der *Frankfurter Rundschau*, Amokläufer, Messerstecher, Glücksspieler und Eifersuchtstote in der Regenbogenpresse. 1969 gab es eine erste Türken-Demo: Nach einem blutigen Streit türkischer Zuhälter mit dem Kölner Unterweltkönig *Dummse Tünn* zogen 400 Landsleute schweigend gegen die Saubermänner, die die Gegend am Ring «türkenfrei» haben wollten.

Schon 1966 fragte man sich folglich: «Integration, aber wie?»

Eine sozialpsychologische Studie Kölner Sozialpsychologen unterschied bereits zwischen «monistischer» Anpassung, «pluralistischer» Koexistenz und «interaktionistischer» Integration. 1970 fand der erste «Tag der ausländischen Mitbürger» statt. Mit «Deutschlands neue Juden» war ein Artikel über illegale Kneipen- und Discoverbote gegen Türken überschrieben. Die Kreuzberger Gettosituation der «Neger von Berlin» prägte lange das Bild der Deutsch-Türken – als Kaputtsanierer. Berichte über das psychische Elend der Gastarbeiterheime, die Abneigung gegen konfessionelle Kindergärten, zweisprachigen Unterricht, Klagen über die tagtägliche Diskriminierung in Ämtern, Kaufhäusern und Gaststätten zeigen, daß den gegenwärtigen Anfeindungen eine lange Inkubationsphase vorausging.

Doch die Bundesdeutschen hatten wahrlich nicht nur Sorgen mit ihren alten Waffenbrüdern. Die Existenz der türkischen Unterschicht erlaubte ihnen rascheren sozialen Aufstieg. Manche machen den Gastarbeitereinsatz zwar verantwortlich für die späte Rationalisierung der Wirtschaft, die auf billige Arbeitskraft zurückgreifen konnte, statt teure Maschinen anschaffen zu müssen. Aber 616 000 türkische Arbeitsmigranten tragen heute ohne Zweifel entscheidend zur Prosperität und Dynamik der westdeutschen Wirtschaft und Gesellschaft bei, mittlerweile auch als Investoren: 5,7 Milliarden Mark haben Deutsch-Türken 1990 investiert, wodurch 150 000 Arbeitnehmer, darunter immerhin ein Drittel Deutsche, bei einem türkischen Arbeitgeber ihre Brötchen verdienen können. Die Kaufkraft der Türken wird nach jüngsten Erhebungen auf jährlich 50 Milliarden Mark geschätzt; als Autokäufer, Schokoladenesser, Bausparer und Aldi-Kunden sind deutsch-türkische Haushalte (mit durchschnittlich 4,4 Personen und 3650 Mark Monatseinkommen) absolute Spitze. Und als Einzahler in Renten- und Sozialkassen helfen sie einem kranken Volk auf dem Aussterbeetat auf die Beine.

Schon am 23. November 1973 schien das alles vorbei zu sein. «Ölkrise», Ende des Booms, Anwerbestopp in ganz Europa. Doch trotz staatlicher Rückkehrförderung wurden nun aus türkischen Gastarbeitern erst recht Einwanderer; anders als viele EG-Ausländer mit Rückkehrmöglichkeit blieben sie hier. Nur 1975/76 und 1982/83 waren die Wanderungsbilanzen negativ. Zu dieser anfangs nicht gewollten Ansiedlung haben auch die unverändert schlechten ökonomischen und politischen Verhältnisse in der Türkei, die unübersehbaren Vorteile des Lebens hier und die immer spürbarere Entfremdung der «Deutschländer» von den Daheimgebliebenen beigetragen.

Den stärksten Anreiz aber gab paradoxerweise die Politik der Bundesregierungen selbst. Der Anwerbestopp und die Regelung, nur noch EG-Bürgern Kindergeld für den Nachwuchs daheim zu zahlen, war das Startsignal für den Familiennachzug. Seit den achtziger Jahren finden sich und heiraten türkische Paare der jüngeren Generation in Deutschland selbst. Deutschland als Einwanderungsland – das ist einer ganzen Serie «nichtintendierter Folgen» von Politik zu verdanken. Daß Gros der Türken lebt seit über fünfzehn Jahren in Deutschland. Das mittlerweile rund 45000 Türken in der Bundesrepublik ihr Häusle gekauft und viele Eigentumswohnungen erworben haben, zeigt, was auch die Deutsch-Türken oft noch leugnen: einmal Deutschland, immer Deutschland. Aus Umfragen geht hervor, daß zwei Drittel aller Türken und neun von zehn Jugendlichen für immer hierbleiben werden, wenn sich die politische Situation in Deutschland nicht entscheidend verschlechtert. Drei Viertel der unter 15jährigen sind bereits hier geboren; sie kennen die «Heimat» ohnehin nur noch aus den Ferien und aus Erzählungen.

Die staatliche Anwerbung von 1961 bis 1973 war der Hebel, um die traditionell wenig auswanderungsfreundliche türkische Gesellschaft aus den Angeln zu heben. «Vom Bauern zum Industriearbeiter», beschreibt der Migrationsforscher Hans-Günter Kleff den Prozeß, der von den Dörfern in der Regel etappenweise über eine türkische Stadt nach Deutschland führte. Ökonomisch war dies ein Übergang von der bäuerlichen Subsistenz zur industriellen Lohnarbeit, in der unpersönliche Geldbeziehungen und schneller Gewinn im Vordergrund stehen; Arbeit wird Zwecken unterworfen und verliert ihre symbolische Funktion. Sozial ist die Auswanderung ein Vorgang der Vereinzelung, der die Beziehungen zwischen Alt und Jung, zwischen Männern und Frauen durcheinanderwirbelt und das dichtgestrickte Netz der Familie zerreißt. Der Ethnologe Werner Schiffauer hat in einer Feldstudie fünf Migranten aus dem Dorf Subay beschrieben, die aus dem komplexen System der Ehre heraus- und in die europäische Moderne eintreten. Was nah war, wird fern; das Fremde aber ist nah.

Bestsellerautoren wie Günter Wallraff – in der Haut des Leiharbeiters Ali – haben zu schematisch gesehen, welche Rollen die deutsche Gesellschaft Türken zuweist. Von der Homogenität zur Heterogenität – so charakterisiert Faruk Sen die Geschichte der dreißigjährigen Emigration. Der Direktor des *Zentrums für Türkeistudien* in Bonn und Essen ist selbst Beleg eines beruflichen Erfolgs von Deutsch-Türken, die Sozialprestige und Wohlstand errungen haben. Seine Studien belegen die große Zahl der Unternehmensgründungen, die von der Kebab-Bude über die kleine Änderungsschneiderei bis zur Import-Export-Kette, zum Software-Service und zur Feasability-Beratung reichen.

Natürlich hatte dieser Erfolg auch seine Schattenseiten: Besorgniserregend sind die vielen türkischen Jugendlichen ohne Schulabschluß und Lehrstelle. Der erhoffte allgemeine Bildungserfolg ist bisher ausgeblieben – ein eindeutiges Minus der deutschen Schulpolitik, aber auch der deutsch-türkischen Familien. Über die Hälfte der ausländischen Sonderschüler ist türkischer Herkunft: nur jeder fünfzigste griechische, aber bald jeder fünfte türkische Schüler landet in dieser Sackgasse. Hier liegt der Keim eines ethnischen Subproletariats, wie es Deutschland seit der Weimarer Zeit nicht mehr kannte. Die jungen Deutsch-Türken rebellieren nicht nur gegen die deutschen «Herren», sondern auch gegen die neue türkische Mittel- und Oberschicht in Deutschland.

Zu den Arrivierten im deutsch-türkischen *Who is Who* zählen aber nicht nur Bankmanager, Selbständige und Freiberufler, wie man sie im *Türkisch-deutschen Club* antreffen kann. Zur Elite zählen auch Gewerkschaftssekretäre, Vereinsfunktionäre, Sozialberater der *Arbeiterwohlfahrt*, Journalisten der Deutschlandausgaben großer Istanbuler Blätter wie *Hürriyet* (Auflage über 100000) oder *Tercüman*, Konsulatslehrer für den muttersprachlichen Unterricht, Volkshochschuldozenten und Fernsehproduzenten der türkischen TV-Sendungen. Der Aufstieg einer neuen Mittelschicht verbürgt ein besseres Image der türkischen Kolonie und verspricht, so hoffen die Deutsch-Türken jedenfalls, ein hohes Integrationspotential: Seht her, ihr Deutschen, wir sind keine «Schmarotzer», wir bringen euch Reichtum und Wohlstand – wir sind alle gute und nützliche Türken. Und dennoch: Türken rangieren nach dreißig Jahren auf der deutschen Beliebtheitsskala in der Tat immer noch «ganz unten», nicht nur bei Westdeutschen, die «zu viele» Türken beklagen, sondern auch im Osten, wo bis zur Vereinigung nur ein paar Edeltürken der verbotenen Exil-KP zu sehen waren. Das Feindbild wird gleich mitimportiert, obwohl deutsch-türkische Investoren sich nach eigenem Bekunden stark dafür interessieren, «drüben» Filialen zu gründen und dazu zwischen 50000 und drei Millionen Mark investieren wollen. In den Strudel des neuen deutschen Rassismus gegen «Scheinasylanten» wurden auch die altansässigen Türken hineingerissen – ein dreißigjähriger Friede droht nach der deutsch-deutschen Vereinigung in Krieg umzuschlagen. Eben noch zufriedene Nachbarn, in Gelsenkirchener Barock oder Ikea-Möbeln eingerichtet, bekommen sie es angesichts der haßsprühenden «Glatzen» und ihrer grölenden Claqueure mit der Angst.

Aziz von den *Street Fighteler* regt sich nicht nur über die Faschos auf, sondern auch über seinen Vater, der «ständig in die *Camii* rennt und zu Hause jammert». Im Leben «zwischen den Kulturen» – hier das traditionsbewußte Elternhaus, dort die westliche Konsumkultur – hat er sich für einen eigenen Lebensstil entschieden: Gewalt um fast jeden Preis. Aziz und seine Gang fühlen sich im Recht, «zurückzuschlagen», wobei ihnen Angriff als die beste Verteidigung gilt.

Aziz selbst gilt als ein typischer «Problemfall». So möchten viele Pädagogen, Politiker und Sozialarbeiter die Deutsch-Türken noch immer sehen: Immerzu gibt es Defizite zu beheben, Schwächen zu tilgen und Ecken abzuschleifen. Desperados wie Aziz sind willkommene Anlässe, die angebliche Integrationsunfähigkeit der Türken und ihren Hang zur Gewaltkriminalität zu demonstrieren. Doch auch die zweite und dritte Generation hat sich stark differenziert. In den letzten Jahren haben Tausende junger Türken und Türkinnen ihr Abitur gemacht und ein Studium aufgenommen, vorzugsweise Jura, Sozialpädagogik, Medizin oder Naturwissenschaften. «Wir sind keine Ausländer», meint selbstbewußt die Gruppe *Saz-Rock*, ein zehn Jahre alter deutsch-türkischer Kulturverein im Frankfurter

Nordwesten. Der Doppelname steht für die gelungene Synthese der «zwei Kulturen», aus denen längst eine eigene und einzige geworden ist. Die jungen Deutsch-Türken fordern, ähnlich wie ihre Altersgenossen, die *Beurs* in Frankreich, politische Gleichheit ohne Aufgabe der kulturellen Eigenheit. «Für uns war die Emigration ein Erfolg. Aber meine Eltern tun mir leid», sagt Gülhan von *Saz-Rock*, «sie haben gerackert wie die Blöden und sind jetzt ausgebrannt.» Viele werden nicht mehr zu Hause, in türkischem Boden, begraben werden, sondern in der Fremde. Auf die Tatsache, daß viele Muslime im Rentenalter nicht so ohne weiteres in ein deutsches Altersheim passen, hat sich die farbenblinde deutsche Sozialpolitik noch gar nicht richtig eingestellt.

An den Tod denken die Deutsch-Türken, überwiegend Jugendliche, noch nicht. Liebesbeziehungen und «Mischehen» zwischen Türken und Deutschen sind immer noch selten. Bisher herrscht noch das endogame Modell vor: Türke sucht Türkin. Oft werden Eheschließungen noch von den Eltern in der Türkei arrangiert, um die Kinder im Griff zu behalten. Auf der anderen Seite bestehen dieselben Vorbehalte – die wenigsten Eltern akzeptieren es vorbehaltlos, wenn vor allem die Töchter «einen Türken anschleppen». Der zögerliche Beginn des multikulturellen Alltags verwundert nicht, wenn man sich die Zählebigkeit endogamer Heiratsmuster in sehr viel einwanderungserfahreneren Ländern anschaut. Eher ist auch hier ein Rückschritt zu beobachten. Wohin die Liebe fällt, läßt sich nicht durch Gleichheitsideal und Diskriminierungsverbot bestimmen. Dennoch gibt es sie, zäh verteidigt gegen die Zumutungen der Exklusion: die multikulturellen Cliquen, Schulklassen und Diskotheken, in denen das pathetische, aber sympathische Ideal der Jungen Wirklichkeit wird – sich «nur als Mensch» zu begegnen und zu verständigen.

Dieses Ideal kann die Wahrnehmung des Fremden am Fremden aber auch verhindern, die für die Kulturszene konstitutiv ist. Bisweilen ist der deutsche Kulturbetrieb geradezu begierig auf den türkischen Farbtupfer im multikulturellen Spektrum. Ein Beispiel sind die mittlerweile verfilmten Kriminalromane Jokob Arjounis, der einen versoffenen türkischen Detektiv namens Kayankaya in Frankfurt ermitteln läßt. Witzigerweise gilt der vielgefragte Autor selbst als Türke. «Echt» ist hingegen die bekannte Schauspielerin Renan Demirkan, die mit ihrer autobiographischen Geschichte «Schwarzer Tee mit drei Stück Zucker» in den Sellerlisten rangierte. Die jüngere Generation türkischer und kurdischer Autoren hat sich von der Klagemauer der auch künstlerisch nicht sehr anspruchsvollen «Gastarbeiterliteratur» abgewandt. Dasselbe gilt für bildende Künstler, die keinen «Türken-Bonus» mehr haben wollen und auch nicht benötigen. Kabaretts wie *Knobi-Bonbon*, Verlage wie *Dagyeli* produzieren überwiegend für ein gebildetes, alternatives Publikum. Populärer sind die Schlagersänger, Video- und Filmstars, Komiker und Showmaster, die man bei *TRT International* oder in den türkischen Kabelprogrammen bewundern und in großen Sälen aufsuchen kann, in denen kaum einmal ein deutsches Gesicht zu sehen ist.

Das wichtigste kulturelle Kapital der Deutsch-Türken ist und bleibt aber die Religion. Wie in der Türkei, ist auch in Deutschland seit den siebziger Jahren eine regelrechte Reislamisierung im Gange. Das aus anderen Gründen sogenannte «heilige Köln» ist mit 20 Moscheen ein spirituelles Zentrum des türkischen Islam in Deutschland geworden. Drei große religiöse Vereinigungen: die Islamischen Kulturzentren der *Süleymanli*, die staatsnahe, von den Generalkonsulaten kontrollierte *Diyanet*-Vereinigung (DITIB) und die sehr entschiedenen Fundamentalisten von der «Nationalen Sicht Europa» (*Milli Görüs*) haben dort ihre Hauptquartiere. Alle bekunden ihre Dialogbereitschaft, auch wenn sie, wie die Erbakans, im türkischen Wahlkampf erfolgreich mit der extremen Rechten gegen die laizistische Republik paktierten.

Aber nicht diese schroffe Ablehnung, sondern eher eine innere Distanzierung von westlichen Sitten und Gebräuchen ist die Regel. Ansonsten nutzt der Diaspora-Islam alle Möglichkeiten, die ihm eine christlich-säkulare Gesellschaft mit verfassungsrechtlich garantierter Religionsfreiheit bietet. «Wir müssen uns auf die Probleme der Muslime hier einstellen», fordert Erbakan jr. kritisch gegen alt- und hausbackene Konzepte der *Hodschas* und *Imame*. Er regt zum Beispiel eine Debatte über «Islam und Grundgesetz» an, verspricht einen Beitrag des Islam zur Umweltethik und sogar zur Emanzipationsdebatte. In eine andere Richtung ging Cemaleddin Kaplan, der aus der Türkei ausgewiesene Mufti von Adana, dessen islamistische

Gruppierung sich von *Milli Görüs* abgespalten hat. Die Presse nannte ihn den «Khomeini von Köln», als er mit unlauteren Methoden türkische Kinder in einem Internat festhielt, um sie dort zu wildentschlossenen Islamisten zu trainieren. Videos und Tonkassetten verkünden seine radikale Botschaft von der Islamischen Republik in ganz Deutschland.

Frömmigkeit und religiöse Hingabe sind für die türkischen Muslime meist nichts Althergebrachtes, sondern erst Produkt ihrer Ansiedlung in der Fremde, deren Dauer nicht mehr verdrängt werden kann. Je tiefer sie in den Westen eintauchen, desto religiöser können sie werden. Religion schafft ihnen Gewißheit und macht die Welt lesbar. Das bedeutet: Pragmatische Integration in die deutsche Gesellschaft und strenger Integrismus der eigenen Welt müssen einander nicht unbedingt widersprechen. Der Islam, in westlicher Sicht ein «ausdifferenziertes» System für sich, kann die unvermeidbare Anpassung an die anderen Systeme, den unerbittlichen Markt und die bürokratischen Rechtsordnungen, erleichtern.

Faßt man Emigration und Anpassung als «Akkumulation» wirtschaftlichen, kulturellen und politischen Kapitals auf, also von Geld- und Immobilienwerten, autonomer Subkultur und Verhandlungsmacht, dann läßt sich für die Gesamtheit der Deutsch-Türken feststellen: Die ökonomischen Mittel sind da, der kulturelle Eigensinn ist gut entwickelt, aber politisch sind die Deutsch-Türken machtlos. Der Grund dafür liegt in einem asymmetrischen, aber seltsam übereinstimmenden Muster sozialer Integration, das die deutsche Gesellschaft angeboten und die deutsch-türkische Kolonie angenommen hat. Unter den Arbeitnehmern der ersten Stunde entwickelten sich anfangs linke, also laizistische, sozialdemokratische und gewerkschaftliche Positionen. 1973 gab es sogar militante «Türken-Streiks» mit linksradikalem Einschlag, am spektakulärsten bei *Ford Köln.* Doch wenig später entstanden schon die ersten Gebetsstellen neben den Werkhallen; die türkischen Wohnviertel bekamen mit Kopftüchern und Helal-Metzgereien islamische Farbe. Heute geben (neben den kurdischen Freischärlern) die politisch-religiösen Gruppen eindeutig den Ton an, die laizistische Linke ist in der Defensive. Bei *Ford Köln,* der einstigen maoistischen Hochburg, hat vor kurzem die «Nationale Sicht» eine moslemische Gewerkschaft gegründet, die neben besserem Lohn und Arbeitszeitverkürzung auch die bezahlte Gebetspause und einwandfreies Kantinenessen fordert. Das «Moslemische Sozialwerk in Europa» berät bei Alltagsproblemen, organisiert aber auch die *hadj* nach Mekka. Vom alten Rechts-Links-Gegensatz, der zum Beispiel zwischen radikalen Marxisten-Leninisten und den nationalistischen Grauen Wölfen des Arpaslan Türkes bis zum bewaffneten Streit eskalierte, ist die türkische Kolonie zum Konflikt zwischen gläubigen Moslems und *Gavur*, also zwischen Integrismus und Säkularismus übergegangen.

Noch eine weitere politische Entscheidung müssen die Auswanderer, die *gurbetcis*, treffen: Die Arbeiter, die es in die Fremde verschlagen hat, orientieren sich entweder weiter am Geschehen in der Türkei, das sie auch durch ihre Wählerstimme beeinflussen können, oder sie beziehen sich auf die deutsche Gesellschaft, die ihnen aber beharrlich den Zugang zur Politik verschließt und einen minderen Status vorgibt. Über ein Drittel der Deutsch-Türken besitzt lediglich eine befristete Aufenthaltserlaubnis. Als einige nördliche Bundesländer das kommunale Wahlrecht einführen wollten, wurden sie sogleich vom Bundesverfassungsgericht zurückgepfiffen. Deutsche Staatsbürger türkischer Nationalität und moslemischen Glaubens kann man sich weder in Karlsruhe noch in Bonn vorstellen. Selbst nach der Katastrophe von Mölln, die den Zusammenhang zwischen dem politischen Verbrechen des Mobs und der legalen Superdiskriminierung peinlich enthüllte, sind die politischen Reformen ausgeblieben. Ausländerbeiräte, eine Domäne der ersten Auswanderergeneration, haben höchstens beratende, wenn nicht gar ornamentale Funktion. Nur wenige Deutsch-Türken gingen bisher in eine deutsche Partei; in wenigen Großstädten haben Sozialdemokraten und Grün-Alternative, seltener auch die CDU-nahe *Hür-Türk*-Föderation einen gewissen Zulauf. Insbesondere das konservative Potential wird überhaupt nicht ausgeschöpft.

Der martialische Aufmarsch rechter Skinheads läßt nun überall Besorgnis aufkommen: Im Frankfurter Club sorgt man sich um die halbwüchsigen Kinder, die abends die Disco besuchen, am Görlitzer Bahnhof wird nachgerüstet, und in Köln kommt zum x-ten Mal der Glaser, der die zertretene Eingangstür erneuert. Auch die Deutsch-Türken, die sich in Umfragen und Privatgesprächen als bestens integriert bezeichnen, werden mißtrauisch: Waren sie dreißig Jahre lang bloß geduldet? War die lässige Toleranz der Deutschen nur gespielt? Waren drei Jahrzehnte nicht genug, um sich aneinander zu gewöhnen und sich als Nachbarin oder Kollege, als Mann oder Frau, eben völlig normal zu begegnen?

Wenn der Maastrichter Vertrag in Kraft tritt, kommt sogar noch eine weitere Diskriminierung hinzu. Nur sogenannte EG-Ausländer bekommen dann das Wahlrecht in Städten und Gemeinden. Das ist zwar eine hübsche Lektion des vereinigten Europa für die Mehrheit unserer kreuzlahmen Staatsrechtler, Verfassungsrichter und Gesetzgeber, die stur auf dem Exklusivrecht des deutschen Volkes beharren. Aber diese längst überfällige Reform durch die Brüsseler Hintertür schlägt den Deutsch-Türken und anderen das Tor nach Europa vor der Nase zu. Während Spanier, Griechen und Franzosen, ja sogar die euromuffeligen Briten und Dänen demnächst kommunale Fragen in Köln, Cottbus oder Konstanz mitentscheiden, werden Einwanderer aus der Türkei, Nordafrika und dem ehemaligen Jugoslawien ausgeschlossen und in staatsbürgerlicher Hinsicht weiter entrechtet. Um es zuzuspitzen: Ein heimatverbundener griechischer Migrant, der sich vorübergehend in einem anderen EG-Staat aufhält, darf künftig wählen, einem Algerier aber, der seit frühester Kindheit in Marseille lebt, oder einer Türkin, die in Deutschland geboren ist, bleibt dies auf jeden Fall versagt. Auch hier zeigt Europa den Muslimen wieder die kalte Schulter.

Im Kontrast dazu steht die Wertschätzung, die die Türkei als NATO-Land und Sicherheitspartner genießt. Westlichen Strategen gilt der starke Mann am Bosporus als verläßliches Bollwerk gegen irakische Hasardeure und iranische Gotteskrieger. Da wird auch schon einmal ein Auge zugedrückt bei nicht ganz legalen Exporten von Flugzeugen, Panzern und anderen Waffen, die sich gegen die kurdische Bevölkerung richteten und *by the way* auf irakischem Gebiet eingesetzt wurden. Aber auch diese Bündnistreue (und nebenbei ein paar Demokratiefortschritte) haben die Türkei der Europäischen Gemeinschaft keinen Deut nähergebracht, im Gegenteil: Sie muß nun erleben, wie alle möglichen Anwärter – neutrale, baltische und osteuropäische – an ihr vorbeiziehen, während feierliche Assoziations- und Beitrittszusagen von Bonn und Brüssel im kleinasiatischen Papierkorb landen. Das christliche Europa macht wieder einmal dicht gegen den Islam.

Man möchte sich irren, wenn einen die Nutz- und Trutzbekundungen der Deutsch-Türken an die vaterländischen Bekenntnisse vor 1933 erinnern, als assimilierte deutsche Juden ihre Eisernen Kreuze und ihren wertvollen Beitrag zu deutscher Kultur und Wirtschaftskraft vorlegten – und bald darauf grausam quittiert bekamen. Ich möchte mich auch täuschen, daß man sich angesichts der hartnäckig verweigerten Einbürgerung der Türken in Europa auf Gewinne der islamischen Integristen, auch unter den enttäuschten deutsch-türkischen Eliten, und auf die gewalttätige Gegenwehr aus der zweiten und dritten Generation einrichten muß, die nicht in christlicher Demut auch noch die andere Wange hinhalten werden.

Man muß sich fragen, warum die Türken in Europa nur in agonalen Szenarien der wirtschaftlichen Konkurrenz und des Krieges Platz haben, als «Nutz- und Schutztürken» eben, und nicht als gleichberechtigte Bürger dieses Landes und Kontinents? Die deutsch-türkischen Beziehungen brauchen einen guten Schuß Zivilität und Kultivierung. Bis weit in die Mitte und in die liberale Linke hinein weigert sich die deutsche Gesellschaft, Türken als Europäer zuzulassen. Sie akzeptieren sie weder als laizistische Republik islamischer Provenienz und Destination noch als Kultur- und Sprachgemeinschaft. Gerade die gebildeten Kreise verweigern Türken den Rang, den sie Franzosen, Engländern, Dänen oder Russen selbstverständlich einzuräumen bereit sind.

Diese Versäumnisse der deutschen Innen- und Außenpolitik können sich katastrophal auswirken. Die Türken im In- und Ausland warten dringend auf ein politisches Signal, das mehr verspricht als verlegene Fleißkärtchen für Jungmanager und ausrangierte NVA-Panzer für die NATO-Flanke. In Frankreich werden Nicht-EG-Ausländer, vor allem Nordafrikaner, nach längerem Aufenthalt als Wahlbürger gleichgestellt. Überdies gelten in vielen EG-Staaten sehr viel einfachere Einbürgerungsbestimmungen; auch die doppelte und mehrfache Staatsangehörigkeit wird toleriert. Der Gesetzgeber kann also sehr rasch und konkret etwas tun. Der Bundestag muß das EG-Wahlrecht so ins Grundgesetz einschreiben, daß es alle Bewohner von Staaten genießen, die den Europarat oder der KSZE angehören, nicht nur der EG. Sonst ist eine weitere Spaltung in Ausländer erster und zweiter Klasse nicht zu verhindern, für die das einzig erkennbare Kriterium der Islam wäre.

Eine weitere Probe ist die künftige Zahl der Einbürgerungen, die immer noch nicht in einem lange überfälligen Gesetz ganz neu im Sinne des Territorialprinzips (*ius soli*) geregelt worden sind, obgleich die Einbürgerung für junge Deutsch-Türken doch sehr erleichtert wurde. Den deutschen Paß zu nehmen, darf nicht mehr als «Verrat» an der Türkei oder als Affront gegen das Elternhaus gelten. In einigen Großstädten hat sich die Zahl der Einbürgerungen zuletzt deutlich erhöht. Wenn diese Tendenz nicht durch eine nationalistische Reaktion deutscher Identitätsideologen und türkischer Fanatiker umkippt, können schon bald Zigtausende erwachsener Einwandererkinder gleich- und wahlberechtigt sein und die Restriktionen, die die deutsche Ausländerpolitik seit dreißig Jahren gegen die politische Integration und Gleichberechtigung aufgebaut hat, durchbrechen. Dann erst wird möglich, was vielen heute noch völlig undenkbar erscheint: deutsche Muslime türkischer Abstammung als aktive Teilhaber der westlichen Demokratie.

Nach der Befreiung –
Islam und Demokratie in Algerien

> Und selbst erschossen
> Reißen sich die Männer um die Erde
> Und selbst erschossen
> Ziehen sie die Erde an sich
> Wie eine Decke
> Bald haben die Lebenden keine Schlafstatt mehr
>
> *Kateb Yacine (1929–1989),*
> *Poussières de Juillet (Staub des Juli)*

Wer erschoß Mohamed B.?

«Der Islam…», waren seine letzten Worte, jäh von einer MP-Salve unterbrochen. Nach dem kühl und präzise vorbereiteten Mord am algerischen Staatspräsidenten Mohammed Boudiaf verlautete aus seiner Umgebung, der glücklose Spätheimkehrer aus dem Exil habe zum dreißigsten Jahrestag der algerischen Unabhängigkeit im Juli 1992 eine deutliche Geste des Bruchs mit dem alten Regime vorbereitet und sich vom militärisch-bürokratischen Komplex ein Stück absetzen wollen. Ein Racheakt oder eine Präventivstrafe verunsicherter Militärs an einer unbotmäßigen Marionette, die den korrupten Augiasstall ernsthaft ausmisten wollte – das wäre immerhin ein Motiv für einen politischen Mord, der fürs erste seltsam folgenlos blieb und kaum die prekäre Routine des permanenten algerischen Ausnahmezustandes störte. In Algerien glaubte von Anfang an niemand an die These vom Mordanschlag der (dazu ohne weiteres fähigen!) Islamisten. Die Islamische Heilsfront FIS kann sich gleichwohl die Hände reiben, wenn sich die Vertreter des verhaßten Regimes selbst dezimieren – das algerische Volk sieht das offenbar genauso. Auf der Straße und in den Kaffeehäusern, wo keiner mehr ein Blatt vor den Mund zu nehmen brauchte, wechselte Empörung über die exorbitanten Preissteigerungen und Versorgungsprobleme mit zynischen Kommentaren über die Versuche der politischen Führung, bis mit dem 64jährigen Boumedienisten und erklärten Befürworters einer «Kriegswirtschaft», Belaid Abdesslam, die alte Repression und die Ausgehsperre wiederkam. Nachfolger des öffentlich exekutierten Boudiaf an der Spitze des fünfköpfigen Hohen Staatsrats war zuvor Ali Kafi geworden, der in diesem Gremium bisher wenig aufgefallen war und seither nicht an Statur gewann. Daß er der mitgliederstarken Massenorganisation der Moudjahedins (Alten Kämpfer) vorstand, bringt nichts mehr ein bei einem Volk, das mittlerweile zu drei Vierteln aus Nachgeborenen des Befreiungskrieges besteht. Die überwältigende Mehrheit der algerischen Jugend will nicht bloß andere Köpfe, sondern jüngere Männer an der Macht – auch wenn oder gerade weil sie Bärte tragen.

Algerien zu Beginn der neunziger Jahre, das ist eine wahre Kraftprobe des Islam im Westen – und ein Dreifrontenkrieg: Die verbotene Islamische Heilsfront (FIS) ist ebenso paralysiert wie das alte Regime der einst allmächtigen, mit Armee und Staatsklasse verbundenen Nationalen Befreiungsfront (FLN) und die von Verbot und Zensur betroffene Front der Sozialistischen Kräfte (FFS), die mit kleineren demokratischen Parteien Ausdruck der neuentstandenen Zivilgesellschaft ist. Auch die Rechnungsprüfer des Internationalen Währungsfonds, die in einem Luxushotel über der Stadt residieren, bilden höchstens eine Nebenregierung, die zwar die Kreditbedingungen diktieren, aber nicht das ersehnte Wirtschaftswunder bescheren kann. Das einst jedes Kredits würdige Land ist mit 26 Milliarden Dollar verschuldet. Der Schuldendienst beläuft sich auf acht Milliarden jährlich, das sind zwei Drittel der Deviseneinnahmen aus dem Exportgeschäft. Für den Import von Nahrungsmitteln und Investitionen in die maroden Staats- und die unterkapitalisierten Privatbetriebe bleibt immer weniger übrig. Algerien, einst Wortführer der Blockfreien, Protagonist der radikalen OPEC-Staaten und Sprecher der Gruppe der 77, ist nun wahrlich eine Führungsnation der Dritten Welt geworden.

So ernüchternd ist die Bilanz nach dreißig Jahren Unabhängigkeit. Vor allem eines herrscht im lethargisch-gereizten Klima der Hauptstadt Algier: das Gerücht. Die vielen sich widersprechenden

Mutmaßungen über Urheber und Nutznießer des Boudiaf-Attentats fügen sich in eine endlose Kette von Verschwörungstheorien und Intrigen, die das politische Leben Algeriens seit jeher bewegen. *Radio Trottoir* nennt man diese Gerüchteküche, die gezielte Indiskretionen, haltlose Verdächtigungen und vage Latrinenparolen streut und die Ausbildung einer wirklichen öffentlichen Meinung verhinderte. Die freie Presse, nach dem Volksaufstand vom Oktober 1988 entstanden und durch Zensureingriffe und Produktionsbeschränkungen aufs höchste bedroht, hat an dieser unheilvollen Imagination konspirativer Mächte mitgewirkt.

In Algerien herrscht ein schleichender Bürgerkrieg – zuwenig für den Aufmacher der Tagesschau, aber zuviel für *business as usual*. FFS-Chef Hocine Ait Ahmed, auch er ein «historischer Führer» der algerischen Revolution und wie Boudiaf lange exiliert, sah Algerien zum dreißigsten Jahrestag seiner Unabhängigkeit in die Konstellation vom Juli 1962 zurückversetzt. Schon in diesem langen Sommer der Anarchie trat der Riß zutage, der sich Ende der achtziger Jahre zum offenen Bürgerkrieg weitete. Schon damals ging es um die Frage, wie arabisch-islamisch Algerien werden sollte oder wie säkular-westlich es bleiben durfte. Die *Commission Culturelle Musulmane d'Algérie* trat für ein arabophones und religiös geleitetes Schulwesen ein, die *Commission pour l'Algérie Nouvelle* für ein zweisprachiges Bildungssystem und gleichberechtigte Kooperation mit Frankreich. Diese ambivalente Identität – zwischen arabo-islamischer Zivilisation, Frankophonie und Mediterranität – hat Algerien bis heute nicht entschieden. Das nordafrikanische Land ist ein spezieller Fall von Multikulturalismus, der seine koloniale Hypothek nicht abschütteln und deshalb nie produktiv werden konnte.

Auch die Frage, welchen Einfluß das Militär nach der Erlangung der Unabhängigkeit behalten und welchen Typ von Demokratie das Land bekommen sollte, wurde von Beginn an mit einer falschen Weichenstellung zugunsten eines militärisch-bürokratischen Einparteiensystems entschieden. Im Juli 1962 hatte auf den Bajonetten der Befreiungsarmee ALN der charismatische Ahmed Ben Bella ein autoritäres Präsidialregime errichtet, das die pluralistischer zusammengesetzte, der politischen Kultur des Westens mehr zugeneigte Exilregierung an die Wand drückte und jede bürgerliche Repräsentation und Gewaltenteilung im Keim erstickte. Ein Appell von Dissidenten, darunter des FLN-Gründers (Mitgliedsnummer 1) Ahmed Boudiaf, «gegen diesen Staatsstreich der ALN» blieb damals ohne Wirkung. Algerien wurde ein Militärregime mit islamisch-sozialistischem Anstrich. Das algerische Volk, das unter gewaltigen Opfern einer militärisch überlegenen Kolonialmacht getrotzt hatte, beugte sich der Diktatur seiner Befreier. Und diese bemächtigten sich des kollektiven Gedächtnisses, indem sie hemmungslos die Geschichte der durch eiskalten Terror und kluge Diplomatie erkämpften Unabhängigkeit verfälschten. Sie gaben egalitäre Parolen aus und droschen Einheitsphrasen, während sie immer stärker in Klientelismus, Kommandowirtschaft und Korruption absanken und sich oft wie eine politische Mafiabande aufführten.

Noch mehr Islam? Nationalismus und Islamismus in Algerien

Der europäische Begriff Laizismus ist nur schwer ins Arabische zu übertragen. Der islamisch-arabischen Zivilisation fehlen zwar nicht die Baupläne, aber doch die Bauteile der republikanischen Trennung von Religion und Politik. Auch im unabhängigen Algerien, das sich 1962 als demokratische Volksrepublik konstituierte und bis 1989 explizit zu einer (staats)sozialistischen Ideologie bekannte, ist der Islam Staatsreligion und allgegenwärtige «Kulturvorschrift». Der in Algier lebende Jesuitenpater und Sozialforscher Henri Sanson sah in dieser Mischung eine «islamische Laizität» eigenen Typs als «praktische Norm» und «Handlungsprinzip» im postkolonialen Algerien wirken. Gegen die orientalistische Sicht des Islam als abgeschlossenes, schriftlich kodifiziertes und monolithisches System, das dem Individuum strikte Unterordnung unter die Offenbarung und das Gesetz Gottes auferlegt, konstatiert der Religionssoziologe nüchtern die Spielräume für das Individuum und die daraus resultierende Vielfalt der religiösen Alltagspraxis im kolonialen und nachkolonialen Algerien. Nur so konnte der Islam als Staatsreligion gleichzeitig transzendente Norm und Objekt politischer Organisation sein: «Auch in Algerien ist es der Islam, der herrscht. Aber wenn er auch herrscht, es sind Menschen, die regieren. Und diese Menschen sind Laizisten.» Im Unterschied zur europäischen Opposition von Religion und Politik hat die algerische Staats- und Gesellschaftskonstruktion eine «Laizität von innen» praktiziert. «Der Islam herrscht, der Staat regiert und organisiert, unter anderem die Art und Weise, wie der Islam praktiziert wird.» Auch Algerien ist damit ein Fall von «Islam im Westen».

Der Islam, den die Heilsfront nun mit großem Pomp und viel Resonanz als «einzige Lösung» für alle Probleme des Landes anbietet, mußte also nicht neu erfunden werden. Er ist in Algerien eine «säkulare» Macht im Wortsinne, welche die Jahrhunderte und alle «westlichen» Regime, ob nun kolonial oder sozialistisch, überdauert hat. Die Religion, und nicht die algerische Nation oder später der Selbstverwaltungssozialismus, war die wichtigste Antriebsfeder und das entscheidende Bindemittel im Widerstand gegen die französische Kolonisation und Assimilation seit 1830. Die fremden Herrscher wurden vor allem als Ungläubige (*Kafr*) bekämpft und besiegt.

Nach der Befreiung mußte der algerische Nationalstaat also politisch-theologisch begründet werden. Seine kollektive Identität konnte weder an eine erinnerliche vorkoloniale Staatstradition noch an eine homogene ethnische Gemeinschaft anknüpfen, auch nicht an die Strukturen der profanbürokratischen Kolonialverwaltung, sondern einzig an das wichtigste Kriterium der algerischen Gesellschaft: den Islam. Religiöse Identität und nationale Unabhängigkeit wurden eins.

Das begann unmittelbar nach dem 5. Juli 1830. Schon in den ersten Monaten nach der französischen Okkupation des damals noch osmanischen Reichsteils riefen die religiösen Bruderschaften zum *Jihad* auf. Abd el-Kader, ein junger Stammesführer und Haupt der *Qadiriya*-Bruderschaft, war als «Emir der Gläubigen» Lenker dieses «protonationalen» Widerstands, an den heute ein wuchtiges Reiterstandbild auf einer Avenue der Hauptstadt und der Name der Universität in der als besonders geltenden Stadt Constantine erinnert. Aber auch noch weitere Revolten der Bruderschaften bis zum Beginn des 20. Jahrhunderts in vielen Regionen Algeriens, vor allem in der Wüste des Südens und in entlegenen Bergregionen, gegen die verschiedenen Varianten der «Französisierung» dieser halbnomadischen Gesellschaft konnten ihre Entfremdung und Enteignung nicht aufhalten. Die Beziehung zu den Vätern und Vorvätern war zerrissen, und der Islam wurde erst recht zur Zuflucht der Entwurzelten und Enterbten.

Mit der demographischen Revolution und der Verstädterung verlagerte sich im ersten Drittel des 20. Jahrhunderts die aufständische Basis in die Städte. Auch dort entwickelten sich moderner Nationalismus und Islamismus von Beginn an gemeinsam. Dazu stießen auch die Ulema unter der Führung von Ben Badis, die von den Thesen der *Salafiyya*-Reformer im Mittleren Orient beeinflußt waren und im Geiste der frommen Vorfahren (as-Salaf as-Salih) den Kampf gegen die Hegemonie des Westens aufnahmen, um wieder das Band zu den Vätern zu knüpfen. Zugleich sollte der Islam sich vom Obskurantismus, also vor allem von dem durch die koloniale Penetration noch verstärkten Heiligenkult (*Maraboutismus*) und vom Einfluß der traditionellen Bruderschaften und *Zawiyas* (Schulen) freimachen.

Eine erste algerische Nationalgeschichte aus der Feder des geistlichen Führers *Tawfiq el Madani* von 1931 formulierte das Leitmotiv gegen die assimilationsbereiten Teile der Nationalbewegung und kompromißbereite Mandatsträger: «Der Islam ist unsere Religion, Algerien ist unser Vaterland, Arabisch unsere Sprache.» Unter diesem Motto ging die Vereinigung der Ulema in der Nationalen Befreiungsfront auf; die national-populistische Synthese bekam damit eine breite ländliche Massenbasis. Die Gelehrten opponierten gegen alle weitreichenden laizistischen Bestrebungen und Tendenzen. In sämtlichen FLN-Proklamationen, vom Kampfprogramm von Soummam 1956 über die Unabhängigkeitsbotschaften von Tripoli und Algier Anfang der sechziger Jahre bis zur Nationalcharta von 1976, wurde der überragende Anteil des Islam in der «algerischen Persönlichkeit» herausgestrichen. Nicht nur beiläufig wurde schließlich in den beiden Verfassungen von 1976 und 1989 der Islam ausdrücklich Staatsreligion. Der Staatspräsident wird nicht nur darauf vereidigt, den revolutionären Idealen des 1. November 1954 treuzubleiben, sondern auch die islamische Religion zu respektieren und zu verherrlichen.

Das bedeutet: Der «Reislamisierung» von unten ging die Islamisierung von oben voraus. Die politische Bedeutung des Islam wurde nicht erst durch die 1989 gegründete Heilsfront, sondern bereits durch die islamischen Kräfte im alten Regime betont und bewußt als Kompensation für die Zumutungen der Modernisierungspolitik gefördert. So kam es zur konservativ-religiösen Familiengesetzgebung und zu der von den Konservativen beherrschten Arabisierungspolitik. Schon 1976 wurde der Freitag als gesetzlicher Feiertag eingeführt und das Verkaufsverbot alkoholischer Getränke an Muslime erlassen, einige Jahre später auch die Schweinezucht unterbunden. Bereits die alten FLN-Führer förderten die religiösen Feste und die Wallfahrt nach Mekka und beteiligten sich demonstrativ an islamischen Zeremonien in der Öffentlichkeit. Sie haben auch im ganzen Land Moscheen gebaut und den Ausbildungsbetrieb von der Grundschule bis zu den Universitäten religiös imprägniert.

So blieb die Fusion zum «islamischen Sozialismus» immer umstritten. Denn die Staatsklasse, ein clanartig verbundener Komplex aus Militärs, Managern der Staatsbetriebe, Verwaltungsspitzen und Funktionären der Einheitspartei, rangierte eindeutig vor der religiösen Führung. Die *Imame*, deren religiöse Unterweisung (bis heute) einer faktischen Vorzensur unterliegt, bildeten eine Art staatsnahen Klerus. Diese Arbeits- und Gewaltenteilung in der algerischen Gesellschaft erinnerte viele an den kolonialen Dualismus zwischen französischem und muslimischem Status. Langfristig mußte diese Ambivalenz die spätere Reislamisierung begünstigen und beschleunigen.

Damit waren die Bestandteile der «Laizität von innen» aus dem Gleichgewicht geraten. Eine untergründige Strömung, von nur wenigen nicht auf Ökonomie und Sozialismus fixierten Darstellungen in Algerien und im Westen wahrgenommen, geriet aus der vorgegebenen Bahn und trat als reißender Strom an die Oberfläche. Das Ergebnis war der *Front Islamique du Salut* (Islamische Heilsfront) Algeriens, der erst im Zuge der politischen Liberalisierung hervortreten konnte – später als die islamistischen Bewegungen im arabischen Osten (Machrek) und in Tunesien. Die Heilsfront konnte auf eigene Vorläufer zurückgreifen: Revivalistische, missionarische, auch terroristische Gruppen setzten den algerischen Sozialismus immer unter Druck und ertrotzten eine Dauerkampagne zur Moralisierung der Erziehung und des öffentlichen Lebens. Kopf der wichtigsten Gruppe, *Al Qiyam*, war Al-Hachemi Tijani, der sich auf den Gründer der ägyptischen Moslembrüder, Hassan al-Banna (1906–1949), und ihren 1966 öffentlich erhängten Ideologen Sayyed Qutb berief. In dieser auswärtigen Strömung liegt die zweite Quelle des FIS. Nachdem die Bruderschaften durch den ägyptischen Präsidenten Nasser verboten und 1970 endgültig aufgelöst worden waren, nahmen sie von Kairo, Damaskus und Bagdad auf die Durchführung der Arabisierung in Algerien Einfluß. Von dort kamen nämlich die «Entwicklungshelfer» an den Koranschulen und religiösen Hochschulen, insbesondere in Constantine. Dort wirkte zum Beispiel ein heute noch prominenter Islamist, Mafdoud Nahnah, der seinen Kampf gegen das Regime bis zum individuellen Terroranschlag trieb und Ende der achtziger Jahre als Gründer der Predigervereinigung *Al-Irchad wal-l-Islah* (Orientierung und Reform) und der politischen Partei *Hamas* hervortrat.

Vor allem seit die Sozialisierungspolitik systematischer wurde und laizistische Manager der Staatsbetriebe und Erdölgesellschaft in Politik und Gesellschaft den Ton angaben, zerfaserte das alte politisch-religiöse Bündnis. Die 1974 in Marokko erschienene Programmschrift *Le Mazdaqisme est à l'origine du socialisme* von Cheikh Abdellatif Ben Ali al-Soltani, dem Gründervater der algerischen Islamisten, prangerte die Regierungspolitik als gottlos und häretisch an. Vor allem die 1971 eingeleitete Agrarrevolution verschaffte der islamischen Opposition eine breite Basis. Die Unterstützung der Landreform durch linke Freiwillige, vor allem aus den Reihen der kommunistischen PAGS-Partei, war den Religiösen hochsuspekt. Sie stellten sich vor die von Enteignung bedrohten Grundbesitzer und brachten das staatliche Umverteilungsprojekt – als Anschlag auf das im Koran geschützte Privateigentum – letztlich zu Fall. Auch in der langen «Hängepartie» des immer wieder ausgesetzten und novellierten Familiengesetzes entwickelte sich der Islamismus zu einer gegenrevolutionären Bewegung mit teilweise militanten Methoden. Ihre Hochburgen waren neben den religiösen Zentren die Universitäten. Vor allem an den sprach-, natur- und sozialwissenschaftlichen Fakultäten machten die *Arabisants* den bessergestellten, zweisprachigen Frankophonen und Kabylen die Besetzung künftiger Führungspositionen und ihr kulturelles Eigenrecht streitig. Bei diesen Vorgängen wirkten Teile der Staatsklasse mit den offiziell verfemten Islamisten eng zusammen.

Unter dem Eindruck der iranischen Revolution und im Gefolge der mit Staatspräsident Chadli Benjeddid eingeleiteten Liberalisierung nach 1979 gingen die politischen Forderungen der Islamisten weit über den Campus hinaus. Nicht staatlich zugelassene Prediger wie Cheikh Sahnoun, ein Schüler von Ben Badis und ein alter Kämpfer, schlugen in «privaten» Vorstadt-Moscheen die Massen in ihren Bann und verbreiteten ihre Botschaft über Kassetten und Flugblätter. Ihre Anhänger, die bald auch äußerlich als Bärtige in traditioneller Kluft im öffentlichen Leben kenntlich wurden, wirkten in den von ihnen kontrollierten Vierteln und an zentralen Plätzen als öffentliche Sittenpolizei, die das alltägliche Verhalten vor allem der (jungen) Frauen streng nach «richtig» (*halal*) und «falsch» (*haram*) kodierte und kontrollierte. Bars, Kinos und andere Stützpunkte angeblichen westlichen Sittenverfalls wurden angegriffen. Das Massenmeeting der Islamisten an der Universität Algier im November 1982 war eine Art *Coming out* der Islamisten. Zu dem älteren Predigerduo Soltani und Sahnoun aus der Ulema-Generation stieß der spätere FIS-Chef und Soziologe Abassi Madani (Jahrgang 1931); gemeinsam unterzeichneten sie ein politisches Programm als Alternative zur algerischen Laizität. Zigtausende hochengagierter Anhänger zeigten sich bei den Freitagsgebeten. Die Beerdigung der Cheikhs Soltani und Arbaoui (1984) wurden zu Manifestationen und Kraftproben: Die Massenbasis der Islamisten lief der FLN-Führung aus dem Ruder. Häufige Inhaftierung durch den damals noch intakten Repressionsapparat verschaffte den Führern der Bewegung das Ansehen von Märtyrern und Popularität im ganzen Land. Weitere Agitatoren, nun aus der postkolonialen Generation, wie der Lehrer Ali Benhadj († 1956), fanden besonderen Anklang unter männlichen (keineswegs nur arbeitslosen) Jugendlichen. Das Vokabular des *Imams* der Sunna-Moschee von Bab el-Oued, den man auch den «algerischen Trotzki» genannt hat, war extrem militant und rebellisch. Nicht nur beiläufig nahm es Bezug auf eine kleine, konspirativ tätige Gruppe unter Mustafa Bouyali, der das FLN-Regime aus dem Untergrund heraus mit Terroranschlägen und politischem Mord bekämpfte. Bouyali, auch er ein alter Maquisard, hatte seine Gruppe übrigens nach dem Modell der *Organisation Speciale* aufgebaut, die vor 1954 den harten, terroristischen Kern der algerischen Guerillaarmee bildete, bis der in Abwesenheit zum Tode verurteilte Terrorist 1987 in einer Schießerei mit den Sicherheitskräften getötet wurde. Auch wenn die Mehrheit der Islamisten gewaltfreie Methoden proklamiert und praktiziert, beeindruckte dies die islamistische Bewegung tief – bis hin zu den heutigen «Afghanen», ehemaligen Freiwilligen im Kampf gegen das kommunistische Regime in Kabul, aus denen sich auch die heute aktiven Terrorkommandos rekrutieren.

Noch in dieser Periode der Illegalität räumte Präsident Chadli dem Islamismus symbolisch wie praktisch immer stärkere Bedeutung ein. Die «Barbéfélenes» (Bärtige im FLN) genannten Parteifunktionäre bekamen Einfluß im Apparat. Aus der Rivalität wurde eine offene Herausforderung. Die Bildung einer verfassungsmäßig verbotenen Religionspartei erfolgte bald, nachdem die blutigen Oktoberunruhen von 1988, ein Aufstand vor allem der jüngeren Generation, den Ausverkauf des alten Regimes angezeigt und eine Öffnung unvermeidbar gemacht hatte. Geschickt setzten sich die Islamisten an die Spitze der Jugendrevolte. Sie heimsten höchste Anerkennung an, als Präsident Chadli ihre Delegation als politische Führungsgruppe der islamischen Bewegung empfing. Im Unterschied zu den verfilzten Massenorganisationen und Gewerkschaften vermochten sie, die bisher nicht artikulierten Interessen und Unzufriedenheiten zu bündeln und der diffusen Stimmung des *ras-le-bol* (Schnauze voll) eine klarere Richtung zu geben.

Die 1989 als Partei zugelassene, der herrschenden «Front» namensverwandte Heilsfront mußte die «Reislamisierung» also weniger gegen eine laizistische Republik erkämpfen als die Islamisten in der Türkei oder auch in Tunesien und Ägypten. Sie nimmt für sich in Anspruch, Inkonsequenzen und Halbheiten der «islamischen Republik» Algerien zu korrigieren. Die Heilsfront ist ein lockeres und heterogenes Bündnis, das stockkonservative, von Enteignung bedrohte Großgrundbesitzer genauso wie die Reste des selbständigen Mittelstands und auch enttäuschte Marxisten und Tiersmondisten unter der grünen Flagge und einem sehr vagen Programm vereint.

Es mußte nur die ideologische Zwangsjacke aufschnüren, die der Religion durch die Staatsklasse im Realsozialismus nordafrikanischen Typs angelegt worden war; sie brauchte nur die Moscheen zu «befreien», welche die Regierung im ganzen Land seit Beginn der siebziger Jahre gebaut hatte. Man kann ohne Übertreibung sagen: Der FIS ist personell wie ideologisch ein feindlicher Zwillingsbruder des FLN. Der Islamismus war demnach ein Produkt und Kind der algerischen Staatsklasse, auch wenn die radikalen Prediger bestreiten, daß viele unter ihnen aus dem politisch-sozialen Milieu ebenjener national-populistischen Eliten stammen, die sie heute als verderbt und gottlos anprangern. Die Arabisierung des öffentlichen Lebens schuf dem heutigen Islamismus eine breite soziale Basis und seine entschlossensten Kader. Die massenhafte Frustration der für überflüssig und inkompetent erklärten, jobsuchenden *Arabisants* in den achtziger Jahren fanatisierte sie, vor allem angesichts des Scheiterns einer an den Westen angelehnten, zur Sicherung der nationalen Unabhängigkeit gedachten Modernisierungspolitik. Dieser eigenwillige, aber nicht eigenständig durchzuhaltende Entwicklungsweg der «industrialisierenden Industrialisierung», der auf der durch Rohöl- und Erdgasexporte finanzierten modernen Produktionsgüterbranche im Staatsbesitz beruhte, führte nur an die «Schwelle» der Entwicklung, nicht über sie hinaus. Die inneren Rückschläge dieser forcierten Politik, vor allem die Landflucht und die demographische und urbane Krise, dazu die Massenarbeitslosigkeit und schuldenbedingte Teuerung, haben zwangsläufig Kräften Auftrieb und Selbständigkeit verliehen, die seitens der Staatsklasse nur flankierend und kompensatorisch gedacht waren. Die Rückbesinnung auf die «algerische Persönlichkeit» ging über das ideologisch vorgegebene Maß hinaus. In der Öffnung bot sich die «Rückbindung» (*religio*) an ein Fundament an, das weit höhere Gewißheit als die progressistische Entwicklungsidee des algerischen Sozialismus versprach und das mittlerweile auch attraktiver ist als vage Aussichten auf die Segnungen westlichen Konsums und Lebensstandards.

Die Partei Frankreichs

Übereinstimmend sehen FIS und FLN die algerische Nation dem Okzident gegenüber in einem Verhältnis unvollendeter Befreiung. Das FLN-Regime, ein eigenwilliger, aber verläßlicher Partner des realsozialistischen Lagers und zeitweiliges Idol westlicher Tiersmondisten, setzte dabei mehr auf klassischen «Antiimperialismus»: Die quasidiplomatische Akkreditierung aller möglichen Befreiungsfronten, der Status als antizionistischer «Frontstaat» gegen Israel, die weitgehende Parteinahme für den palästinensischen Terrorismus, zuletzt die Unterstützung für Saddam Hussein im Golfkrieg, aber auch die Vorreiterrolle Algeriens als Anwalt einer gerechteren Weltwirtschaftsordnung und stabiler bzw. höherer Rohöl- und Erdgaspreise im OPEC-Kartell illustrieren dies. Die Entwicklungsideologie, obwohl von einem kruden Produktivismus beherrscht, hatte immer antiwestliche Assoziationen. Der Islamismus, für den politische Ereignisse wie die arabische Niederlage 1967, die iranische Revolution und der Golfkrieg Schlüsselereignisse waren, brauchte davon nur die sozialistischen, hier ebenfalls als «westlich» apostrophierten Züge entfernen, damit der authentische Islam als Gegner des westlichen Lebensstils und der politischen Kultur des Westens hervortrat. Nichts einzuwenden haben die Islamisten gegen die technologische Modernisierung und eine liberale Wirtschaft westlichen Musters. Denn zum FIS-Anhang zählen viele Händler, kleine und mittlere Unternehmer und Angehörige der technisch-wissenschaftlichen Intelligenz.

Die Ironie der akuten algerischen Krise liegt nun darin, daß der islamistische Kampf gegen das als «gottlos» gebrandmarkte FLN-Regime als zeitgemäße Fortsetzung des vor dreißig Jahren beendeten, aber angeblich vom Militär verratenen Krieges gegen den heidnischen Aggressor aus Frankreich gilt. Tragisch wird die Ironie dadurch, daß viele Algerier diese Unterstellung mittlerweile für bare Münze nehmen. Sie erlebten die Internierung von Tausenden von «Bärtigen» in den Lagern im Süden als Fortsetzung der kolonialen Deportationen und Umsiedlungen. Auf den illegalen Wandzeitungen des FIS wird diese Parallele explizit gezogen: Das FLN-Regime erscheint dort als *hizb farança* (Partei Frankreichs). «Die Geschichte wiederholt sich», behauptete etwa die mit hochmodernem Laser ge-druckte, illegale *Freitagstribüne*. Auch gemäßigte Zeitungen schrie-ben, Maßnahmen wie das aktuelle Verbot des Freitagsgebetes vor den Toren der Moschee und die 1957 vom französischen Besatzer getroffene Anordnung ähnelten sich «wie zwei Wassertropfen». Bei manchen Aktionen gegen Islamisten drängte sich fatal der Eindruck einer neuen «Schlacht um Algier» auf: Wieder werden in der Kasbah Terroristen gejagt und erneut Attentäter steckbrieflich gesucht. Diese Parallelen irritierten auch die Führungskader und mittleren Ränge der Armee, die im Guerillakampf gegen die Kolonialherren geboren wurden und aus diesem historischen Befreiungsakt ihre ganze Legitimation beziehen. Dreißig Jahre nach der Unabhängig-keit hält das Militär nun das rebellische Volk in Schach und muß sich dafür mit französischen Fallschirmjägern und Folterknechten gleich-setzen lassen.

Unterstützt wird diese unhistorische Gleichsetzung ausgerechnet durch die in Algerien allgegenwärtige Berichterstattung franzö-sischer Fernseh- und Rundfunksender, bei denen sich auch FIS-An-hänger wegen ihrer Aversion gegen das Staatsfernsehen über die alge-rischen Zustände informieren. Für sie fällt die französische Warnung vor den Fundamentalisten mit den Parolen des FLN gegen den FIS in eins und steht der FLN (und jeder Opponent der islamischen Erneue-rung) mit dem einstigen Todfeind im Bunde.

Ali Belhadj plus Abassi Madani gleich Hitler?

Die westlichen Kommentatoren unterscheiden zuwenig die religiöse Identitätssuche der überwiegenden Mehrheit der Algerier von der politischen Propaganda des FIS. «Keine demokratischen Freihei-ten für die Feinde der Demokratie», lautete die Begründung für die antiislamistische Repression, die Aussetzung des Demokratiepro-zesses in Algerien und die Aussetzung der Januar-Wahlen. Dieses Verdikt greift aber viel zu kurz. Denn die Islamisten waren nicht bloße Nutznießer einer von anderen eingeleiteten und ganz anders gemeinten Liberalisierung, sie waren auch Ausdruck und sogar An-triebsmotor dieser Befreiung von einer militärisch gestützten Diktatur. Auch Algerien ist befallen worden vom Virus der «demokratischen Weltrevolution», der seit Anfang der achtziger Jahre in der Dritten Welt und im sowjetischen Einflußbereich grassiert – trotz Rezession und Schuldenkrise, trotz Elend und Anomie. Auch im sogenannten «Preußen Nordafrikas» konnte die etappenweise Entstaatlichung der Wirtschaft nicht ohne politische Entsprechung bleiben: Die Zensur fiel ebenso wie das Einparteiensystem, die Armee mußte sich Schranken auferlegen, und die Massenorganisationen der Jugend und der Frauen mußten liberale Konkurrenz zulassen. Außer Privatbetrieben und freien Arbeitgeberverbänden entstanden kulturelle Freiheit, Menschenrechtsorganisationen und nicht zuletzt freie Printmedien, die sich der Staatsaufsicht peu à peu entzogen. Obwohl also der FIS eine nach religiösem Muster formierte Gesellschaft anstrebt und keinesfalls eine Demokratie westlichen Musters und obwohl er auch keinerlei innerparteiliche Demokratie praktiziert, bringt auch der Islamismus indirekt diese lange unterdrückten und strikt eingerahmten zivilgesellschaftlichen Aspirationen zum Ausdruck.

Europäer sehen in den radikalen Moslemführern von Kouba, Bab El-Oued oder Constantine aber nur neue Hitler heraufziehen. Als letzte Gegenmittel propagieren sie dann eine Notverordnungs- und Präsidialdiktatur à la Brüning, Schleicher und von Papen. Die Obristen gelten als kleineres Übel. Manche erklären demokratische Wahlen in der islamischen Welt überhaupt für obsolet, solange sie die Fundamentalisten bringen, aber keine tatsächliche Demokratisierung. Sie verharmlosen die Unterbrechung der Januar-Wahlen als «Verbiegung der Verfassung» und rechtfertigen damit die Perpetuierung des Militärregimes. Für manche Beobachter ist die Nationale Volksarmee (ANP) gar die «Hüterin der Verfassung», die die Republik und den in den achtziger Jahren gewonnenen Pluralismus gegen den islamistischen Totalitarismus verteidigt. Man darf gewiß die zutiefst antidemokratische Grundhaltung tonangebender FIS-Vertreter nicht verkennen und unterschätzen. Aber mit einem solchen Persilschein für das alte Regime ist der demokratischen Opposition sicher nicht geholfen. Der algerische Oppositionelle Rachid Mimouni, ein Schriftsteller, der sich strikt gegen die Ziele des FIS ausspricht, verkennt aber nicht, daß der größte Teil der Algerier sich «lieber von diesen Leuten» regieren als weiter von der «FLN-Mafia» drangsalieren lassen würde. Auch ein islamistischer Neigungen gewiß unverdächtiger Menschenrechtsanwalt wie Ali Yahia Abdenour verteidigt die von der Todesstrafe bedrohten FIS-Führer, auch im politischen Sinne.

Es war immer falsch, sich zur Abwehr einer vermeintlichen oder tatsächlichen kommunistischen Bedrohung mit autoritären Junten und Diktatoren der westlichen Hemisphäre zu verbünden. Ebenso kurzsichtig ist es aber heute, wenn der Westen namens der Aufklärung und Moderne Dritte-Welt-Regimen moralischen Kredit gibt, die Oppositionelle einsperren und, wie im Falle der algerischen Ausnahmeregierung, ankündigen, notfalls jederzeit wieder ein paar tausend Leute in die Lager zu schicken. Auch wegen des fehlenden internationalen Drucks (man stelle sich die aufgeregten Reaktionen auf ein umgekehrtes Repressionsszenario vor!) wurden Internierte im Jahr 1992 bloß tropfenweise aus dem Süden entlassen. Bis heute werden nach Aussage der Menschenrechtsliga in algerischen Polizeistationen und Gefängnissen Oppositionelle gefoltert und unrechtmäßig festgehalten. Und die Rechnung ist nicht aufgegangen: Viele von ihnen kehrten wilder entschlossen denn je nach Hause zurück. Der Süden oder das Gefängnis war für sie ein religiöses Erlebnis, geradezu ein Purgatorium für den kommenden Gottesstaat.

Im Gegensatz zu den zitierten, weitverbreiteten Standpunkten hat die Demokratie in Algerien *zwei* große Feinde: den Islamismus des FIS, der das Mehrheitsprinzip und alle Erfordernisse eines pluralistischen Wettbewerbs prinzipiell verneint, *und* die Cliquenherrschaft der militärisch-bürokratischen Staatsklasse, die zur ernsthaften Demokratisierung unfähig ist, solange sie an der Macht bleibt. Um das alte Regime zu beseitigen, und weniger aus Begeisterung für die vage und widersprüchlich angekündigte islamische Republik, haben die meisten Wähler dem FIS 1990 und 1991 ihre Stimme gegeben – und sie würden es heute wieder tun. Immer ungeduldiger warten die algerischen Bürger auf eine wirkliche Änderung des Kurses, vor allem auf die Beseitigung der endemischen Korruption. Das käme freilich einer Selbstabschaffung der «Nomenklatura» gleich, ebenso wie die Bewältigung der ökonomischen Misere, gleich durch welche Regierung, einem Wunder nahekäme.

Tertium datur?

Gibt es da noch eine Alternative zur Machtübernahme der Islamisten, und wichtiger noch: Gäbe es noch demokratische Alternativen, wenn irgendwann doch der FIS die Regierung übernehmen würde? Dafür spricht zunächst ein machtpolitisches Kalkül. Interne Differenzen werden im islamischen Block beharrlich geleugnet und von westlichen Beobachtern zu gering geachtet. Sie werden um so stärker hervortreten, je stärker der FIS in der politischen Verantwortung steht. Das Militär, über dessen innere Verfassung und Gegensätze man nur spekulieren kann, bleibt in jedem Fall ein Gegengewicht gegen die Integristen; es kann diese Funktion aber nur übernehmen, wenn es sich auf eine «begrenzte Rolle» zurückzieht und nicht mehr als Bürgerkriegstruppe gegen das eigene Volk auftritt.

Doch ist auch eine nicht bloß machtpolitische Alternative noch immer möglich. Dazu muß man das Denkmodell einer eigenständigen Säkularisierung islamischer Gesellschaften bemühen. Theologisch scheint dieser Weg verbaut. Für gläubige Muslime sind weltliche und göttliche Ordnung nur als Einheit denkbar; der christliche Dualismus von *sacerdotium* und *regnum* steht in dieser Form nicht zur Verfügung. Aber auch eine islamische (Koalitions-)Regierung müßte die Pluralität der algerischen Gesellschaft akzeptieren – und sich damit doch wieder auf die Gegebenheiten der islamischen Laizität einlassen.

Eine empirische Religionssoziologie des Islam im Westen gibt es auch im algerischen Fall nicht. Aber das Gros der algerischen Muslime folgt gewiß nicht dem religiösen Extremismus der FIS-Führung. Sie wünschen sich keine strikte Durchdringung des öffentlichen Lebens, sondern folgen nach wie vor einem «Volksislam», der sich auf hohe Festtage und private Frömmigkeit konzentriert, der viele von der Staatsreligion und von den Islamisten gleichermaßen als rückschrittlich verfemte Praktiken aufrechterhält und nur eine moderate Moralisierung des privaten Lebens, des Erziehungswesens, der urbanen Beziehungen und der Politik in Aussicht stellt. Gegen eine Radikalkur spricht vor allem die Durchdringung des Alltags durch die okzidentale «Weltkultur» (vor allem französischer Färbung), deren Symbol die Parabolantenne und deren Träger der allgegenwärtige «trabendo» (Schwarzhändler) ist. Dieser Anschluß erscheint in Algerien, eine Flugstunde von Marseille oder Madrid entfernt, kaum noch reversibel. Auch wenn das Mittelmeer natürlich keine Mauer war: Algerien stand und steht zum ehemaligen Mutterland fast wie die einstige DDR zur Bundesrepublik. «Drüben» sind nicht nur die algerischen Stars des *Rai*, einer vor allem bei jungen Leuten populären Musikrichtung, drüben leben auch die Verwandten, die seit Generationen als Gastarbeiter, Gastronomen und Geschäftsleute tätig sind. Drüben kann man die Qualifikationen erwerben, die das trotz gigantischer Anstrengungen völlig unzulängliche Bildungssystem der algerischen Jugend nicht bietet. «Babor», das Boot, symbolisiert angesichts der erschwerten Reisemöglichkeiten das Phantasma der Ausreise, von dem viele Algerier so besessen sind, wie die Bürger Osteuropas es vor Öffnung der Mauer waren. Die Schlangen vor dem französischen Konsulat beweisen es. Und trotz Visakomplikationen und Devisenknappheit ist das Mittelmeer nie so breit, wie die Mauer zwischen den beiden Deutschlands hoch war. Wie diese distanzierte Nähe zur Metropole in Ben Bellas und Boumediennes Zeiten keinem «Sozialismus in einem Land» und die radikale Abkopplung erlaubte, so unwahrscheinlich ist nun die islamische Republik, die die Lebenswelt durchschlagend von westlichen Spuren reinigt.

Allerdings vollzog sich diese «Westbindung» rein privat und *contre cœur*, nicht politisch. Die Orientierung auf den Westen ist bezahlt mit mehreren Generationen Massenemigration nach Europa, ist also wieder durch koloniale Hypotheken belastet und wird deswegen kollektiv verleugnet. Um so trotziger fällt daher die identitäre Selbstbehauptung der Muslime aus; sie stützt sich nicht nur auf den algerischen Nationalstolz, sondern vor allem auf die religiöse Differenz und die Einordnung in eine religiöse Gemeinschaft, die weit über die algerische Nation hinausreicht. Diese spirituelle Dimension des islamischen Aufstandes kann nicht in Frage gestellt werden – und sollte es auch nicht. Sie hält, allem Anschein zum Trotz, für die westlichen Gesellschaften mehr Botschaften bereit, als deren Konsum- und Entwicklungsmodell noch in die umgekehrte Richtung auszusenden in der Lage ist. Trotz der widrigen Umstände ist neben der Heilsfront eine demokratische oder, wie man nun auch in

Algerien sagt: zivilgesellschaftliche Opposition gewachsen, die, zahlenmäßig viel geringer und weniger populär, ebenfalls kaum noch zum Schweigen gebracht werden kann. Im ungleichen Kampf zwischen Militärbürokratie, islamischer Fundamentalopposition und demokratischer Zivilgesellschaft sind die Chancen für eine freiheitliche Demokratie nicht von vornherein und für immer aussichtslos. Es besteht nach wie vor eine Chance zum historischen Kompromiß zwischen Islam, westlicher Demokratie und moderner Lebensführung in Nordafrika.

Algerien hat auch in diesem besseren Fall noch eine schwierige Zeit vor sich. In das Vakuum des zersplitternden Gewaltmonopols dringen unberechenbare, schwer zähmbare Kräfte ein. Die kollektive Nervenanspannung nach dreißig Jahren Bevormundung und vier Jahren Ausnahmezustand ist gewaltig, Entladungen werden nicht ausbleiben. Doch aus dem fremdverschuldeten und selbstverstärkten Debakel kann sich Algerien unmöglich am eigenen Schopf herausziehen. Es kommt deshalb sehr auf das Verhalten des Westens an, der Algerien ökonomische Hilfen, politische Kooperationsangebote und kulturelle Offenheit bieten kann. Fast alles davon ist bisher ausgeblieben. Angst vor dem Fundamentalismus ist eben ein schlechter Ratgeber.

DER ISLAM IM WESTEN

Zwischen Säkularismus und Integrismus

> Es ist das Schicksal unserer Zeit, mit der ihr eigenen Rationalisierung und Intellektualisierung, vor allem: Entzauberung der Welt, daß gerade die letzten und sublimsten Werte zurückgetreten sind aus der Öffentlichkeit, entweder in das hinterweltliche Reich mystischen Lebens oder in die Brüderlichkeit unmittelbarer Beziehungen der Einzelnen zueinander. (...) Versucht man, religiöse Neubildungen zu ergrübeln ohne echte, neue Prophetie, so entsteht im innerlichen Sinn etwas Ähnliches, was noch übler wirken muß: Und die Kathederprophetie wird vollends nur fanatische Sekten, aber nie eine echte Gemeinschaft schaffen. Wer dies Schicksal der Zeit nicht männlich ertragen kann, dem muß man sagen: Er kehre lieber, schweigend, ohne die übliche öffentliche Renegatenreklame, sondern schlicht und einfach, in die weit und erbarmend geöffneten Arme der alten Kirchen zurück. Sie machen es ihm ja nicht schwer. Irgendwie hat er dabei – das ist unvermeidlich – das «Opfer des Intellekts» zu bringen, so oder so.

> *Max Weber, Wissenschaft als Beruf, 1919*

Mit *Entzauberung der Welt* meinte Max Weber die «zunehmende Intellektualisierung und Rationalisierung» der Welt, «*nicht* eine zunehmende allgemeine Kenntnis der Lebensbedingungen, unter denen man steht», sondern

«das Wissen davon oder den Glauben daran: daß man, wenn man *nur wollte*, es jederzeit erfahren *könnte*, daß es also prinzipiell keine geheimnisvollen unberechenbaren Mächte gebe, die da hineinspielen, daß man vielmehr alle Dinge – im Prinzip – durch *Berechnen beherrschen* könne».

Ist einmal die «Magie aus den Dingen» (Schiller), der Zaubergarten von einst schön durchkalkuliert und bestens ausgeschildert, bekommt die Religion ihren bescheidenen Platz angewiesen: in der Nische. Sie prägt und vereinnahmt das gesamte Gefüge nicht mehr wie in traditionalen Verhältnissen. Eine selbstbewußte Gesellschaft ist zwar vom Tod Gottes nicht überzeugt, muß aber ihre Existenzweisen und Spielregeln auf seine Abwesenheit einstellen. Auch das geoffenbarte Wort verliert seinen Zauber: *Let's talk about it*, reden wir mal drüber. Religion ist ins Diskursuniversum aufgenommen.

Diese gnadenlose Zurichtung des Heiligen liegt aber schon in den monotheistischen Buchreligionen selbst begründet. Denn sie sind lesbar (nicht: mystisch), rational (nicht: magisch) und transzendent (nicht: kosmologisch). Sie betten sich ein in den Strom der Geschichte und sind mit vollem Bedacht auf den sozialen Wandel eingestellt. Der Clou der westlichen *Selbst-Säkularisierung* besteht nun darin: Indem sich althergebrachte Religion und moderne Gesellschaft voneinander schieden, konnte sich das Religiöse als spezielle Sphäre (alias: Religionssystem) profilieren und in relativer Autonomie die anderen Bereiche der sozialen Vergesellschaftung beeinflussen. Sosehr sich moderne Gesellschaften insgesamt verweltlichen, so (eigen)mächtig wurden ihre kirchlich-konfessionellen Organe und Institutionen. Sie haben sich auf eine modernitäts*konforme* Weise privatisiert, individualisiert und subjektiviert.

Indem die *ecclesia militans* sich gegenüber der *civitas mundi* absetzte und autonom wurde, bekam sie ihre eigene institutionelle Ausstattung und Vernünftigkeit. Nach der Reformation galt das für die Konfessionen überhaupt. Mit der fortschreitenden Rationalisierung aller Bereiche des *saeculum*, die damit auch zu autonomen «Subsystemen» wurden (Markt, Recht, Politik und soziale Verbände), geriet dann auch das Religiöse ins Gravitationsfeld dieser Verweltlichung – auch und gerade weil die Kirche ihre innere Glaubenswahrheit von allen Imperativen sozialer Funktionstüchtigkeit freihalten wollte. Daß Religion nur mehr innerlich, subjektiv wahrgenommen werden kann, das soziale System aber keinerlei «heiligen Kosmos» (Luckmann) mehr verbürgt, ist der Clou des Prinzips Säkularisierung. Und so formuliert der Systemtheoretiker die «ideenpolitische Kampfparole» nüchtern um:

«Säkularisierung ist eine der Konsequenzen des Umbaus der Gesellschaft in Richtung auf ein primär funktional differenziertes System, in dem jeder Funktionsbereich höhere Eigenständigkeit und Autonomie gewinnt, aber auch abhängiger wird davon, daß und wie die anderen Funktionen erfüllt werden» (Niklas Luhmann).

Ein weiteres Merkmal der westlichen Staats- und Religionsordnung ist ihr konfessioneller *Pluralismus*. Was einige aufrechte Christen noch immer beklagen und durch ökumenische Veranstaltungen reparieren wollen, ist für den Soziologen ein historischer «Glücksfall» (Niklas Luhmann): die Kirchenspaltung. Sie verbürgte ein weitgefaßtes, in den bürgerlichen Revolutionen befestigtes Prinzip der *Inklusion*: Alle sollen jederzeit alle sozialen Rollen in allen Teilsystemen der Gesellschaft übernehmen können. Die Kirche paßt sich dem an – mit Gewinn. Sie schult Kleriker und Virtuosen in «Rollenträger» um und gibt dem Laienvolk einen aktiven Part.

Die Forschheit der Reformatoren fand man anfangs auch in Rom zu radikal, mit dem bekannten schismatischen Effekt, der traumatische Bürgerkriege auslöste. Die napoleonische Säkularisierung galt dem Stellvertreter Christi in Rom als Katastrophe. Wieso also Glücksfall? Weil sich am friedlichen Ende im Religionssystem selbst der Zwang zu einer Wahl des Glaubens ergab und damit eine Chance eröffnete: Das ansonsten auf ewig strittige Inklusionsproblem wurde durch Segmentierung, also Binnendifferenzierung, gelöst. Welche Religion auch immer man wählt – dieses Bekenntnis darf der gleichberechtigten Beteiligung am öffentlichen Leben keinesfalls entgegenstehen; es darf auch nicht die Akteure des politischen Systems unter theologische Aufsicht und kirchliche Kuratel stellen.

Das heißt auch: Politik und Religion können nur noch im mittelalterlichen Ideal und im fundamentalistischen Traum eins bleiben. Die religiösen Gemeinschaften mußten ihren ungebrochenen Absolutheitsanspruch verinnerlichen, also Gehorsam nur den eigenen Mitgliedern auferlegen oder der Einsicht jedes einzelnen Frommen überlassen. Dadurch wurden sie schließlich selbst zu Garanten der Separation. Denn jede Kirche wacht über die Aufrechterhaltung der Grenze und verhindert, daß sich eine Konfession zum Staatsmonopol aufschwingt. In dieser Gleich-Gültigkeit, der Egalisierung der Konfessionen und der Neutralisierung der Gläubigen im bürgerlichen Recht und in der Verfahrensgerechtigkeit politischer Institutionen, bestand die große zivilisatorische Leistung des modernen Nationalstaats.

Soweit das westliche Modell der Trennung von Religion und Politik, wie es am reinsten im US-Modell des *denominationalism* verwirklicht ist. Aber wie immer gibt es die andere Seite der Medaille. In dem Maße, wie sich die weltliche Ordnungsmacht autonom setzte und zu dem für die Neuzeit typischen Anspruch aufschwang, aus einem «Monopol legitimer physischer Gewaltsamkeit» (Max Weber) heraus kollektiv verbindliche Entscheidungen zu erwirken und durchzusetzen, saugte die Politik religiöse Elemente in sich auf. Die Nation selber wurde geheiligt und das Politische verhext bis zum Wahn. Man muß nicht so weit gehen wie Carl Schmitt, für den *alle* prägnanten Begriffe der modernen Staatslehre säkularisierte theologische Termini waren. Aber die politisch-theologische Grundierung westlicher Demokratien ist auch in zivileren politischen Kulturen des Westens unverkennbar. Als Beispiele kann man die Grundwerte-Kataloge der Verfassungen, die konfessionelle Kodierung der politischen Lager und das Subsidiaritätsprinzip als normative Grundlage sozialpolitischer Staatätigkeit erwähnen. Auch in ermäßigter Form bleibt das christliche Menschenbild gesellschafts- und staatstragend, wie oben auch am Beispiel der europäischen Identität demonstriert wurde.

Diese eiserne Logik der *Ausdifferenzierung* hat freilich unterschiedliche Reichweiten: Markt, Wissenschaft und Technik wurden religionsfreier als die Politik und erst recht als die Familien- und Verwandtschaftssysteme, in denen Religion als Sinngebungsinstanz, heute eher in privater Form und fakultativ, länger Bestand hatte. Es mag aber sein, daß es damit allmählich ein Ende hat. Denn im Sieg des Westens über die beiden totalitären Versuchungen, die er selbst hervorgebracht hat, wird auch eine Schwäche überdeutlich: Er wird, nach dem Verschwinden des bedrohlichen Gegenübers, immer unfähiger, sozusagen aus dem Nichts beziehungsweise aus den formalen Regeln «prozeduraler Vernunft» heraus die außernormalen Voraussetzungen seiner Normalität hervorzubringen. Gestandene Individualisten und eisenharte Liberale beginnen deshalb heute, über die (fehlenden) Grundlagen der politischen Vergemeinschaftung nachzudenken. Schon Max Weber, der den weltweiten Siegeszug der okzidentalen Rationalität von ihrem Beginn an studiert hatte, wußte um ihre Anfälligkeit. Er fragte bereits nach den Opfern und vertanen Möglichkeiten, ja nach dem «Verhängnis» des Westens mit seinem ausdifferenzierten und radikal vereinsamten Menschentyp. Buntheit und Vielfalt der Möglichkeiten allein füllen das Vakuum nicht. Die Rezession unserer Tage ist nicht allein ökonomischer Art. Der Westen steckt in einer tiefen moralischen Krise. Und dieser Satz bleibt gültig, auch wenn er aus dem Munde des Papstes stammt – oder eines Ayatollah.

Daß Europa nicht Einheit und Vereinheitlichung, sondern Vielfalt und Pluralität auszeichnen – dieser Gemeinplatz wird fragwürdig aus der Perspektive des Fremden. In seinen Augen muß Europa noch anders «differenzieren» lernen, wenn es nicht mehr nur gleichgesetzt bleiben will mit dem christlichen Abendland.

Ich greife jetzt die Fragen auf, die mich anfangs beschäftigt haben. Die Zulassungsfrage: Ist der Islam denn überhaupt säkularisierungsfähig? muß ergänzt werden um die sicher als Zumutung empfundene Gegenfrage: Ist auch der Westen islamisierbar? Die Gralshüter beider Lager stellen uns vor den Entscheidungszwang: *entweder* Modernisierung des Islam bis zur Unkenntlichkeit *oder* Islamisierung der Moderne bis zur Selbstaufgabe – *tertium non datur.* Diesen geistigen Protektionismus muß man an zwei Fronten gleichzeitig bekämpfen: an der einen den islamischen Integrismus und an der anderen den Fundamentalismus der Moderne. Beide befürchten eine Immunschwäche ihrer Systeme: im theologischen Bereich die Missionierung, im kulturellen die Entwurzelung, im politischen die Landnahme. Dagegen setzen sie Bereinigung und Nihilierung des Fremden.

Aus dem täglichen Kleinkrieg und den Staatsaffären, die ich oben dargestellt habe, schließen viele, freudig oder resigniert, auf die prinzipielle Unvereinbarkeit westlicher und islamischer Lebens- und Denkungsart. Wenn im Westen vor «Durchmischung und Durchrassung» gewarnt wird, steht der Urheber dieses symptomatischen Zitats, der bayerische Innenminister Edmund Stoiber, nicht allein.

Auch Baden-Württembergs Kultusminister Gerhard Meyer-Vorfelder streitet heftig gegen die multikulturelle Vision – zur Rettung der «in christlicher Tradition wurzelnden Grundwerte und Anschauungen über Familie und Moral». Dahinter steckt, ob man will oder nicht, ein *non-dit*: Segregation und Säuberung. Die Christlich-Konservativen können sich klammheimlich Zustimmung liberaler Kreise sicher sein, sobald zum Beispiel die akademische Testfrage auftaucht, wann neben den Kultursprachen Englisch, Französisch, Spanisch und Russisch auch einmal Türkisch als zweite Fremdsprache auf dem Lehrplan stehen wird. Entscheidend ist: Wo immer über die Grenze zwischen integrationswilligen und renitenten Einwanderergruppen räsoniert wird, fällt der Westler rasch und automatisch auf den erwähnten Kreuzzügler vor Stepanakert zurück: «Der Islam, das ist unser Problem.»

Auch das zuständige Ministerium des Inneren illustriert ja seine monokulturelle Skepsis nicht am Beispiel eines hartnäckig auf muttersprachlichem Unterricht bestehenden griechischen Elternvereins oder einer deutschen Aussiedlerkolonie, die auch ihre «Kopftuchaffären» und Gettos produziert. Der zuständige Abteilungsleiter Eckart Schiffer hat zielsicher den angeblich integrationsunfähigen Islam im Visier: «Der Koran ist nicht das Gesetz.» Das ist wohl wahr. Aber er vergißt: Das Grundgesetz ist auch nicht der Koran. Die deutschen Verfassungs- und Verwaltungsgerichte haben das selbst in Erinnerung gebracht. Sie sorgen sich weniger als der für Ausländerpolitik zuständige Ministerialbeamte, «daß wir die Errungenschaften eines jahrhundertealten Kampfes der Europäer für freie Rede, freie Presse und freie Meinungsäußerung opfern, nur weil wir eine Scheu empfinden oder nicht den Mut haben, selbstsicherem religiösen Fanatismus fremder Provenienz entschlossen entgegenzutreten». Auch das ist ein mutiger Satz. Doch solcher Mut im Kampf gegen die Finsternis sollte vor allem die deutsche Außen- und Wirtschaftspolitik niemals verlassen und sich gerade dort beweisen, wo gegen Fanatiker aus dem eigenen Hause zu Felde zu ziehen wäre. Aber gemeint ist nur: der Islam im Westen.

In Frankreich hat sich ebenfalls ein führender Repräsentant der Ausländerpolitik zum Islam geäußert. Im Unterschied zu Schiffer mußte er für seine kulturkämpferischen Bemerkungen den Hut nehmen. Unter dem Eindruck der «Kopftuchaffäre» von Creil schrieb Jean-Claude Barreau, ein ehemaliger Theologe und früherer Botschafter in Algier, als Chef der französischen Einwanderungsbehörde ein Pamphlet gegen die ihm zu fremdenfreundliche Duldung atavistischer Praktiken in der islamischen Gemeinschaft Frankreichs. Ihn regten Multikulturalisten wie der Präsident von *SOS-Racisme*, Harlem Désir, oder der Soziologe Alain Touraine auf, die Muslimen eine auch in den politischen Bereich hineinragende Repräsentation einzuräumen bereit sind. Schimmerte bei dem Deutschen ein missionarisch getönter christlicher Fundamentalismus durch, so bekannte der Franzose, nicht weniger missionarisch, republikanisch Farbe. Aber auch die Franzosen, befand jetzt der Oberste Verfassungsrat, werden sich mit den Kopftüchern abfinden müssen, weil es ihnen die eigene Verfassung gebietet. Man wird sich also jetzt entscheiden müssen: zwischen einem verfassungswidrigen Rollback, das auf den Kern der politischen Theologie des säkularen Westens zurückführt, und einer Reform der Verfassung, die politische Integration und religiöse Autonomie vereinbart.

Ob Europa multireligiös wird, ist gar keine Frage mehr, sondern nur noch *wie*. Nicht nur der Islam, auch das christlich-säkulare Abendland muß diese Metamorphose zur Kenntnis nehmen und respektieren. Gott kehrt zurück, aber in vielerlei Gestalt – bei anhaltender Entkirchlichung und wachsender Politisierung der Religion. In dieser Lage reichen die Fragen über das gutgemeinte Kirchentagsgespräch, auch über die gemeinsame Auslegung von Nathans Ringparabel hinaus. Im Endeffekt stehen heute die Weltreligionen, mitten in Europa, zueinander in einem Verhältnis praktischer Vielgötterei. Das «Lob des Polytheismus» (Odo Marquard) ist nicht mehr bloß metaphorisch anzustimmen. Alle monotheistischen Religionen sind zwar im Prinzip pluralismusfreudig, aber die Konstellation einer pluralistischen Götterwelt muß sie gewaltig schrecken und radikalisieren. Denn die Rivalität mehrerer Ein-Gott-Glauben lädt geradezu ein zum Kulturkampf.

Zur Abwendung neuer Religionskriege erschallt jetzt wieder der Ruf nach einem neutralen Oberhaupt und Schlichter, dem neuen Leviathan, der den Konfessionsstreit autoritär beendet, indem er sich selbst theokratisch, also gottgleich aufbläht. Doch die religiöse

Rivalität postmoderner Gesellschaften läßt sich kaum noch absolutistisch befrieden, sondern nur im Geiste «aufgeklärten Polytheismus» (Marquard), worunter die Erweiterung des Prinzips der praktischen Gewaltenteilung zu verstehen ist, mäßigen und bändigen.

Damit wird letztlich der moderne Staat selbst «entzaubert» und von den nichtuniversalisierbaren Resten seines christlichen Erbes «gereinigt». Diese selbstabschreckende Antizipation der sonst unvermeidlichen Niederlagen im Religionskrieg ist aber nur in einem System *gegenseitiger* Vorteile möglich.

Ibn Weber oder: Wie calvinistisch ist der Islam?

Was kann man dabei dem Islam zutrauen, und was ist Muslimen zuzumuten? Max Webers berühmte Fragestellung war nicht nur, warum sich der rationale Industriekapitalismus mit seiner einzigartigen methodischen Lebensführung, dem bürokratischen Anstaltsstaat und der zivilisierenden Produktivkraft von Technik und Wissenschaft, *zuerst* im Westen herausgebildet hatte, sondern auch, warum sich dieses Muster offenbar *nur* dort herausbilden *konnte*. Am stärksten ausgeprägt war die von ihm so genannte innerweltlich-asketische Wirtschaftsethik des modernen Bürgertums bei den calvinistischen Protestanten. Diese waren in mancher Hinsicht – zum Beispiel gegenüber katholischer Doppelmoral und Realpolitik – Fundamentalisten: magiefeindlich, schriftgläubig, politisch aktiv und radikal mit anderen und gegen sich selbst.

Durch diese europäische Brille betrachtete Weber den historischen Vorläufer und Konkurrenten des westlichen Entwicklungsmodells. In seiner bekannten Typologie der sechs Weltkulturreligionen weist der frühe Islam markante Ähnlichkeiten und Übereinstimmungen mit dem Protestantismus auf. Schauen wir genauer hin, was beide vereint und trennt: Beide berufen sich auf den Einen Schöpfergott und räumen personeller oder institutioneller Vermittlung zwischen Gott und Mensch wenig Raum ein, was das Institut «Kirche» minimiert oder ganz überflüssig macht. Einen wesentlichen Dissens wirft aber schon die Vorstellung der christlichen Trinität auf. Muslime müssen die Inkarnation Gottes in Gestalt seines Sohnes

Jesus Christus, eines Menschen aus Fleisch und Blut und von herausfordernder Geschichtlichkeit, als Skandal empfinden. Da sie diese Menschwerdung Gottes nicht akzeptiert, bleibt die islamische Glaubenshaltung aber vergleichsweise direktiv und deduktiv. Aus diesem Grund kann sie zwar besser auf klerikale Spezialisten verzichten, gibt aber Schriftgelehrten und Juristen eine um so herausgehobenere Position.

Auch das Ende der Geschichte sehen beide Religionen unterschiedlich. Die Gewißheit, daß die Menschen als Sünder das Jüngste Gericht zu erwarten haben, teilen sie. Aber im Islam fehlt die prägnante Vorstellung der Erbsünde. Dies ermöglichte eine sehr viel optimistischere Heilslehre, machte aber die vorgezogene Verwirklichung hochgesteckter Erlösungshoffnungen weitgehend verzichtbar. Dieses Absehen vom Diesseits gibt den religiösen Anstrengungen und dem Geschichtsbewußtsein der Muslime eine spezifische Richtung. Das zeigte sich für Weber vor allem an der unterschiedlichen Auslegung der Lehre von der Prädestination. Im Islam bleibt die Vorherbestimmung des Menschen ohne Erlösungs- und Bewährungspathos; es bekam dadurch eine «deterministische Färbung», die man im Westen gemeinhin als fatalistisch und schicksalsergeben angesehen hat. Diese im Verhältnis zu anderen Weltreligionen geringfügige Anweichung auf engstem theologischem Raum bestand für Weber darin, «daß nicht das jenseitige, sondern gerade das diesseitige außeralltägliche Schicksal, die Frage z. B. (und namentlich): ob der Glaubenskämpfer in der Schlacht falle oder nicht, durch Prädestination bestimmt sei». So kann man zugespitzt sagen: Der gesetzestreue Muslim unterwirft sich Gott und verehrt ihn, der gesinnungsethische Calvinist hingegen bewährt sich und hofft, vom gütigen Gott am Ende erwählt zu sein. Der erste weiß, daß Gottes Reich nicht von dieser Welt ist, der andere will den «heiligen Commonwealth» schon auf Erden verwirklichen.

In der Palette der Wirtschaftsethiken steht der Islam weltbeherrschend und damit weltbejahend da; der Calvinismus hingegen weltablehnend und gerade dadurch weltbeherrschend. Weber, gestützt auf, zum Teil auch irregeleitet durch die Orient-Spezialisten seiner Zeit, nahm den Islam vor allem als Religion des Schwerts wahr. Dieser kriegerisch-expansive Zug prägte auch seine politische Form:

Orientalischer Pfründenfeudalismus, Hemmungen bei der Entwicklung profanen Rechts und das Fehlen autonomer Städte verhinderten eine moderne Entwicklung. Gleichwohl brachte der frühe Islam dazu noch mehr Voraussetzungen mit als das antike Christentum mit seinem konformistischen Asketismus von Orden und Bruderschaften und erst recht als asiatische Religionen mit ihren mystischen Formen der Weltflucht und Weltanpassung.

Weber konzentrierte sich auf den frühen Islam. Darin stimmt er mit den Revivalisten überein, die heute zur Wiederherstellung des Islam in seiner reinen Form aufrufen. Haben sie recht, wenn sie die vollständige Unvereinbarkeit und eine unüberwindbare Barriere zwischen Islam und Moderne postulieren? Haben auch ihre Kritiker recht, die dem Islam ebenfalls jedwede Fähigkeit zur Säkularisierung absprechen?

In islamischen Ländern, aber auch in der Diaspora trifft man auf einen theologisch sturen und politisch militanten Fundamentalismus, der in einer grundsätzlichen Antihaltung zum Westen in Vergangenheit, Gegenwart und Zukunft verharrt. An ihm scheitern viele gutgemeinte Dialogversuche und verzweifeln die Vertreter und besonders die Vertreterinnen eines westlich-europäischen Islam. Trotzdem muß man sich vor Verallgemeinerungen hüten. Was Fundamentalismus generell anbetrifft, sollte man zunächst an fünf kleine Binsenweisheiten erinnern: Erstens ist Fundamentalismus keine islamische, sondern eine protestantische Erfindung. Heute sind fundamentalistische Tendenzen in vielen Religionen und politischen Systemen anzutreffen. Zweitens sind die meisten Muslime fundamentalistisch im engen theologischen Sinn, aber der Fundamentalismus war und ist nicht die einzige und auch nicht die dominante Form der reichhaltigen islamischen Zivilisation. Drittens ist Fundamentalismus nicht gleich Traditionalismus, also keine rückwärtsgewandte Gegenbewegung zur Moderne, sondern die besondere Weise ihrer Anverwandlung durch eine weltgesellschaftlich unterlegene Kultur. Viertens entwickelt der Fundamentalismus unter gewissen Voraussetzungen eine totalitäre Dynamik, ist aber nicht gleichzusetzen mit den Diktaturen der arabischen und außerarabischen Welt vom Typ der Nasser, Assad oder Saddam Hussein, zu denen er gewöhnlich (genau wie zu den liberal-säkularen Regimen) in schärfster Opposition steht. Fünftens ist der Fundamentalismus nicht der heutige «Sozialismus der dummen Kerls», wie August Bebel einmal den Antisemitismus in populären Kreisen genannt hat, also eine fehlgegangene sozialrevolutionäre oder sozialreformerische Strömung, wenn auch gerade die Fundamentalisten mit einem deftigen Antijudaismus das geistige Klima vieler arabischer Länder vergiften und damit großen Anklang finden.

Unter den genannten Gesichtspunkten ist der islamische Fundamentalismus keine simple Antithese zur Moderne. Manche Strömungen setzten sich zwar rückwärtsgewandt von ihr ab, sind also im engsten Stinne traditionalistisch gesonnen. Aber die meisten sind programmatisch auf der Höhe der Moderne; sie begreifen sich als reformerischer Weg dahin oder als Protestideologie dagegen, oder als einen spezifisch islamischen Modus davon. Dabei kann der Fundamentalismus geradezu hypermoderne Züge annehmen. Und schließlich wird sich auch im islamischen Bereich eine postmoderne Variante des Fundamentalismus herausbilden, eine Bandbreite, die sich auch an christlichen und jüdischen Fundamentalismen registrieren läßt.

Die Ansichten über den islamischen Fundamentalismus sind in letzter Zeit differenzierter geworden. Zweifellos gibt es die «Panikmacher» (Heinz Held), die im Namen der Aufklärung oder aus blanker Sensationsgier ein wohlfeiles Feindbild zimmern. Das erwähnte Pamphlet von Jean-Claude Barreau über den «Kampf des Islam gegen die moderne Welt» vermittelt anfangs diesen Eindruck: Ein mit Vulgärpsychologie hantierender Aufklärer will den Westen vor einer unterschätzten Gefahr warnen. Viele Antifundamentalisten gefallen sich in dieser Attitüde des einsamen Rufers in der Wüste multikultureller Ignoranz und postmoderner Illusionen, nach dem Motto: Ihr werdet schon noch sehen. Sie zergliedern «den Islam, wie er wirklich ist», machen «mit der frommen Legende der Orientalisten Schluß» und widerlegen im Vorübergehen jede Menge Irrungen und Wirrungen. Typisch für diese Abrechnungsliteratur sind Formeln wie «So sieht die Scharia aus». Deren Essenz suchen zünftige Islamwissenschaftler übrigens seit langem vergeblich; sie würden aber auch kaum allein auf das Gesetzblatt der Islamischen Republik Mauretanien verfallen wie Barreau.

Islam und Fundamentalismus werden von ihm völlig gleichgesetzt. In dieser groben Skizze wirkt jeder Islam anachronistisch, autoritär, ideologisch, frauenfeindlich, konformistisch, ungebildet – und muß doch immer auch «groß» sein, um als Gegner herhalten zu können. Denn kaum hat der Theologe und Sozialist bemängelt, daß der Islam zuwenig jüdisch-christlich sei («eine Religion, in der es weder das Liebesgebot des Hohenliedes noch die Bergpredigt gibt») und die Moderne ablehne («letztlich ist der Islam nicht zukunftsorientiert»), kommen ihm offenbar Bedenken über solche Pauschalurteile. Rasch fügt er ein paar sympathische Züge hinzu und bescheinigt demselben Islam eine «starke Moral», «einen geistigen Raum voller Anmut», «eine gewisse Weisheit und innere Heiterkeit» und die im Westen verlorene Fähigkeit, «dem Tod ins Auge zu blicken».

So kommt er letztlich zu ausgewogenen Schlüssen, die dem Tenor seiner Darlegungen völlig widersprechen: Man müsse die «Interpretationsmaschinerie» anwerfen, die Auslegung der heiligen Texte ermöglichen, im nahen Westen (Frankreich) wie im fernen Osten des Islam (Indonesien). Der Anschluß an die universellen politischen Werte der (französischen) Republik sei die einzige Chance zur Erneuerung. Doch auch die industrialisierte Welt soll zu *Ijtihad* schreiten, zur Neuinterpretation ihrer eigenen Werte. Man könnte Barreaus Konklusion zustimmen, wäre sie nicht so aufgesetzt: «Die Religion, und der Islam ist derzeit eine der stärksten religiösen Erscheinungen, muß sich der modernen Demokratie anschließen – und die moderne Demokratie an das, was am Glauben wesentlich ist!»

Bassam Tibi hingegen, der sich selbst nachdrücklich als Muslim zu erkennen gibt, möchte «eben deshalb über die totalitären, religiös vorgetragenen Ansprüche des islamischen Fundamentalismus aufklären». An dem aus Damaskus stammenden Göttinger Autor kann man die schwierige Position verdeutlichen, in welcher emigrierte Muslime in Europa sich befinden. Tibi, einer der führenden Säkularisten im Westen, argumentiert kritisch, was die Moderne als Herrschaftsprojekt betrifft, aber er bestätigt emphatisch das «Prinzip der Subjektivität der kulturellen Moderne». Er möchte Kulturpluralist, aber kein Wertrelativist sein.

Aus dieser Warte fragt er dann «nach der Kompatibilität des Islam mit einer Säkularisierung». Zunächst listet er die fehlenden Requisiten auf, die auf Inkompatibles hindeuten: Es mangele, nach vielversprechenden Ansätzen in der hellenisierten muslimischen Philosophie der Abbasidenzeit und im Sufi-Islam, an den geistigen Grundlagen von Reformation und Aufklärung, damit am Toleranzprinzip und vor allem dem universellen Menschenrechtsgedanken. Trotz einer hochentwickelten vorindustriellen Zivilisation sei eine nachhaltige Industrialisierung ausgeblieben. Schließlich und vor allem habe sich das Politische nicht vom Sakralen lösen können. So gesehen, wäre der Islam, nach dem Scheitern der funktionalen Ausdifferenzierung, ohne demokratisches Regierungssystem, ohne wissenschaftlich-technische Zivilisation und ohne religiöse Ethik, ein regelrechtes Antiprojekt der Moderne. Diese Defekte würden durch den zeitgenössischen Fundamentalismus, für Tibi eine typische Defensivkultur, ein moderner Totalitarismus in altem Gewand, noch verstärkt. Aus dieser totalen Fehlanzeige geht hervor, daß der Islam in der säkularen Welt ein Fremdkörper bleiben muß. Tibi betont selbst, Säkularisierung sei «kein voluntativer Akt, sondern Produkt einer komplizierten sozialen Evolution, deren Höhepunkt die moderne Industriegesellschaft ist».

Diese modernisierungstheoretisch fundierte Bilanz ist gewissermaßen *state of the art*. Ungerührt hält Tibi dann aber doch ein «Plädoyer für die Säkularisierung des Islam», deren Unmöglichkeit er eben funktionsanalytisch dargelegt hat. Man erlebt denselben Gedankensprung wie bei Barreau und vielen anderen. Wenn im Islam tatsächlich kein anderer «genetischer Code» vorhanden und lesbar ist, entspringt die Säkularisierungserwartung reinstem Wunschdenken. Ich melde an dieser Diagnose Zweifel an und möchte realistische Annahmen über Notwendigkeit und Träger der Selbstsäkularisierung des Islam formulieren.

Als Haupthemmnis der Säkularisierung gilt gewöhnlich der *Integrismus*, die aufrechterhaltene Einheit von Religion und Politik. Der Islam, so argumentieren die Integristen, sei ein geschlossenes System (*nizam*) – oder gar nicht. Die westlichen Kritiker stimmen in diesem Befund fatalerweise mit der integristischen Propaganda überein. Sie argumentieren selber wie Theologen und nehmen das zeitlose Dogma, noch dazu in seiner fundamentalistischen Übersteigerung, für die Wirklichkeit des Islam. Die Trennung der Sphären wird nur im Westen als positive Tatsache anerkannt, im Orient aber dogmatisch negiert. Dieser neue Orientalismus verkennt, daß in der islamischen Zivilisation nicht nur theoretisch die Bedingungen der Differenz von Glauben und Welt erfüllt sind. Auch Recht und Religion sind polar unterschiedene, soziologisch «ausdifferenzierte» Bereiche. Ideologische Aufspreizung und totale Übersteigerung des politischen Islam begannen erst seit dem 19. Jahrhundert. Für den Bochumer Islamwissenschaftler Reinhard Schulze ist das eine (der europäischen Gegenrevolution vergleichbare) *Reaktion* konservativer Kreise auf die islamische Aufklärung und Reform, deren Früchte weniger aus inneren Gründen als wegen der ungünstigen weltpolitischen Konstellation der islamischen Hemisphäre ausblieben.

So waren Alternativen der islamischen Politik möglich und sind es noch – die säkularistische, mystische und «pietistische» Option. In allen ist die Trennung der Sphären jeweils deutlich gegeben, und in allen schrumpft auch der Islam zu einem anspruchsvollen religiösen Wertekanon, der seinen Einfluß so weit wie möglich, aber *von außen* auf Staat, Gesellschaft und Recht auszüben sucht. Es ist ein Kurzschluß, das totalitäre Politikideal zum Beispiel der Muslim-Bruderschaften, des iranischen Theokratieprojektes oder der Vordenker in bestimmten Hochburgen der Diaspora «dem» Islam generell zuzurechnen und damit die Vertreter der anderen Entwicklungswege oder sich selbst zu entmutigen.

Man übersähe damit auch die Praxis des Islamismus selbst, die gerade auf der Trennung zwischen der religiösen Sphäre (*din*) und der politischen Herrschaft (*daula*) beruht, gegen die ihre Sprecher rhetorisch so vehement ankämpfen. Das bedeutet: Der Integrismus selbst ist voller moderner Züge. Wichtiger noch als der gute Wille und die oppositionelle Kraft der Säkularisten in Orient und Okzident sind also Modernisierungszwänge, die auch der islamische Fundamentalismus, seinem antimodernen Image zum Trotz, in sich trägt und, *contre cœur*, noch immer neu hervortreibt. Schon die fundamentalistischen Reformbewegungen des 18. und 19. Jahrhunderts reklamierten für sich, gegen die theologische Orthodoxie und die von ihnen gestützte politische Führung, das Recht auf freie Auslegung des Korans und der Überlieferung. Das Plazet der theologischen Experten wollten und brauchten sie nicht; in dieser antikirchlichen und antihierarchischen Attitüde fördern sie, gewollt oder ungewollt, den Gedanken der Gleichheit und der Eigenverantwortlichkeit der Menschen vor Gott. Ist dieser Gedanke erst in der Welt, wird man ihn nicht wieder los. Und er bleibt auch ein Gedanke mit weltlichen Konsequenzen.

Heute orientiert sich der Islamismus vollends an diesseitigen Zielen der islamischen Gemeinschaft. Die Politisierung des Islam setzt, ähnlich wie es im protestantischen Fundamentalismus der Fall war, die «unmögliche» Sphärentrennung voraus. Nimmt man die puritanischen Leitbilder der Lebensführung und den einfachen, von Verboten und Verzichten geprägten Lebensstil der heutigen Integristen hinzu, kann man durchaus von einer Variation innerweltlicher Askese sprechen. Mit anderen Worten: Der islamische Fundamentalismus von heute holt wichtige Wesenszüge des Calvinismus hoch und paßt ihn für die Unterdogs und Habenichtse der westlichen Weltordnung von heute an. Darin liegt, kurzfristig, der politische Sprengsatz wie auch, *à la longue*, die soziale Selbstentschärfung der islamistischen Gefahr.

Die scheinbar unversöhnliche Opposition des Islam zum Westen wirkt in dieser Lesart sehr viel weniger dramatisch. Gleichwohl konnte die Differenz kaum schärfer markiert sein. Die erste islamistische Reformbewegung im 19. Jahrhundert entstand noch im Schatten der okzidentalen Modernisierung und war auf Bereinigung und Reform unislamischer Abweichungen im Inneren gerichtet. Im 20. Jahrhundert wurde sie zu einer internationalistischen Massenbewegung gegen die kolonial eingesetzte und deformierte Moderne. Die islamistische Propaganda bekämpft damit auch die linksnationalistischen Regime der arabischen Staaten. Doch in der Parole «mehr Islam» und im Kampf für die «Islamisierung des Westens» steckt, historisch wie systematisch, weit mehr «Westen», als alle Integristen und die aufgeschreckten westlichen Gesellschaften wahrhaben wollen. Ihrer fulminanten, antimodernen Rhetorik und Phänomenologie zum Trotz bleiben die Islamisten dem Zwang zur Transformation und Mäßigung ausgesetzt. Nach einer Phase kognitiver Dissonanz, die aggressive Distanz und terroristische Auswüchse leider einschließt, werden sie einen eigenen Weg in, nicht gegen die Mo derne begründen – oder untergehen. Solche Ernüchterung kennzeichnet die Sozialgeschichte vieler fundamentalistischer Zirkel. Die ideologische Abrüstung vieler städtischer Einwanderer, des akademischen Proletariats und intellektueller Eliten verlief weltweit nach einem solchen oder ähnlichen Muster.

Das oftmals irrationale und gewalttätige Verhalten der «Partei Allahs» scheint gegen eine solche Erwartung zu sprechen. Haben nicht die «Khomeinis von Köln» und sonstwo ihre Verachtung der westlichen Demokratie und Gesellschaftlich deutlich gemacht und, wo immer sie die Mittel dazu hatten, unter Beweis gestellt? Sind nicht die Beteuerungen der fundamentalistischen Sprecher bloß Tarnung eines Umsturzprojekts? Die oben zitierten Beispiele können solche Ambitionen nicht ganz ausschließen. Aber auch bei radikal-islamistischen türkischen Gruppen in Deutschland erwartet der Kulturanthropologe Werner Schiffauer nach einer gewaltsamen Phase der Abgrenzung binnen zwei oder drei Generationen den Aufbau eines innengeleiteten Ethos und Habitus. Man sieht also auch hier die «calvinistischen» Potentiale im Islamismus hervortreten. Auch die Protagonisten christlicher Konfession haben eine dogmatisch-aktivistische Periode der Unversöhnlichkeit durchgemacht, bevor sie sich auf das freie Spiel des religiösen Marktes einlassen konnten – das sie im übrigen immer wieder fundamental in Frage stellen, wenn es an so grundsätzliche Fragen geht wie zuletzt bei dem Versuch einer liberaleren Abtreibungsgesetzgebung. Daß die hiesige Partei Gottes den liberalen Rechtsstaat ernsthaft als Maschine des Massenmords in der Dimension eines Holocaust am ungeborenen Leben attackiert, hindert sie gleichwohl nicht an der Wahrung der friedlichen Schlachtordnung und dem Respekt vor der gutbürgerlichen Sphärentrennung.

Man sieht: Die Modernisierung wiederholt sich nicht auf die immer gleiche Weise; aber die Moderne legt doch eiserne Zwänge auf, denen man nicht einfach entrinnen kann.

Die fundamentalistische Rhetorik und der radikale Aktionismus stehen darüber hinaus in einem praktischen, lebensweltlichen Widerspruch zum Säkularismus der Alltagswelt. Die Muslime in den arabischen Metropolen und im Westen lassen sich kaum so exklusiv von koranischen Vorschriften und grandiosen Vergangenheiten leiten, wie dies eine oberflächliche Berichterstattung oder die reine Exegese fundamentalistischer Erbauungsliteratur suggeriert. In dieser Perspektive erscheint der Islam an sich dogmatisch homogen und institutionell geschlossen, so daß jede konfessionelle Binnendifferenzierung und die quasikirchliche Mediatisierung wie im Christentum bereits im Ansatz ausgeschlossen wirkt. In Wirklichkeit weist selbst der monolithisch wirkende, militante Islam eine polyzentrische und fragmentierte Struktur auf; der von jeher geführte Streit säkularistischer und integristischer Tendenzen ist keineswegs entschieden, auch wenn die Fundamentalisten in letzter Zeit Boden gutgemacht haben.

Ihren Terraingewinn darf man nicht gleichsetzen mit der erstaunlichen Resistenz des Islam gegen alle postreligiösen Schwundphänomene. Weder die ungewöhnlich breite und noch steigerungsfähige Teilnahme an religiösen Ritualen und Zeremonien noch die hohe Verbindlichkeit religiöser Vorschriften im Alltag, vom Fastengebot bis zur Durchbuchstabierung von Alltagsleben und -konversation durch die religiöse Thematik, spricht schon für einen Sieg des politischen Fundamentalismus. Auch der selbstbewußte Anspruch, zu allen relevanten politischen Fragen nicht erst als soziale Interessengruppe oder Lobby, sondern einzig kraft der koranischen Autorität Stellung beziehen zu dürfen, die anderen Quellen der Meinungsbildung haushoch überlegen sei, ist noch kein Triumph integristischer Auffassungen.

Zugute kommt den Muslimen dabei, daß bei ihnen keine Kirche den Satz aufgestellt hat: *extra ecclesiam nulla salus*. Pluralismus ist dem Koran zufolge (abweichend vom intoleranten Image des Islam und entgegen der inter- und innerkonfessionellen Intoleranz der Integristen) von Gott gewollt. Deshalb wird das «Mysterium des Glaubens» täglich konterkariert durch die Erscheinung einer Fülle anderer, auch poly- und pantheistischer Glaubensüberzeugungen und einen weitverbreiteten und akzeptierten Agnostizismus und Atheismus. Diese Relativierung bleibt auch für strenggläubige Katholiken und Juden ein Problem, nebenbei sogar für bekennende Atheisten, denen der Aberglaube um sie herum immer noch zu weit geht. Erst recht führt die Diaspora zu einem tiefgreifenden Kulturschock. Muslime kommen aus Gesellschaften, in denen der Islam offiziell so gut wie gar nicht relativiert ist, oder wissen sich wenigstens einer Tradition verpflichtet, in der sie *herrschende* Minorität waren. Im Westen müssen sie sich daran gewöhnen, «kognitive Minderheit» zu sein, ebenso wie säkularisierungsgewohnte Christen oder die Anhänger des Buddhismus, der ungefähr so viele Götter aufzubieten hat wie der Islam Propheten. Langfristig werden auch sie Religion als eine menschliche *Erfindung* göttlicher Absolutheit ansehen und akzeptieren müssen. Sie werden auch den «unmöglichen» Schritt von der absoluten zur subjektiv fundierten Transzendenz tun müssen.

Noch ein weiteres Argument spricht für dieses Szenario: Das plurale Grundmuster westlicher Religion ist eine Chance nicht nur für den säkularen Islam, sondern ironischerweise erst recht für die Integristen. Wirkliche Religionsfreiheit gibt es nämlich erst im Gefüge pluralistischer Konkurrenz; in der westlichen Diaspora ist sie durch die Verfassung und damit faktisch besser garantiert als in den Diktaturen und Pseudo-Theokratien der islamischen Welt. Auch erklärte Integristen können besser mit dem Grundgesetz leben als in den Willkürregimen ihrer geistigen Heimat. Erst eine Religion, die in Distanz zur Gesellschaft und ihren Teilsystemen steht (und die sich faktisch auch nach innen ausdifferenziert), kann unter modernen Bedingungen politische Anliegen übernehmen. Gerade die integristische Politik nutzt ja die Religion für nichttranszendente Ziele, auch wenn sie deren Existenz schlicht verleugnet. Aber erst wenn die Religion ihre selbstverständliche Plausibilität in der Lebenswelt verloren hat, gewinnt sie an politischer Relevanz für die Gesellschaft.

Daß in islamistischen Kreisen gefordert wird, die Scharia solle wieder die Rechts- und Staatsleitung übernehmen, übersteigt dann faktisch nicht den Anspruch der Christenheit, mit einem Katechismus den Grundwertekanon profaner Herrschaft zu instruieren und zu lenken. Auch in der islamischen Welt gibt es die zwei Reiche. Die Trennung von *umma* und *watan* durch die Etablierung eigenständiger Nationalstaaten im Rahmen der islamischen Weltgemeinschaft ist kaum zu revidieren. Daß religiöse, kulturelle und nationale Identität nicht übereinstimmen, ist wiederum ein «Glücksfall», der als Unglück angesehen wird, denn er entkleidet den Islam seiner arabisch-ethnischen Genealogie und Partikularität. Zugleich verleiht er einer konturlosen Weltgemeinschaft politische Form, in der sich ein vom islamischen Recht unterschiedenes öffentliches und Strafrecht neben dem Familienrecht herausbilden kann und, allen integristischen Bemühungen zum Trotz, auch erhalten wird. Es ist kein Zufall, daß es selbst der Iran nie zu der verheißenen Theokratie gebracht hat. Auch der Traum Khomeinis endete in einer ordinären politischen Diktatur, die sich religiöse Legitimation lediglich anmaßt.

So führt die unerbittliche Eigendynamik von Säkularisierung und Modernisierung zu dem Schluß: Der moderne Islam teilt, wider Willen, alle wesentlichen Merkmale der Entzauberung. Die aufgeregten Reaktionen der Fanatiker sind eher Anzeichen fortgeschrittener denn ausgebliebener Verweltlichung – sie kämpfen, wie die christlichen Religionen in der Vergangenheit und teilweise bis heute, gegen letztlich unvermeidbare und nicht wiedergutzumachende Terrainverluste. Und sie sind ironischerweise die letzten, die noch an der Großen Erzählung der Moderne festhalten: am Ideal der Machbarkeit sozialer Utopien und der Realisierbarkeit politischen Ehrgeizes. Während die Parteien der Französischen Revolution sich in gesunder Skepsis selbst gemäßigt und die Avantgarden der Russischen Revolution am Fehlen dieser Mäßigung gescheitert sind, hält die selbsternannte Partei Allahs weiter zäh am grandiosen Morgen fest. Ein ungezügeltes, spätcalvinistisches Pathos setzt sie bis zur Selbstaufopferung in Bewegung. Im Vakuum des abgesetzten ideologischen Weltbürgerkriegs lassen sich davon viele mitreißen. Die geistigen und praktischen Vorreiter der Säkularisierung – Intellektuelle, Jugendliche, Frauen – werden von diesem Strom an den Rand gedrückt. Noch schlimmer ist, daß dem die westliche Fundamentalismuskritik durch Dämonisierung noch mehr Macht verleiht.

Im Osten nichts Neues?

Der westliche Blick konzentriert sich zu sehr auf die kalkulierenden Propheten aus Ghom oder Bradford, wie Salman Rushdie diese Funktionäre der propagandistischen Rückverzauberung intuitiv genannt hat. Europa starrt auf die Mullahs, die Religion zur politischen Waffe machen, und auf die im Kameraauge vergrößerte, beängstigende Menge, die ihnen zu folgen bereit ist oder von den Wächtern der islamischen Revolution dazu gezwungen wird. Mindestens dieselbe Aufmerksamkeit verdienen jene, die die Säkularisierung des Islam vorantreiben, wenn auch nicht als westliches Imitat, sondern auf ganz eigene Weise. Erst durch ihre geistige Anstrengung und ihren persönlichen Mut können die «objektiven» Anlagen des Islam zur Selbstsäkularisierung Wirklichkeit werden.

Dem vorherrschenden Bild totaler geistiger Stagnation der islamischen Kulturen kann man dreierlei entgegenhalten: die aufklärerische Tätigkeit herausragender Denker und Denkerinnen, die Akzentuierung der mystisch-individuellen Glaubenspraxis frommer Muslime und die säkulare Massenpraxis ihrer Glaubensgenossen in Ost und West.

Beginnen wir mit den Intellektuellen. Exemplarisch möchte ich Fuad Zakariya herausstellen, einen in Kuweit und Kairo lehrenden Philosophen und Wortführer der nichtmarxistischen Säkularisten in der islamischen Welt. Er hält nichts von der These der «unmöglichen Säkularisierung», wie sie Islamisten und Modernisten gleichermaßen vertreten. Ihrem Defätismus hält er keine «simple Verweigerungsfront, ohne visionäres Projekt» entgegen, die nur dem Atheismusverdacht und den Verschwörungstheorien der Islamisten in die Hände arbeitet, sondern einen eigenen Weg in die Moderne. Mehr noch als Zakariyas publizierte Texte, die sich aufgrund der Publikationsmöglichkeiten und Zensurbedingungen im Nahen Osten einer diplomatischen Sprache bedienen, überzeugt er im Gespräch und in der Debatte, wenn er ebenso freundlich wie bestimmt Doktrin und Gegendoktrin attackiert. Nicht die Bibel oder die großen Bücher der Moderne stehen in Konkurrenz zum Koran, sondern alle gemeinsam in einem kritischen Verhältnis zur menschlichen Praxis. Nicht die eigene Tradition rechnet mit der gegnerischen ab, sondern es steht Gegenwartsbewußtsein gegen Stagnation. Beiträge dazu können aus der einen wie aus der anderen Kultur stammen. Der kuweitische Philosoph lobt das Vorbild Japan, wo man perfekt verstanden habe, sich die nützlichen Beiträge fremder Zivilisationen anzuverwandeln; Japan sei dadurch als einziges Land der östlichen Hemisphäre der kolonialen Entfremdung entgangen.

Daß Säkularisten wie Zakariya von ihren islamistischen Gegnern als Außenseiter und Gemeinschaftsfremde abgetan werden, ist nicht verwunderlich. Aber auch im Westen, wohin viele ins Exil gegangen sind, relativiert man ihre Bedeutung auf ein Einzelgängerdasein herunter. Es scheint, als führten sie bloß Selbstgespräche und stünden für niemanden sonst. Aber die bekannten Figuren des arabisch-islamischen Exils stehen nicht so allein, wie sie in verzweifelten Augenblicken auch selbst das Gefühl haben, wenn sie aus dem Orient verhöhnt und verfolgt, im Okzident ignoriert werden. Ich nenne stellvertretend (sozusagen von West nach Ost) die marokkanische Soziologin Fatima Mernissi, den Algerier Mohammed Arkoun, der in Paris lehrt, den aus Beirut stammenden, ebenfalls in Paris lebenden Dichter Ali Ahmed Said, genannt Adonis, den tunesischen Schriftsteller Hassouna Moshabi in München, die in Frankfurt arbeitende ägyptische Übersetzerin und Islamwissenschaftlerin Chérifa Magdi, den palästinensischen Autor Emile Habibi, den aus Damaskus stammenden Bassam Tibi an der Göttinger Universität, den in Bagdad geborenen Abdel Kader Al-Janaby und den größten Teil der exilierten iranischen Intelligenz. Es handelt sich bei ihnen um sehr unterschiedliche Persönlichkeiten, die sich keineswegs einig (und manchmal nicht «grün») sind, die aber den Kern einer antiislamistischen Opposition im Westen bilden. Hinzu kommen Hunderte von Intellektuellen, Wissenschaftlern und Schriftstellern, die (zeitweise) in den Vereinigten Staaten leben, wie der erwähnte Syrer Sadik Jalal al-Azm. Ihre Möglichkeiten, in islamischen Gesellschaften zu publizieren, sind durch die Zensur der dortigen Schrifttumskammern und ein äußerst gehässiges, antiintellektuelles Meinungsklima stark eingeschränkt. Nur wenige literarisch-politische Zeitschriften in arabischer Sprache – *Fikr* in Kairo, *al-Hiwar* und *al-Ijtihad* in Beirut, *15/21* in Tunis und *al-Insan* (Paris) – kann die Orientwissenschaftlerin Gudrun Krämer als Plattformen der islamischen Reformbewegungen nennen. Es gibt in den arabischen Ländern nur wenige universitäre und andere Institutionen, die als stabiles Fundament dieser Intellektuellen gelten könnten. Bevor man daraus voreilige Schlüsse zieht, sollte man sich in Erinnerung rufen, daß derartig trübe Aussichten auch das Bild der osteuropäischen Länder vor 1989 prägten.

Deshalb möchte ich die Grundideen eines säkularen Islam, die selbstverständlich klingen, aber in der von Integristen im Staatsdienst oder autonomen Islamisten beherrschten und gelenkten arabisch-islamischen «Debatte» ketzerisch wirken, nach eigenen Eindrücken und Gesprächen, vor allem in Algerien und im französischen Exil, so zusammenfassen:

1. Es gibt kein feststehendes islamisches Lehrgebäude. Auch islamische Zivilisationen sind vielfältig, und sie sind historischem Wandel ausgesetzt. Jeder Muslim hat eine eigene, individuelle Perspektive. Dies zu leugnen hieße, die menschliche Schwäche zu ignorieren, die doch gottgegeben ist, und damit die humanen Fähigkeiten zu unterschätzen.

2. Die Scharia ist nicht identisch mit dem geoffenbarten Wort Gottes, sondern Resultat einer Interpretation durch Menschen, vor allem die Rechtsgelehrten. Auch dieses Wissen ist also wandelbar. Seine notwendige Vermehrung darf nicht durch Denkverbote und Auslegungsgebote beschränkt werden.

3. Es gibt immer einen Pluralismus der Deutungen. Texte sind nicht auf sich selbst anwendbar. Sie sind mit der Realität vermittelt und damit auch für zeitgemäße Sinnkonstruktion offen.

4. Die islamische Zivilisation hat im Mittelalter ihren Zenit erreicht und auf die westliche Renaissance eingewirkt. Diese historische Tatsache darf aber nicht bloß gefeiert werden. Die islamische Intelligenz muß vielmehr selbstkritisch fragen, warum eine so perfekte Ordnung in den Strudel der Abwärtsentwicklung geraten konnte. Warum sind die grandiosen Texte nicht besser zur Anwendung gekommen? Und weshalb sollen Texte unverändert gültig bleiben, die eine derartige Dekadenz nach sich gezogen haben?

5. Es fehlt dem zeitgenössischen islamischen Denken eine politische Theorie von Staat, Herrschaft und Demokratie. Die Überpolitisierung der Religion führt in die Irre. Ihr Primat widerspricht der wirklichen islamischen Geschichte, die voll von profanen Rechtsleitungen und Staatsideen ist. Die Diktatoren der islamischen Welt usurpieren und benutzen den Wahrheitsanspruch der Religion zur Festigung von Militär- und Mullahregimen. Besonders schwer wiegt das Schweigen der islamischen

Gelehrten auf die Frage, wie Herrschaft legitim entsteht und zu Ende gebracht werden kann. Hier muß der Islam endlich Anschluß an die westliche Demokratietheorie und den globalen Prozeß der Demokratisierung finden. Denn die diktatorischen Regime und der geistige Kollektivismus haben die arabischen Gesellschaften ruiniert.

6. Die anachronistische Zeitauffassung der orthodoxen Lehre verkennt den Rhythmus dynamischer sozialer Systeme. Zyklisches Denken verhindert auch eine politische Pragmatik nach dem Prinzip von Versuch und Irrtum, die das Fehlerrisiko und die Korrekturmöglichkeiten menschlichen Handelns einkalkuliert.

7. Die rückwärtsgewandte Utopie der reinen Lehre (*usuliya*), die gesellschaftliches Handeln außerhalb des historischen Erfahrungsraumes der Menschen stellt, leugnet den dauernden Bezug der Fundamentalisten selbst auf profane Raum- und Zeitkoordinaten: auf den Neokolonialismus, die arabische Niederlage von 1967, die gegenwärtige Identitätskrise, den Staat Israel usw.

8. Überfällig ist eine schonungslose Kritik des bereits sehr deutlich sichtbaren Scheiterns radikal-islamischer Bewegungen und Machtblöcke im Iran, Sudan und in Pakistan. Es fehlt auch die nüchterne Bilanz der Versuche des islamischen Bankenwesens und anderer islamistischer Reformbemühungen, einen autonomen Wirtschaftskreislauf einzurichten. Tatsächlich wurden diese Initiativen vom Rentenkapitalismus der OPEC-Staaten am Leben gehalten, dessen baldiges Versiegen die islamische Welt in eine noch tiefere Krise zu stürzen droht.

9. Es fehlt immer noch eine nicht bloß rhetorische Antwort auf die wichtigsten sozialpolitischen Probleme der armen islamischen Länder. Sie sind von den (links)nationalistischen Regimen in einen Abgrund geführt worden, aus dem die fundamentalistischen Retter sie auch nicht werden befreien können. Wo sie lokale oder mehr Verantwortung bekommen oder usurpiert haben, können sie dauerhafte Erfolge nicht vorweisen und auch nicht glaubhaft in Aussicht stellen.

10. Es mangelt schließlich an einer realistischen Vision, wie sich die islamische Region in eine neue Weltordnung einfügen soll.

Eine Milliarde Menschen steht ohne jedes Konzept ihrer Führungen vor dem Eintritt in eine neue Ära und ein neues Jahrtausend.

Die Intellektuellen haben ein Tabu gebrochen und die Regeln der ideologischen Gemeinschaft verletzt. Sie weisen deutlich auf die Schwächen und Blockaden hin, die auch in der Diaspora bestehen. Mohammed Arkoun, der an der Pariser Sorbonne lehrt und durch seine «Kritik der islamischen Vernunft» bei der Orthodoxie in Verruf geraten ist, hat die mythologische Beziehung vieler Muslime zu ihrer Vergangenheit als eine Hauptursache der Krise beschrieben. Sie leben in einer Vergangenheit, die nicht vergehen will. Und dieser Angriff einer glorreichen islamischen Geschichte auf die miserable Gegenwart hält an. Fuad Zakhariya nennt dies eine «Entfremdung in der Zeit», die alle überkommen hat, die im kulturellen Erbe definitive und alleingültige Antworten suchen. Ihr entspricht die «Entfremdung im Raum», weil die Orthodoxen, aber auch viele exilierte Dissidenten, physisch in dem Land ihrer Wahl, geistig aber auf einem anderen Kontinent leben.

Zur Fixierung auf die idealisierte Vergangenheit und der buchstäblichen Treue zum abgeschlossenen Text gesellt sich der starre Blick auf den Westen, sei es in geheimer Bewunderung oder in negativer Faszination. Viele Muslime vergraben sich selbst in einem kollektiven Unterlegenheits- und Minderwertigkeitsgefühl. So wie im Westen der Orientalismus die Wahrnehmungen der islamischen Welt nachhaltig getrübt hat, lastet dort ein primitiver Okzidentalismus auf den Gehirnen und Seelen. Chérifa Magdi hat diese lähmenden, geradezu surrealistischen Verschwörungstheorien während des Golfkrieges aufgespießt:

«Diese Wahrnehmung, die einen ständigen Kriegszustand mit der Außenwelt postuliert, geht einher mit politischen Zielsetzungen auf einer solch hohen Abstraktionsebene, daß sie weder mit dem Alltag noch mit lokalen Gegebenheiten in Verbindung stehen: Arabische Einheit, Kampf gegen den Imperialismus, Zerschlagung des zionistischen Gebildes, Heiliger Krieg. Die Kluft zwischen den unerreichbaren Zielen und der trüben Wirklichkeit schließt die berauschende Rhetorik. Die Sprache ist Selbstzweck, nicht Trägerin von Inhalten und Gedanken.»

Der arabische Antikolonialismus, antizionistisch zugespitzt im Kampf gegen Israel, das Trojanische Pferd des Westens im Orient, hat schon lange keine befreiende Kraft mehr, sondern führt immer tiefer in die Sackgasse. Der ständige Wechsel von Inferioritäts- und Omnipotenzgefühlen erklärt die fatale Solidarität vieler Araber und Muslime mit Potentaten wie Saddam Hussein, trotz der offensichtlichen Tatsache, daß die Knebelung der «arabischen Massen» weniger dem Joch imperialistischer Hegemonie, vielmehr den Polizei- und Militärapparaten und der Gedankenpolizei ihrer Regierungen und Zentralkomitees zu verdanken ist. Die nüchterne Wahrnehmung der Niederlage und die notwendige Selbstaufklärung über ihre Gründe schreiten nur zäh voran. Die Herausnahme aus Raum und Zeit und die stereotype, mechanische Kritik am Westen hindern auch daran, endlich die tiefe Antipathie gegen westliche Werte der Demokratie, Menschenrechte und Gleichberechtigung aufzugeben. Deshalb fehlt eine zeitgemäße Antwort auf Emanzipationsbestrebungen der Frauen (gleich ob «Befreiung vom Schleier» oder «Befreiung im Schleier») und auf so lebensnahe Fragen wie die Folgen der gemischten Ehen in der Emigration. Erst recht mangelt es an Wissen um die ökologischen und demographischen Probleme einer planetarisch vernetzten und interdependenten Weltgesellschaft. Zum Teil wird dieses sterile Denken bestärkt durch einen ebenso grobschlächtigen Tiersmondismus und die islamophilen Schuldkomplexe des westlichen Publikums, das in der Manier des gebrannten Kindes jede Kritik an einer fremden Kultur meidet.

Dieses Bild könnte zur Resignation Anlaß geben. Wie kann die gegenseitige Lähmung überwunden werden? Berechtigt die geistige Erschütterung, die durch den Golfkrieg eingetreten ist, die Annahme, daß wieder einmal der Krieg «Vater aller Dinge» sein wird? Der arabische Autor Hosni Amin hoffte 1991, aus immer noch nationalistischer Perspektive, die Krise am Golf habe

«die Frage der Demokratie und der Menschenrechte mit aller Macht gestellt. Dies müssen wir berücksichtigen beim Bau einer neuen arabischen Gesellschaftsordnung. Es wird keine Stabilität mehr geben im Schatten totalitärer Regime, die die Menschenrechte mißachten und die arabischen Ressourcen vergeuden zum Nutzen fremder Mächte.»

So mag jeder sein Fähnchen weiterschwingen. Angesichts des Trümmerhaufens am Golf ist manch kritische Stimme noch leiser geworden. Denn die Demonstration der technologisch-militärischen Vernichtungsgewalt, der dann kaum politische Befriedungs- und Befreiungsperspektiven für die Region folgten, wirkte traumatisch. Wer in einer solchen Niederlage Kritik übt, wird womöglich endgültig aus der Gemeinschaft verstoßen, die auch für Intellektuelle notwendig bleibt, um mit den zahlreichen Zumutungen der Modernisierung und der Verweigerung eines würdigen Lebens in der Emigration fertig zu werden. Abweichler und Individualisten gerieten angesichts des Infernos von Bagdad unter zusätzlichen Druck. Aus den Lagebeschreibungen und Selbstbildern drei Jahre nach Ende des Golfkrieges klingt nur selten Optimismus heraus – allenfalls der Mut der Verzweiflung: «Es herrscht Unbehagen und Unruhe unter uns, die wir hier im Exil leben. Das ist ein Hoffnungsschimmer» (Chérifa Magdi). Auch Fatima Mernissi erblickt im Golfkrieg eher eine Chance. Verbunden mit der Fern(seh)-Erfahrung des Falls der Berliner Mauer und des Sturzes der sozialistischen Diktaturen, hat diese erneute Niederlage einer arabischen Despotie den Horizont geöffnet für eine schonungslose Wahrnehmung der realen Welt. Die Vorhänge (und Schleier!) sind gefallen. Buchstäblich jeden hat der doppelte Schock von Berlin und Bagdad spüren lassen, daß und wie Geschichte *gemacht* wird, wie sich Räume für selbstbewußtes Handeln *öffnen* und neue historische Perspektiven *auftun*.

In diese Dynamik wird sogar die wachsende islamistische Opposition einbezogen. Denn trotz ihres ideologischen Purismus und ihrer bornierten Frontstellung gegen «den» Westen verkörpert sie ein Stück zivile Gesellschaft, das den autoritären Militärregimes abgetrotzt und abgerungen wird. Am Aufstand der Islamischen Heilsfront FIS gegen ein weltliches Regime vom Typ der algerischen Einheitspartei FLN, das über ein Vierteljahrhundert regiert hat und seine Macht nur noch mit Panzern und Konzentrationslagern verteidigen kann, ließ sich dies exemplarisch zeigen. Es ist ein Fehler, abgewirtschaftete und kompromittierte alte Regime zum Bollwerk der Aufklärung gegen den Obskurantismus aufzuwerten und sich mit ihnen, als kleinere Übel im Vergleich zur islamistischen Gefahr, gar noch zu verbünden.

Aus diesem Gedankengang kann man zwei Schlußfolgerungen ziehen: Erstens verhindert nicht der Islam an sich, sondern autoritäre Eliten, die die Religion benutzen und instrumentalisieren, die eigenständige Säkularisierung islamischer Gesellschaften. Autokratische Regime, militante Gedankenpolizisten, staatsnahe Theologen und populistische Bewegungen halten nicht nur die Intellektuellen im Schach, sondern auch eine Demokratiebewegung, deren Stärke oft erst wahrnehmbar wird, wenn sie sich in einer Periode von Glasnost äußern kann oder in einen offenen Konflikt mit der Staatsmacht hineingezogen wird. Westliche Politik erreicht nichts, solange sie mit den Repräsentanten des autoritär-religiösen Komplexes Metternichsche Realpolitik oder eine neue Politik des «Wandels durch Annäherung» betreibt. Westliche Intellektuelle versagen, wenn sie sich in falscher Zurückhaltung eines diplomatischen Tons bedienen, statt die kritischen Punkte beim Namen zu nennen. Westliche Medien verfehlen ihre Aufgabe, wenn sie nur auf die islamistische Gefahr fokussieren und nur ihrem eigenen Säkularismus das Wort geben.

Zweitens: Der Islam im Westen muß eine solide Basis bekommen, um sich von den Fesseln der geistigen Stagnation befreien zu können. Er darf weder in ethnisch-nationalistischer Eigenbrötelei noch im importierten dörflich-familialen Kontrollsystem, noch im politischen Sektierertum verharren. Er darf auch nicht weiter von Spezialisten der Ökumene oder von routinierten Integrationsmaschinen oder von verkappten New. Age-Funktionären mit Beschlag belegt werden. Der Islam im Westen gehört in die Mitte der politischen Öffentlichkeit. Wer hierzulande in islamische Universitäten und Kirchen investiert, ist deshalb nicht geschichtsvergessen und politisch naiv, sondern handelt in weiser Voraussicht und allemal zukunftsbewußter als alle konservativen Protektoren des christlichen Abendlandes.

Islamisierung und Postmoderne

Noch eine dritte Schlußfolgerung ist zu ziehen: Der christlich-säkulare Westen muß sich dem Islam auch geistig stärker öffnen. Er muß sich mit der Tatsache befassen, daß in Europa das reiche und etablierte Christentum auf dem Rückzug und die protestantische Wirtschaftsethik verbraucht sind, während überall die asketischen Arme-Leute-Religionen neue Anhänger rekrutieren, überzeugen und begeistern. Das gegenwärtige Reichtums- und Herrschaftsgefälle in der Welt erlaubt gewiß kein paritätisches Geben und Nehmen zwischen Orient und Okzident, das gutgemeinte Dialoge bisweilen vorgaukeln. Aber es gibt auch keine Einbahnstraße der Modernisierung: Eine gewisse Islamisierung des christlichen Abendlandes, das nach dem Tod Gottes den Glauben an sich selbst verloren hat, kann nicht nur den modernen Muslimen aufhelfen, sondern auch Europa nachhelfen.

Entwöhnten Europäern tritt im Islam Religion in fremder Gestalt nahe; die Fremden, «nah und fern zugleich» (Georg Simmel), wirken als Boten verlorengegangener Transzendenz der eigenen Kultur, als verfremdete Signale der Geschaffenheit und Abhängigkeit der weltlichen Welt. Beim Auftauchen der anderen Tradition wird etwas vermißt, dessen sich der Westen freiwillig entäußert hat oder das ihm, irgendwie, abhanden gekommen ist. Die beunruhigende Präsenz des Islam macht eine schmerzliche Abwesenheit klar.

Ich rede damit beileibe nicht der islamischen Mission des Westens das Wort. Auch eine Rechristianisierung der Christenheit vermag ich mir nicht auszumalen, da mir evangelikaler Eifer ebenso suspekt ist wie ein römischer Papst auf dem Dritten Weg oder die politische Theologie der Befreiung im armen Süden. Es geht ohnehin nicht darum, die organisierte Masse der Gläubigen und die leeren Gotteshäuser aufzufüllen. Zu hoffen ist nur, daß der Einbruch der fremden, aber verwandten Tradition die Wiederanerkennung der anderen, übernatürlichen Seite der modernen Welt erleichtert. Der soziologische Indienfahrer Peter L. Berger hat einmal den Streit zwischen Jerusalem und Benares, zwischen den Zentren morgenländisch-westlicher und buddhistischer Spiritualität, als wesentlichen Beitrag zur Erneuerung der christlichen Theologie und der säkularen Gesellschaft herausgestrichen. Ich bin sicher, daß auch der «islamische Faktor» im Westen Gewinn bringen kann für eine behutsame und zeitgemäße Restauration der hier mit dem Wort «Alhambra» umschriebenen Konstellation. Europa allein, das westliche Lebensmodell ist am Ende – am Ende der glorreichen vierzig Ausnahmejahre mit schier unendlichem Wachstum und Optimismus, am Ende auch einer militärischen Friedenssicherung, die auf dem Gleichgewicht des Schreckens beruhte. Die Herausforderungen sind einerseits globaler Natur, was die Minderung der ökologischen Risiken und der skandalösen Armut anbetrifft, und sie sind lokaler Natur, wo es um die Wiederherstellung der moralischen Ressourcen liberaler Staaten und Gesellschaften geht. Die asketisch-rationale Ethik des Islam könnte helfen, sich auf neue und drastische Situationen materieller Knappheit, auf Situationen existentieller Verzweiflung und geistiger Not einzustellen. Vor allem der asiatische Islam, von dem in der Vergangenheit mehrfach Reformanstöße und Erneuerungsimpulse ausgegangen sind, hat eine Botschaft nicht nur für die Erneuerung der islamischen Kernregionen, sondern auch für den Westen. Kurzum: Nicht nur der Islam verwestlicht sich, auch der Westen kann vom Islam lernen.

Dazu müssen freilich wichtige politische Tagesforderungen erfüllt sein: Auch islamische Einwanderer müssen Bürgerrechte haben und in den demokratischen Prozeß einbezogen werden. Die westlichen Demokratien sollten gefestigt und selbstbewußt genug sein, auch so schwierigen Neubürgern die «Stadtrechte» zu verleihen. Es muß gelingen, was mehrfach gescheitert ist: Islamische und andere nichtchristliche Kultusgemeinden sind als gleichberechtigte Partner der Schul-, Bildungs- und Sozialpolitik anzuerkennen. Kooperationsbereite Muslime wie integrative Verwaltungen lassen sich bisher von den Scharfmachern beider Seiten abhalten, auf diesem zerklüfteten Terrain institutionelle Phantasie zu entwickeln, also mit islamischen Einrichtungen halbkirchlichen Typs zu reden und zu handeln. Nur so kommen die gesellschaftlichen Aushandlungsprozesse in Gang, die die absehbaren Konflikte erträglich und lösbar machen. Bei uns wird hauptsächlich *über* den Islam geredet, und selbst dabei zieht die Administration lieber für den Dialog zuständige Weltanschauungs-Referate der christlichen Kirchen oder die Dialogexperten der

Firma Konzeltour heran, nicht Sprecher des Islam selber. An diesem lächerlichen Mißstand sind beide Seiten beteiligt: der kirchlich-administrative Komplex mit seinen vorsichtigen Routinen genau wie die sektiererische Uneinigkeit der islamischen Vereine und Verbände, die ihre eigene Pluralität weder akzeptieren noch organisieren können und sich gegenseitig Authentizität und Repräsentativität absprechen.

Schließlich löst sich die polare Spannung zwischen dem Islam und dem Westen auf, auch wenn bis zu «Symbiose, Fusion, Amalgam» noch ein weiter Weg ist. Sie werden nur vor dem Hintergrund scharfer theologischer Differenzen, in aufgeheizter politischer Atmosphäre und unter vielen Reibereien im Alltagsleben möglich sein. Europäische Gesellschaften müssen sich auf den neuen religiösen Pluralismus einstellen. Bisher befürchten sie eher einen neuen Dreißigjährigen Krieg. Was Europa am Ende blutiger Religions- und Bürgerkriege gelernt hat, war die friedliche Teilung der religiösen Gewalten durch institutionalisierte Kompromisse zwischen den christlichen Konfessionen und die Toleranz agnostischer und atheistischer Teile der Gesellschaft. Dieses Pensum reicht heute nicht mehr aus: Europa muß sich zu einer Politik der friedlichen Koexistenz durchringen, die letztlich auch ohne die kulturelle Hegemonie eines starken christlich-säkularen Zentrums auskommt. Nach der politischen Verwestlichung in der Nachkriegszeit und der kulturellen Amerikanisierung während der sechziger Jahre wird nun der «göttliche Supermarkt» in Europa Einzug halten. Und bei dieser *x-ten* Entdeckung Amerikas wird womöglich der Orient neu erfunden.

Damit ist am Ende eine postmoderne Konstellation erreicht, die auch islamische Intellektuelle debattieren. Al-Azm und Tibi erblicken darin eine rechte, heideggersche Variante der Gegenrevolution, die den islamischen Partikularisten kampflos das Feld überläßt. Mohammed Arkoun und andere hingegen, die sich auf die französischen Quellen beziehen, sehen darin eine notwendige geistige Voraussetzung zur Anerkennung der Pluralität und Differenz in den monotheistischen Kulturen – also die Beseitigung eines Geburtsfehlers. Ich verstehe darunter die frappierende Wiederkehr der maurischen Konstellation in Europa, wobei sich das damalige Dreieck Juden – Christen – Muslime längst zum Vieleck erweitert hat: durch den Säkularismus, ein Glaubensbekenntnis ohne Kultus und Apparat, die überaus kräftige, stark mit ethnischen und nationalistischen Motiven versetzte orthodoxe Volksreligiosität in Osteuropa, die wie ein Phönix aus der Asche eines in Terror und Bürokratie gescheiterten weltlichen Jerusalem hervorgeht, und die vielfältigen Aspekte postmoderner Religiosität, über deren Qualität hier kein Urteil zu fällen ist.

Laizismus und Fundamentalismus, Schisma und Synkretismus, Mission und Konversion, Ökumene und *Jihad*, Toleranz und Koexistenz – alle diese überwunden geglaubten Spannungsverhältnisse sind wieder aktuell. Fatal wäre, wenn sich die europäischen Demokratien angesichts der islamischen Herausforderung zu einem neochristlichen Superleviathan aufrüsten würden. Einzig die katholische Variante der Postmoderne hält gesellschaftlichen Kontingenzen unverdrossen noch das Absolute entgegen. Postmoderne ernstgenommen heißt aber, die Illusion einheitsstiftender, monotheistischer Sinnmuster aufzugeben und zu einer pluralistischen Ethik der Koexistenzregeln vorzudringen. Das erfordert als erstes die Säkularisierung des Staates selbst, was keineswegs mit dem Verschwinden oder Absterben des Politischen gleichzusetzen ist. Indem sich die Politik auf eine zurückhaltende, ironische Rolle als Moderatorin selbstorganisierter Netzwerke der Zivilgesellschaft zurückzieht, gewinnt sie überhaupt erst wieder ein hohes Maß persuasiver Verbindlichkeit und Schlichtungskraft zurück. So schmal und steil verläuft der Weg zwischen einer unmöglichen Theokratie und einer ethnischen Balkanisierung der Staatenwelt.

Mir fällt dazu am Ende Sid Ahmed ein, der sich auch auf einer Gratwanderung befindet: ein junger algerischer Student, neugierig, wach, selbstbewußt. Er ist ein westlicher Moslem, der Michael Jackson hört und Allah verehrt, die Bundesliga schaut und mit Respekt die Flugblätter seines fundamentalistischen Bruders studiert. Er glaubt an Gott und will ein freier Mensch sein. Er und seinesgleichen dürfen, um Gottes und der Welt willen, nicht zwischen die Mühlsteine des Alten Denkens geraten.

Literatur

Einleitung

Smail Balic, *Das unbekannte Bosnien*. Europas Brücke zur islamischen Welt, Graz-Köln 1992

Jens Reuter, *Die Tragödie der bosnischen Muslime*, in: Blätter für deutsche und internationale Politik, 12 / 1992, S. 1448 ff

Peter L. Berger, *Auf den Spuren der Engel*. Die moderne Gesellschaft und die Wiederentdeckung der Transzendenz, Freiburg 1991

Mircea Eliade, *Das Heilige und das Profane*. Vom Wesen des Religiösen, Frankfurt / Main 1984

Heinz Halm, *Die Panikmacher*. Wie im Westen der Islam zum neuen Feindbild aufgebaut wird, in: Süddeutsche Zeitung, 40 / 1991

Otto Kallscheuer, *Glaubensfragen*. Über Karl Marx & Christus & andere Tote, Frankfurt / Main 1991

Gernot Rotter, *Allahs Plagiator*. Die publizistischen Raubzüge des ‹Nahostexperten› Gerhard Konzelmann, Heidelberg 1992

Vorspiel

Immanuel Kant, *Drei Abhandlungen über das Erdbeben von Lissabon* (1755), in: Werke in zwölf Bänden, Frankfurt / Main

Heinrich von Kleist, *Das Erdbeben von Chili* (1807), in: Werke in einem Band, München 1966

Jürgen Lodemann, *Amerika überm Abgrund*, Eggingen 1992

Patrick Roth, *Riverside*. Christusnovelle, Frankfurt / Main 1991

Gegenwart des Islam

Die Stadt der Engel

Hannah Arendt, *Über die Revolution*, München 1963

Robert Bellah, *Civil Religion in America*, in: Daedalus, 96 / 1967

Ders., *Beyond Belief*, Berkeley 1970

Harold Bloom, *The American Religion*. The Emergence of the Post-Christian Nation, New York 1992

Mike Davis, *City of Quartz*, London–New York 1990

Heinz Kleger / Alois Müller (Hg.), *Religion des Bürgers*. Zivilreligion in Amerika und Europa, München 1986

Spike Lee / Ralph Wiley, *By any means necessary*. The Trials and Tribulations of the Making of Malcolm X., New York 1992

Zena Pearlstone, *Ethnic L. A.*, Beverly Hills 1990

David Reid (Hg.), *Sex, Death and God in L. A.*, New York 1992

David Rieff, *Los Angeles: Capital of the Third World*, New York 1991

Malise Ruthven, *Der göttliche Supermarkt*. Auf der Suche nach der Seele Amerikas, Frankfurt / Main 1991
Greg Tate, *Flyboy in the buttermilk*. Essays on contemporary america, New York 1992
David Toop, *Rap Attack*, London 1991
Gary Wills, *Under God*. Religion and American Politics, New York 1990
Joe Wood (Hg.), *Malcolm X*. In our own image, New York 1992

Fremde Götter überm Abendland

Heiner Barz, *Postmoderne Religion*, 2 Bde., Opladen 1992
Peter L. Berger, *Zur Dialektik von Religion und Gesellschaft*, Frankfurt / Main 1973
Ders., *Der Zwang zur Häresie*. Religion in der pluralistischen Gesellschaft, Freiburg 1992
Clifford Geertz, *Religion als kulturelles System*, in: Dichte Beschreibung, Frankfurt / Main 1986
Franz-Xaver Kaufmann, *Religion und Modernität*. Sozialwissenschaftliche Perspektiven, Tübingen 1989
Kursbuch 93, *Glauben*, Berlin 1988
Thomas Luckmann, *Die unsichtbare Religion*, Neuausgabe Frankfurt / Main 1991
Joachim Matthes, *Religion und Gesellschaft*, 2 Bde., Reinbek 1967 / 69
Ders., *Religion als Thema komparativer Sozialforschung*, in: Soziale Welt, 34 / 1983
Herfried Münkler, *Europa als politische Idee*, in: Leviathan 4 / 1991
Robert Spaemann, *Das Natürliche und das Vernünftige*. Aufsätze zur Anthropologie, München 1987
Ders., *Rationalität als «Kulturelles Erbe»*, in: Scheidewege, 1990

Römisches Minarett

Muhammad Salim Abdullah, *Geschichte des Islam in Deutschland*, Graz 1981
Ders., *Der Islam will heimisch werden*, in: Jürgen Miksch (Hg.), Für eine Multikulturelle Gesellschaft, Frankfurt / Main 1992
Karl Binswanger, *Allahs deutsche Kinder*, in: SZ-Magazin, 7 / 1992
Johann Christoph Bürger, *Allmacht und Mächtigkeit*. Religion und Welt im Islam, München 1991
Carsten Colpe, *Problem Islam*, Frankfurt / Main 1989
Clifford Geertz, *Religiöse Entwicklungen im Islam*, Frankfurt / Main 1991
Thomas Gerholm / Y. G. Lithman (Hg.), *The New Islamic Presence in Western Europa*, London 1988
Die GRÜNEN im Rat der Stadt Aachen, *Diskussionsgrundlage zu einer abschließenden Bewertung des Islamischen Zentrums*, Ms. Aachen 1992
Abdulkadir W. Haas, *Türkische Volksfrömmigkeit*, Frankfurt / Main 1986
Baber Johannsen / Fritz Steppat (Hg.), *Der Islam und die Muslime*, Berlin 1991
Duran Khalid, *Der Islam in der Diaspora: Europa und Amerika*, in: Ende / Steinbach (Hg.), Der Islam in der Gegenwart, München 1991
Gilles Kepel, *Les banlieues de l'Islam*. Naissance d'une religion en France, Paris 1987

Islam im Abendland, *Die Brücke*, Sonderband 1992
Jürgen Miksch (Hg.), *Zusammenleben mit Muslimen*. Eine Handreichung, Frankfurt / Main 1983 (und andere Beiträge zur Ausländerarbeit)
Bahman Nirumand (Hg.), *Im Namen Allahs*, Freiburg 1990
Annemarie Schimmel, *Der Islam*. Eine Einführung, Stuttgart 1991
Bassam Tibi, *Der Islam und das Problem der kulturellen Bewältigung sozialen Wandels*, Frankfurt / Main 1985
Jacques Waardenburg, *Muslimische Präsenz: Eine Feldbeschreibung*, in: CIBEDO, 4 / 1991, Frankfurt / Main

Blick zurück in die Zukunft

Salman Rushdie

(Dieses Kapitel beruht auf einer früheren Fassung in: Blätter für deutsche und internationale Politik, 9 / 1991)

Sadiq Al-Azm, *Es ist wichtig, ernst zu sein*. Salman Rushdie, Joyce Rabelais, in: Lettre International, 13 / 1991
Johann Christoph Bürgel, *The Feather of Simurgh*. The ‹Licit Magic› of the Arts in Medieval Islam, New York
Heribert Busse, *Salman Rushdie und der Islam*, in: Geschichte in Wissenschaft und Unterricht, 4 / 1990
Michael Fischer / M. Adebi, *Debating Muslims*, Madison / Wis. 1990
Gustav E. von Grunebaum, *Kritik und Dichtkunst*. Studien zur arabischen Literaturgeschichte, Wiesbaden 1956
Salman Rushdie, *Scham und Schande*, München 1985
Ders., *Die satanischen Verse*, o. O. 1989
Ders., *Imaginary Homelands*, London 1991
Ders., *Harun und das Meer der Geschichten*, München 1991
Richard Webster, *Erben des Hasses*. Die Rushdie-Affäre und ihre Folgen, München 1992

1492

Rachel Arié, *L'Espagne musulmane au temps des Nasrides*, Paris 1973
Jacques Attali, 1492, Paris 1991
Ytzhakh Baer, *A History of the Jews in Christian Spain*, 2 Bde., Philadelphia 1966
Rainer Beck (Hg.), *1492 – Die Welt zur Zeit des Kolumbus*, München 1992
Burchard Brentjes, *Die Kunst der Mauren*. Islamische Traditionen in Nordafrika und Südspanien, Köln 1992
Jerrylinn D. Dodds. *Al-Andalus*. The Art of Islamic Spain, New York 1992
Gerhard Endreß, *Einführung in die islamische Geschichte*, München 1992
Europa und der Orient 800–1900, Gütersloh–Berlin 1989
Carlos Fuentes, *Der vergrabene Spiegel*. Die Geschichte der hispanischen Welt, Hamburg 1992
Oleg Grabar, Die *Alhambra*, Köln 1981
Ulrich Haarmann (Hg.), *Geschichte der arabischen Welt*, München 1991
Richard Hartmann, *Die Religion des Islam* (1982), Darmstadt 1992

Sigrid Hunke, *Allahs Sonne über dem Abendland*. Unser arabisches Erbe, Frankfurt/ Main 1991
Washington Irving, *A chronicle of the Conquest of Granada* (1832), Neuausgabe 1988
Béatrice Leroy, *Die Sephardim*. Geschichte des Iberischen Judentums, München 1987
Bernhard Lewis, *Die Welt der Ungläubigen*. Wie der Islam Europa entdeckte, Berlin 1987
Valeriu Marcu, *Die Vertreibung der Juden aus Spanien*, München 1991
Henry Méchoulan, *Les Juifs d'Espagne*. Histoire d'une diaspora, Paris 1992
Maxime Rodinson, *Faszination des Islam*, München 1990
W. Montgomery Watt, *A History of Islamic Spain*, Edinburgh 1969
Ders., *Der Einfluß des Islam auf das Europäische Mittelalter*, Berlin 1988
Bernard Vincent, *Das Jahr der Wunder*. Spanien 1492, Berlin 1992

Die Erwartung

Faszination des Islam

Muhammad Asad, *Der Weg nach Mekka*. Reporter, Diplomat, islamischer Gelehrter: Das Abenteuer eines Lebens, Hamburg 1992
Ahmad von Denffer, *Briefe an meine Brüder*. Auf dem Weg zur Muslim-Gemeinschaft, Aachen o. J.
Amina Erbakan u. a. (Hg.), *Das islamische Frauenbuch*, 1992
Roger Garaudy, *Verheißung Islam*, München 1992
Murad Wilfried Hofmann, *Tagebuch eines deutschen Muslims*, Köln 1991
Hadayatullah Hübsch, *Der Weg Mohammeds*. Islam – Religion der Zukunft?, Reinbek 1989
Ders., *Keine Zeit für Trips*, Frankfurt/Main 1991
René König, *Menschheit auf dem Laufsteg*, München 1985
Edith Laudowicz (Hg.), *Fatimas Töchter*. Frauen im Islam, Köln 1992
Fatima Mernissi, *Beyond the veil*. Male/Female Dynamics in Modern Muslim Society, Reading/Mass. 1991
Dies., *The Forgotton Queens of Islams*, Cambridge 1993
Naila Minai, *Schwestern unterm Halbmond*, Muslimische Frauen zwischen Tradition und Emanzipation, München 1984
Franz Wiesberger, *Bausteine zu einer soziologischen Theorie der Konversion*, Berlin 1990

Die Deutsch-Türken

(Dieses Kapitel beruht auf einer ersten Fassung in der Zeit vom 31. 10. 1991, die zusammen mit Hans Groffebert verfaßt wurde.)

Irmgard Ackermann (Hg.), *Türken deutscher Sprache*, München 1984
Andreas Goldberg u. a., *Ausländische Betriebsgründungen in NRW*, Bonn 1991
Metin Gür, *Denn sie wissen, was sie tun*... Türkisch-islamische Vereinigungen in der Bundesrepublik, Köln 1992
Peter Heine/Reinhold Stipek, *Ethnizität und Islam*, Münster 1983

Hans-Günter Kleff, *Vom Bauern zum Industriearbeiter*. Zur kollektiven Lebensgeschichte der Arbeitsmigranten aus der Türkei, Mainz 1985

Ulla Küchler, *Fadime*. Eine türkische Familie in Deutschland, München 1991

Philip L. Martin, *The unfinished story*. Turkish Labour Migration to Western Europe, Genf 1991

Ursula Mihciyazgan, *Moscheen türkischer Muslime in Hamburg*, Ms. Hamburg 1990

Ertekin Özcan, *Türkische Immigrantenorganisationen in der BRD*, Berlin 1989

Werner Schiffauer, *Die Bauern aus Subay*. Das Leben in einem türkischen Dorf, Stuttgart 1987

Ders., *Die Migranten aus Subay*, Stuttgart 1991

Faruk Sen, *Probleme und Eingliederungsengpässe der türkischen Migranten in der Bundesrepublik Deutschland*, Genf 1989

Heidi Wedel, *Der türkische Weg zwischen Laizismus und Islam*, Opladen 1991 (und weitere Studien und Arbeiten des Zentrums für Türkeistudien, Essen–Bonn)

Zafer Şenocak, *Atlas des tropischen Deutschland*, Berlin 1992

Hanne Straube, *Türkisches Leben in der Bundesrepublik*, Frankfurt/Main 1987

Zeitschrift für Türkeistudien, Opladen 1989 ff

Islam und Demokratie in Algerien

(Dieses Kapitel beruht auf einer ausführlichen Version in: Blätter für deutsche und internationale Politik, 9/1992)

Al-Ahnaf/Botiveau/Pregosi, *L'Algérie par ses islamistes*, Paris 1991

Rachid Boudjedra, *Les FIS de la haine*, Paris 1992

Pierre Bourdieu, *Sociologie de l'Algérie*, Paris 1958

Sigrid Faath, *Algerien*. Gesellschaftliche Strukturen und politische Reformen zu Beginn der neunziger Jahre, Hamburg 1990

Ernest Gellner, *Leben im Islam*. Religion als Gesellschaftsordnung, Stuttgart 1985

Abderrahim Lamchichi, *Islam et contestation au Maghreb*, Paris 1989

Ders., *L'Algérie en crise*, Paris 1991

Rachid Mimouni, *De la barbarie en général et de l'imégrisme en particulier*, Paris 1992

Ahmed Rouadjia, *Les frères et la mosquée*. Enquète sur le mouvement islamiste en Algérie, Alger 1990

Hanri Sanson, *Laicité islamique en Algérie*, Paris 1983

Der Islam im Westen

Muhammad Salim Abdullah. *Islam*. Für das Gespräch mit Christen, Gütersloh 1992

Ders./Walter Jens/Hans Küng/Stéphane Mosès, *Dogmatik, Fundamentalisten und Toleranz*. Dialoge zur Ringparabel, in: Sprache im technischen Zeitalter, 121/1992

Mohammed Arkoun, *Critique de la raison islamique*, Paris 1984

Jean-Claude Barreau, *Die unerbittlichen Erlöser*. Vom Kampf des Islam gegen die moderne Welt, Reinbek 1992

Heribert Busse, *Die theologischen Beziehungen des Islams zu Judentum und Christentum*, Darmstadt 1991

Dan Diner, *Der Krieg der Erinnerungen und die Ordnung der Welt*, Berlin 1991

Helmut Dubiel, *Der Fundamentalismus der Moderne*, in: Merkur 522 / 23, 1992

Essener Gespräche zum Thema Staat und Kirche, *Der Islam in der Bundesrepublik Deutschland*, Münster 1986

Bruno Etienne, *L'islamisme radical*, Paris 1987

Abdoldjavad Falaturi, *Der Islam im Dialog*, Köln 1985

Thomas Hartmann (Hg.), *Orient-Expreß*. Ansichten zum Islam, Leipzig 1991

Gilles Kepel, *Die Rache Gottes*. Radikale Moslems, Christen und Juden auf dem Vormarsch, München 1991

Ders. / Yann Richard (Hg.), *Intellectuels et militants dans l'Islam moderne*, Paris 1990

Hans Küng / Josef van Ess, *Christentum und Weltreligionen: Islam*, Gütersloh 1991

Gotthold Ephraim Lessing, *Nathan der Weise* (1779), in: Lessings Werke, Bd. 1, Frankfurt / Main 1967

Bernard Lewis, *Der Traum von Koexistenz*, Muslime, Christen und Juden, in: Merkur 522 / 23, 1992

Niklas Luhmann, *Funktion der Religion*, Frankfurt 1982

John Locke, *Ein Brief über Toleranz* (1689), Hamburg 1957

Michael Lüders (Hg.), *Der Islam im Aufbruch?* Perspektiven der arabischen Welt, München 1992

Chérifa Magdi, *Das Dilemma der arabischen Intellektuellen*, in: Kommune, 3 / 1991

Odo Marquard, *Lob des Polytheismus*, in: Abschied vom Prinzipiellen, Stuttgart 1981

Martin E. Marty / R. S. Appleby (Hg.), *Fundamentalisms Observed*, Chicago–London 1991

Fatima Mernissi, *Islam and Democracy*. Fear of the Modern World, Reading / Mass. 1992

Martin Riesebrodt, *Fundamentalismus als patriarchalische Protestbewegung*, Tübingen 1990

Wolfgang Schluchter (Hg.), *Max Webers Sicht des Islam*. Interpretation und Kritik, Frankfurt / Main 1987

Anna Siegele, *Die Einführung des islamischen Religionsunterrichts an deutschen Schulen*, Frankfurt / Main 1990

Jacob Taubers (Hg.), *Religionstheorie und Politische Theologie*, 3 Bde., München–Paderborn 1983–87

Bassam Tibi, *Die Krise des modernen Islams* Frankfurt / Main 1991

Ders., *Die fundamentalistische Herausforderung*. Der Islam und die Weltpolitik, München 1992

Bryan, S. Turner, *Weber and Islam*, London–Boston 1974

Über den Autor

Vita activa

Claus Leggewie ist 1950 im einstigen Wanne-Eickel (z. Z. Herne zwo) geboren, alsbald nach Köln entwurzelt und dort im rheinisch-katholischen Milieu großgeworden. Von 1968 an, etwas zu spät für die Genossen und viel zu früh für Ökopax, lernte er an der Kölner Universität Sozialgeschichte (in der Schule Theodor Schieders und Hans-Ulrich Wehlers) und Soziologie (bei René König) sowie bei der «Kölnischen Rundschau» Glanz und Elend des Lokaljournalismus. Feldforscher König entsandte den Studenten zu einer kleinen Forschungsmission in die algerische Gastarbeiterkolonie nach Paris. Zwischen Barbès und Bibliothèque Nationale begannen ein paar frankophile Lehrjahre, die Begegnung mit dem Islam im Westen und eine solide, also zu Verrat und Antikommunismus neigende Linksorientierung. Er begann 1975 an der «Georgia Augusta» Göttingen die wissenschaftliche Laufbahn als Politologe und «Dritte-Welt-Forscher», was die Neigung zum investigativen Schreiben und zum *nosing around* jedoch nicht minderte. So entstanden weiterhin Radiofeatures (vor allem für den WDR), Zeitungsreportage und Kursbuchgeschichten, alle zum Generalthema: Grenzüberschreitungen. 1977 ging er ins algerische Feld, schrieb seine Doktorarbeit über den französischen Siedlungskolonialismus im Maghreb und eine «Räuberpistole» über die unbekannte Geschichte der «Kofferträger», die deutschen Unterstützer der algerischen Befreiung in den fünfziger Jahren. Der Tiersmondismus wich bald einer zählebigen Westorientierung, der Arbeit an der Habilitation über das «Ende des französischen Sonderwegs» und einer biographisch einleuchtenden Spezialisierung auf Frankreich. 1986 bekam er eine Professur für Politikwissenschaft in Göttingen und stellte sich die Aufgabe, ein halbwegs passabler akademischer Lehrer zu werden. Die Themen waren: die politischen Rechte, Einwanderung und Multikulturalismus («Heimat Babylon», 1987). Wieder vom Wohnort Köln aus entstanden zwei sozialwissenschaftliche Reportagen über die «Denkfabriken der Wende» und die «Republikaner». Im *annus mirabilis* des Mauerfalls wurde er auf den Lehrstuhl für Politikwissenschaft an der Justus-Liebig-Universität nach Gießen berufen und Wahl-Frankfurter. Es folgten späte Entdeckungsreisen in den äußersten Westen, vor allem nach Kalifornien. 1990 erschien «Multikulti» mit Spielregeln für die Vielvölkerrepublik, für deren Einhaltung er auch in schwierigeren Zeiten streiten wird – in der wissenschaftlichen Debatte, im öffentlichen Disput und als politischer Unternehmer.

Wichtigste Schriften (1975–1993)

Europäische Peripherie, Die Abhängigkeit des Mittelmeerraumes von Westeuropa, Sonderheft Dritte Welt 1975 (Hg., zusammen mit Marios Nikolinakos), Meisenheim / Glan (Anton Hain)

Der Wahlfisch. Ökologiebewegung in Frankreich (Hg., zusammen mit Roland de Miller), Berlin 1978 (Merve)

Siedlung, Staat und Wanderung. Das französische Kolonialsystem in Algerien, Frankfurt / Main–New York 1979 (Campus)

Artikel *Algerien* in: Politisches Lexikon Nahost, München 1979 (Beck)

Kofferträger. Das Algerien-Projekt der Linken im Adenauer-Deutschland, Berlin 1984 (Rotbuch 286)

Keine Friedensbewegung in Frankreich? Zehn Gründe für ihre relative Unterentwicklung, in: Friedensanalysen 19, Frankfurt / Main 1984 (Suhrkamp)

Eine immer unbestimmtere Idee von Frankreich. Anmerkungen zur französischen politischen Kultur, in: P. Reichel (Hg.), Politische Kultur in Westeuropa, Frankfurt / Main–New York 1984 (Campus)

Propheten ohne Macht: Die neuen sozialen Bewegungen in Frankreich zwischen Resignation und Fremdbestimmung, in: K. W. Brand (Hg.) Neue soziale Bewegungen in Westeuropa und den USA, Frankfurt / Main–New York 1985 (Campus)

Der König ist nackt. Ein Versuch die Ära Mitterrand zu verstehen, Hamburg 1986 (VSA)

Hessisch-Niedersächsische Angelegenheiten, Geschichten einer Region, Kassel 1987

Der Geist steht rechts. Ausflüge in die Denkfabriken der Wende, Berlin 1987 (2. Aufl. 1989) (Rotbuch)

Serie: *Wie ‹1968› ein Stück bundesrepublikanischer Wirklichkeit wurde.* Gespräche mit Wolfgang F. Haug, Oskar Negt, Detlev Claussen, Hermann Lübbe, Ulrich K. Preuß und Alice Schwarzer, in: Frankfurter Rundschau, Frühjahr 1988

1968: *Ein Laboratorium der nachindustriellen Gesellschaft?* Zur Tradition der antiautoritären Revolte seit den sechziger Jahren, in: Aus Politik und Zeitgeschichte, B 20, Mai 1988

Artikel *Algerien*, in: Der Nahe und Mittlere Osten, Bd. 2, Opladen 1988 (Leske und Budrich)

Frankreich 1988 / 89: Ende eines Sonderwegs?, in: Frankreich-Jahrbuch 1989, Opladen 1989 (Leske und Budrich)

Die Republikaner. Ein Phantom nimmt Gestalt an, Berlin 1989 (4. Aufl. 1990) (Rotbuch TB 1)

Wege ins Reich der Freiheit. André Gorz zum 65. Geburtstag (Hg., zusammen mit Hans Leo Krämer), Berlin 1989 (Rotbuch)

SOS France: Ein Einwanderungsland kommt in die Jahre, in: Frankreich-Jahrbuch 1990, Opladen 1990 (Leske und Budrich)

Alles andere als (parlamentarische) Opposition. Über die Grenzen der Opposition im politischen System Frankreichs, in: Göttinger Sozialwissenschaften heute. Fragestellung, Methoden, Inhalte, Göttingen 1990 (Vandenhoeck & Ruprecht)

MultiKulti. Spielregeln der Vielvölkerrepublik, Berlin 1990 (2. Aufl. 1993) (Rotbuch TB 28)

Experiment Vereinigung. Ein sozialer Großversuch (Hg., zusammen mit Bernd Giesen), Berlin 1990 (Rotbuch TB 35)

Nachgetragenes Mitleid. Essays, Göttingen 1991 (Steidl TB)

Gießener Journalismus-Vorlesungen, Gießen 1991 (Ferber'sche Buchhandlung)

‹*Stolz, ein Deutscher zu sein…*› – die neue Angst vor den Fremden, und: Konturen der Einwanderungsgesellschaft (mit Micha Brumlik), in: Klaus Bade (Hg.), Deutsche im Ausland – Fremde in Deutschland. Migration in Geschichte und Gegenwart, München (Beck)

Der rechte Aufmarsch, in: Bahman Nirumand (Hg.), Angst vor den Deutschen, Reinbek 1992 (rororo aktuell)

Zum Auftakt ein Schlußstrich? Das Bewältigungswerk ‹Vergangenheit Ost› und der Rechtsstaat, in: Cora Stephan (Hg.), Wir Kollaborateure, Reinbek (rororo aktuell)

Im Zweifel für den Angeklagten. Fünf Thesen zur politischen Klasse, in: Gunter Hofmann / W. A. Perger, Die Kontroverse. Weizsäckers Parteienkritik in der Diskussion, Frankfurt / Main 1992 (Eichborn)

Zurück aus Sowjetrußland? Die Reiseberichte der radikalen Touristen André Gide und Lion Feuchtwanger, in: André Gide und Deutschland, Düsseldorf 1992 (Droste)

Alhambra. Der Islam im Westen, Reinbek 1993 (Rowohlt)

Druck von rechts. Wohin treibt die Bundesrepublik, München 1993 (Beck) (i. E.)

Geschichten im Kursbuch

Deutschland – Land aus Gold. Zur Ökonomie des Arbeitsimmigranten, 62 / 1980 (Vielvölkerstaat Bundesrepublik)

Unser Ein- und Auskommen, 69 / 1982 (Unsere Wirtschaft)

Lieb und teuer. Eine Nachwuchskostenanalyse, 72 / 1983 (Die neuen Kinder)

Rechts, links, Gedränge in der Mitte, 82 / 1985 (Die Therapie-Gesellschaft)

Drum prüfe, wer sich ewig bindet. Praktische Anleitung zur kostengünstigen Scheidung, 87 / 1897 (Trennungen)

Die Mittelstürmer. Über die Lage(r) der Union, 89 / 1987 (Blüh im Glanze)

Politologie: Wissenschaft oder Kaderschmiede?, 97 / 1989 (Uni-Not)

Reich werden oder Bund bleiben? Eine Begegnung mit Herrn von Metternich, 100 / 1990 (Die Welt von morgen)

Solidarität – Warum sie nicht funktioniert und trotzdem klappt, 104 / 1991 (Weiter denken)

Kurze Geschichte der Roten Hand. Ansichten zum Politischen Design, 106 / 1991 (Alles Design)

Regelmäßige Beiträge in den *Blättern für deutsche und internationale Politik* (als Mitherausgeber), der *taz*, der *FR*-Wochenendbeilage *Bilder und Zeiten* und in der *ZEIT* sowie im *Kritischen Tagebuch* und den *Gedanken zur Zeit* (Westdeutscher Rundfunk).